L'ACTIVATION PSYCHOTHÉRAPIQUE

PSYCHOLOGIE ET SCIENCES HUMAINES

Jean-Claude Benoit
Mario Berta

l'activation psychothérapique

Induction, direction et réciprocité dans les cures psychologiques.

CHARLES DESSART, ÉDITEUR
2, GALERIE DES PRINCES, BRUXELLES

A la mémoire de Robert DESOILLE
En hommage au Professeur Paul SIVADON

D/1973/0024/7
I.S.B.N. 2-87009-004-8
Printed in Belgium

AVANT-PROPOS

La clarté de l'exposé et la vérité des faits sont les deux impératifs que tout écrit scientifique veut respecter. Nous avons tenté d'atteindre ces buts dans un domaine où rien ne nous assure que cela soit possible, au moins aujourd'hui. Les bibliothèques des psychiatres ont longtemps rempli le rôle d'ouvrir les esprits sur le monde de l'esprit infini, à travers les caricatures de la psychopathologie. Mais les temps ont changé. Les ouvrages que nos bibliothèques acquièrent maintenant cultivent l'obscur et l'incertain. Est-ce préférable à l'erreur ? Le passé de la psychopathologie et de ses développements dans le champ psychothérapique est-il trompeur parce que précis ? Une sorte de lassitude semble s'exprimer par dépit devant l'impossible synthèse.

Admettre vraiment cette difficulté majeure d'une réflexion globale devant l'esprit malade et devant ses modifications par la thérapeutique, voilà au contraire qui peut stimuler.

La recherche du trait central des actes thérapeutiques qu'ils exécutent pendant des années oriente subconsciemment la réflexion de la plupart des psychothérapeutes. Cette recherche latente et cette pulsion ont déterminé les échanges responsables de notre livre.

Approcher la vérité peut suffire en première instance. Dans notre projet figure un second volume où en quelque sorte apparaîtront des preuves cliniques. L'expérimentation psychologique, difficile chez l'homme, n'est cependant pas impossible. Il existe des exemples toujours plus nombreux — et de grande importance méthodologique — où l'emploi de techniques relativement précises permet l'abord prévisible de telle ou telle part du psychisme. Un progrès continu des techniques psychothérapiques est le trait le plus saisissant des soins psychologiques aujourd'hui et, nécessairement, entraîne la croissance de l'esprit de recherche et de vérification. Tout au long de cet ouvrage, il apparaîtra que cette croissance de l'objectivité peut parfaitement laisser sa place à l'omniprésente subjectivité propre à la nature comme à l'étude des états psychopathologiques.

Chaque thérapeute découvre sans doute quelques données originales qu'il se propose de présenter. L'écriture nous est familière. Et cependant, que d'efforts pour bien peu de précision, tant sans doute il est de mots-pièges dans notre domaine. Mais l'échange et les confrontations deviennent plus fréquents et les rencontres autour d'un thème renforcent les possibilités de critique réciproque et de progrès. Ainsi est né ce travail en commun. Au stade où une idée s'impose succède celui où toutes ses ramifications se font sentir et où le schéma de départ déborde en tous points. *La notion d'activation*, proposée et déjà décrite par l'un de nous (Berta), présentait les traits initiaux d'un point de vue théorique dont les exemples cliniques étaient nombreux, lors de l'emploi de méthodes telles que la narco-analyse amphétaminée ou le rêve éveillé de Desoille. Une certaine stimulation de l'affectivité du sujet est obtenue par ces méthodes ; l'on pouvait attendre beaucoup de l'étude en cette voie de leurs modes d'action. Des échanges assidus ont permis à chacun des auteurs de préciser son expérience, et de définir son apport à l'ouvrage. Ce livre est, à la fois, le bilan de pratiques thérapeutiques comportant des similitudes favorables à l'intelligence réciproque, et le résultat de deux années d'échanges constructifs.

La notion d'activation est influencée par le mot qui la porte. Il s'agit d'un de ces mots que l'on peut dire double, se complétant soi-même par *la fusion des sens actif et passif ;* à la fois le fait et le but, l'action et son résultat, se trouvent indiqués. Ceci correspond bien à l'ambiguïté efficace des psychothérapies fondées (nous le verrons plus loin) sur l'induction, qui tient compte de la relation essentielle entre la présence du patient et l'intervention du soignant. L'activation est à la fois, de façon étroitement liée, création du mouvement et ce mouvement lui-même.

Nous aurons l'occasion de montrer l'importance de la notion de volonté de réussite thérapeutique en psychothérapie, tout en rappelant que des limites existent et que l'image idéale d'une guérison, « restitutio ad integrum », est inadaptée. L'activation dans les cures valorise la remise en route des potentiels évolutifs et adaptatifs de la personnalité. Elle va de pair avec des buts définis, limités ou successifs s'accompagnant de la vérification aussi claire que possible de leur réalisation.

Pour ceci, l'activation s'emploie à travers (et sous la forme de) différentes techniques ou même différentes méthodes, impliquant donc une certaine diversité de points de vue théoriques face au même malade. L'activation nécessite la connaissance, le choix et l'action de procédés d'intervention sur le psychisme qui acceptent cette utilisation au stade des moyens — et non des fins. Une éventuelle déshumanisation peut être redoutée par ceux qui justement ont tendance à choisir une théorie définie du psychisme et une seule. L'individu humain se définit d'abord pour le soignant qui l'accueille comme une demande d'aide. Cette aide passe par un abord diagnostic qui, autant qu'il est possible, aboutit à une *réponse thérapeutique souple*, c'est-à-dire *adaptée*, *mobile*, *ouverte*. La théorie est de second plan, c'est une aide pour le thérapeute dans la mesure où elle lui répond, c'est-à-dire lorsqu'elle lui apporte des modes d'action dont il vérifie l'efficacité. Une fois encore, *le thérapeute doit abandonner la confusion entre une thèse existentielle choisie parmi d'autres et la praxis proprement dite.*

La demande psychothérapique s'avère considérable et sans cesse renouvelée, diversifiée. Simultanément se sont développées les sciences humaines et psychologiques, expérimentales ou plus cliniques. Dans la première partie de l'ouvrage sont donc indiqués *les impératifs des réponses psychothérapiques*, la nécessité de l'abrégement des cures, de la plus grande précision des indications d'emploi de telle ou telle technique disponible, l'accent mis sur les valeurs positives de l'adaptation des conduites du patient à une situation existentielle de plus en plus mouvante, imprégnée d'informations d'ordre psychologique. Les valeurs d'activation, en tant qu'incitation du patient à l'évolution et simultanément recherche des moyens les plus appropriés et les plus rapidement efficaces à cette évolution, participent à la définition de la notion d'activation.

La seconde partie montre la place prise désormais par la *théorie de l'apprentissage* au sein des études psychologiques et psychopathologiques. Les conduites humaines par leur complexité et leur individualité tendent à échapper, dans la particularité de leur réalisation occasionnelle, à une schématisation réductrice. Mais parmi les lignes directrices organisant les grands ensembles fonctionnels de l'action, les théories expérimentales modernes viennent montrer des voies nouvelles. Ceci est particulièrement évident dans la description des processus de constitution des états névrotiques et des modes d'action de formules soignantes originales.

La troisième partie, centrée sur l'*étude des cures* elles-mêmes, rappellera la modification actuelle de la situation dans le champ psychothérapique où apparaissent des méthodes nouvelles et où leur association paraît nécessiter une vision neuve de la relation thérapeutique inductrice du processus de cure.

L'aspect psychothérapique des soins psychiatriques se présente aujourd'hui moins comme un choix possible que comme une nécessité, voie où doit régner un certain enthousiasme. Face à l'angoisse et face à la « folie-déchet », échec de l'adaptation au monde de la réalité, une sorte de *défi thérapeutique* paraît nécessaire. Il trouve son énergie dans les succès remportés sur l'aliénation. Le thérapeute se définit dans l'union du maximum des possibilités de l'intelligence technique et de celles de l'esprit d'à-propos thérapeutique.

La naïveté du désir de « soigner l'existence » doit être compensée par le rappel de la relativité de la condition humaine. A côté du sentiment d'une certaine irréalité de la situation thérapeutique abstraite existe la réalité fondamentale de *la rencontre*. L'animation des échanges est capitale dans la relation psychothérapique, et l'on peut estimer légitime la part positive, les bénéfices affectifs mêmes, que le thérapeute trouve là où une part notable des échanges lui est due. Ces bénéfices se trouvent également dans les rencontres que le travail en groupe multiplie entre les thérapeutes associés à des tâches communes. On trouve là mieux que des compagnons, souvent des amis, parfois des guides. Très souvent les symptômes menacent de gagner le thérapeute lui-même — ne le dit-on pas autour de nous ! —. Il lui est loisible de se défendre par ces moyens simples contre l'isolement ou la chapelle.

Évoquant l'action très bénéfique d'un guide, les deux auteurs de cet ouvrage peuvent en commun rendre hommage à la mémoire de Robert Desoille. Auprès de certains psychothérapeutes s'acquiert un enseignement global, dans certains gestes, telle phrase, tels procédés aussi ou parfois autour d'une découverte remarquable, porte ouverte sur les réussites futures. De très nombreuses références sont faites ici à l'œuvre desoillienne et le lecteur trouvera au chapitre XIII un rappel des éléments de base du Rêve éveillé dirigé. Cette possibilité de l'apprentissage du rêve dans la situation thérapeutique elle-même, qu'il a créée, Desoille mieux que tout autre sut en montrer la richesse émotionnelle. A côté de la dimension de l'angoisse, de la peur et de l'insécurité, dimension en effet du « bas », de la profondeur, de la nuit souterraine inconsciente, Desoille a montré — expérimentalement ! — qu'il existait chez l'homme une dimension du « haut », de l'apaisement élevé, de la légèreté. Cet allégement de l'existence la psychothérapie a-t-elle le droit de s'en passer ?

Le psychothérapeute vit aujourd'hui l'élargissement de la réalité psychologique, dans un monde qui par son progrès matériel s'ouvre aussi aux valeurs du mieux-être et, peut-être, du mieux-vivre. Ce psychothérapeute qui connaît parfaitement certaines techniques n'est pas seulement un technicien « spécialiste ». Nécessairement sa vie de rencontre avec des centaines de personnalités différentes lui impose plutôt d'être « universaliste ». A cette image d'une plénitude personnelle, la collectivité fait d'ailleurs appel et l'ironie vis-à-vis du psychiatre est simplement parfois le reflet d'une certaine déception face... au décalage entre mythe et réalité.

N.B. La participation personnelle de chacun des auteurs est indiquée à la table des matières.

PREMIÈRE PARTIE

L'ÉVOLUTION DE LA PSYCHOTHÉRAPIE VERS L'ACTIVATION

CHAPITRE I

LA DEMANDE PSYCHOTHÉRAPIQUE DANS LE MONDE ACTUEL

Le monde d'aujourd'hui est marqué par les valeurs d'*évolution*. La collectivité dans son ensemble ressent ce mouvement que chaque individu rencontre dans sa situation personnelle ou que chaque groupe humain vit pour sa part. Les psychiatres et tous ceux qui participent aux soins donnés dans cette spécialité vivent très intensément ce fait, à des niveaux divers. Dans leur pratique existent les éléments d'un bilan sur ce point. En particulier, ils se trouvent au premier plan pour constater une demande constante, croissante et toujours plus pressante d'intervention psychothérapique. Dans ce chapitre seront donc présentés quelques-uns des éléments susceptibles d'éclairer l'origine et la réalité de cette demande psychothérapique dans notre société et face à la médecine d'aujourd'hui.

I. LA PROGRESSION DES TROUBLES MENTAUX ET DES NÉVROSES

L'augmentation du nombre des malades mentaux, névrosés inclus, est un fait que constate tout psychiatre ayant une certaine expérience. Ces observations individuelles sont corroborées par les données quantitatives provenant de pays où sont tenues des statistiques précises. E.L. Philipe et D. N. Wiener (1960), aux États-Unis, écrivent que « de nos jours la maladie mentale est considérée comme un problème collectif d'importance croissante ». Près de 18 millions de personnes auraient eu besoin d'un traitement et 10 % de ce chiffre environ étaient soignées en clinique, en hôpital ou par des spécialistes privés. D'autres chiffres peuvent être pris en considération. Dans le même pays, il y a une dizaine d'années, Lang recueillait les informations chiffrées suivantes, 1,75 million de crimes sont commis chaque année, 4 millions de buveurs posent des problèmes, un mariage sur 4 se termine par un divorce, 250.000 enfants entre 7 et 17 ans comparaissent devant des tribunaux pour mineurs.

Duff et Hollingshead (1968) ont montré que chez les patients admis dans des services hospitaliers de médecine générale, les troubles « psycho-sociaux » l'emportaient sur les troubles somatiques. 44 % des malades présentaient, en effet, des troubles « psycho-sociaux », 34 % des affections somatiques pures et 18 % une combinaison des deux types de troubles.

Des statistiques françaises, fondées sur les éléments très objectifs recueillis par les services de la Sécurité Sociale, montrent un taux de progression rapide des invalidités dues aux affections psychiatriques et la place de plus en plus importante que prennent celles-ci dans le tableau général des principales causes d'invalidité.

LES PRINCIPALES CAUSES D'INVALIDITÉ (1)

Cause d'entrée en invalidité	Répartition pour la France entière à l'exclusion de Strasbourg					Paris		
	1950	1954	1958	1962	1965	1966	1967	1968
Tuberculose	26,60%	27,67%	22,92%	12,91%	9,04%	6,30%	6,91%	5,72%
Tumeurs	3,44%	3,53%	3,88%	4,22%	4,26%	5,61%	5,15%	5,51%
Psychoses	6,25%	7,58%	9,53%	13,80%	15,02%	16,53%	18,26%	20,17%
Lésions vasculaires affectant le système nerveux central	2,30%	2,12%	3,84%	5,30%	6,39%	6,99%	7,73%	7,59%
Maladies artérioscléro-tiques et dégénératives du cœur	7,19%	7,51%	7,74%	8,93%	9,03%	7,64%	7,38%	8,55%
Arthrites et rhumatismes	5,72%	7,04%	9,08%	9,58%	10,61%	11,23%	11,79%	10,24%
Accidents	1,75%	2,29%	3,12%	2,87%	2,97%	3,44%	3,23%	3,04%

(1) Pourcentage de répartition par cause d'entrée en invalidité.

Ces chiffres impressionnants sont donc en élévation constante. Par ailleurs, le nombre des personnes présentant un degré léger ou modéré de troubles d'origine affective est certainement plus important. De telles données conduisent à la conclusion que la progression des névroses s'inscrit dans un vaste problème de santé mentale dont l'importance sociale augmente chaque année.

Cette augmentation est certes en rapport avec la croissance démographique mais interviennent également des facteurs qualitatifs. L'explosion démographique, déterminée en particulier par la diminution de la mortalité sans diminution de la natalité, est un élément, à la fois cause et conséquence, d'une dynamique socio-économique en constante évolution. Certains faits ont ici une importance notable.

On assiste par exemple à une mutation des conditions de vie et tout spécialement d'habitat qui multiplie particulièrement la pression démographique dans les immenses ensembles urbains actuels. Ces rapports nouveaux de l'homme et de l'espace, humain et naturel, sont un exemple significatif de la transformation du vécu social fondamental des masses humaines, évidente dans les pays occidentaux aujourd'hui. De grands groupes humains se trouvent logés dans des ensembles d'habitations économiques. Les dimensions des lieux sont calculées au plus juste dans ces « cités-dortoirs » où les besoins psychologiques ont été oubliés. Des bandes d'enfants ont les rues pour seul domaine ou des lieux où ils se trouvent en compétition avec l'adulte. Face à ces images trop réelles — et qui ne sont qu'une part d'un drame contemporain — nous évoquons les maisons d'autrefois, celles de nos grands-parents avec leurs cours et leurs chambres fermées et mystérieuses qui stimulaient l'imagination enfantine et contentaient en même temps le besoin de jeu, de peur et de courage. Ces maisons véritables sont inexorablement remplacées par des ensembles collectifs grossièrement fonctionnels, sans cours et sans secrets. Quelques dizaines d'années ont suffi pour ce changement total.

Pour l'homme, l'espace dépasse les trois dimensions de la réalité objective. L'homme vit l'espace et le peuple de significations animées personnelles. Un espace psychique double l'espace matériel. Cet espace psychique, ou libre, est celui de la pensée intime et de la connaissance de soi. La solitude y joue un rôle. Les grandes vies spirituelles démontrent le besoin, à certains moments, du désert, de la promenade solitaire, de la tour ou de la bibliothèque. Ainsi se sont, un jour, retirés loin du monde Bouddha, le Christ ou ces êtres que sont Faust ou Don Quichotte. Un grand psychiatre de notre époque l'a exprimé récemment. Dans son autobiographie, Jung écrit : « dans cette habitation je me suis réservé un lieu personnel. Je me suis inspiré à cette fin des maisons hindoues dans lesquelles on trouve fréquemment un appartement — qui n'est parfois qu'un coin séparé de la chambre par un rideau — où les hommes peuvent se retirer. Là, ils méditent, peut-être pendant un quart d'heure ou une demi-heure, ou font des exercices de yoga. Dans ce lieu isolé, je reste seul avec moi-même. Je porte toujours la clé sur moi, personne ne peut y entrer sans mon consentement. Au fil des années, j'ai peint les murs et j'ai exprimé ainsi les choses qui me plongeaient alors dans l'isolement. Ce lieu constitue un prisme d'imaginaire et de méditation, pensées souvent désagréables et pénibles mais lieu de recueillement spirituel. »

L'explosion démographique et la pression collectiviste de nos sociétés comportent une réduction de l'espace donné à l'homme, et surtout de l'espace voué à la pensée et à la méditation, au silence et à la solitude. Il y a là une difficulté pour le dialogue intérieur et pour le choix des voies personnelles. Nous avons voulu développer quelque peu cet exemple de l'espace quotidien. Cette mutation du vécu spatial — architectural, urbain, des transports, etc... — est telle que, sans doute, seule la génération actuellement adulte peut en concevoir l'importance.

Bien d'autres facteurs interviennent pour la définition de la condition humaine dans le monde actuel et pour l'identification des forces pathogènes de celui-ci. Le nombre des états pathologiques va donc croissant.

II. LA PRESSION TECHNOLOGIQUE

Une anecdote réelle et banale me vient à l'esprit. Je suis à la plage, du soleil, du sable, la mer. Passe devant moi une jeune fille, encore une fillette, un petit poste de radio à la main. Elle s'éloigne. D'autres, avec leur transistor, passent aussi près de moi et à côté, sous un parasol, le même petit appareil. Ceci chacun l'a vécu. Quand j'étais enfant les radios n'existaient pas. Puis apparut le poste à galène de mon frère et je me souviens d'une émotion intense lorsque je mis les écouteurs. Emerson fut le premier à dire, peut-être, que tous les outils ou machines présents sur le globe ne sont que des prolongements des membres et des sens de l'homme. Le télescope et le microscope nous entraînent vers les deux infinis. Les instruments techniques fonctionnent comme des prolongements sensoriels susceptibles de capter plus et mieux.

La quantité d'informations captée par l'homme, ou qui lui est imposée, est supérieure à ce qu'elle fut jamais. Radio ou télévision, images auditives ou visuelles, sont les plus saisissants exemples. La jeune fille de notre anecdote et son transistor familier sont en relation avec des parties de la terre situées à des milliers de kilomètres de distance. Le monde entier converge vers elle.

Tous nos contemporains vivent en perpétuel contact avec ces inventions techniques populaires. Se promenant, travaillant ou étudiant auprès d'elles, sans elles ils ne savent que faire. Apparemment neutres et disponibles, ces voies d'information sont en fait soumises à des impératifs variés. Leur action sur notre monde est plus subtile qu'il ne semble. La perception du ciel étoilé est autre depuis l'ère des satellites. L'homme passe aujourd'hui d'une vision d'avant le savoir (« perception par pré-langage » de Ch. Morris) à une vision qui succède à la communication et à l'exploration (« perception par post-langage »). La connaissance scientifique modifie la perception du monde. Nature et information sont conjointes. Telle sera l'information, telle apparaîtra la nature. Nos bois ne contiennent plus ni sorcières, ni gnomes.

Les moyens actuels de communication imposent au système nerveux des messages variés, insistants, souvent perçus passivement ou par voie sub-consciente (subliminaire). Les capacités d'élaboration et d'assimilation critique — ou comparative — du matériel perçu sont insuffisantes. Il se crée des conditions idéales, expérimentales, de suggestion et de conditionnement latent. Regardons-nous, fascinés devant l'écran de cinéma ou de télévision. Existe-t-il toujours une grande différence entre cet individu et le chien de Pavlov ?

L'homme a des yeux et des oreilles partout, voit tout et entend tout. L'emprise de sa perception s'étend au monde entier. Cela n'a pas que des avantages. Son action demeure plus limitée. Mille problèmes sont affrontés, sans possibilité d'action ou d'intervention. La tension, l'angoisse parfois, provoquées par la perception, ne peuvent aboutir à une action efficace ou résolutive. Tous les jours affluent les images de la télévision ou des journaux, dramatiques ou cruelles. En général, indifférence, impulsions sans lendemain, tels sont les résultats courants au niveau de l'individu d'une surcharge émotionnelle que le système nerveux ne peut épancher sainement. L'homme vit d'événements extérieurs sur lesquels il n'a pas d'action personnelle directe.

« L'homme occidental » présente des contrastes évidents avec « l'homme oriental ». Tourné vers le monde extérieur, de préférence, sa croissance s'est effectuée par le développement de la conquête de la matière. Soumis aux mille choses qui l'entourent, l'Occidental perd la connaissance d'une certaine profondeur de l'être. « L'homme oriental au contraire expérimente le monde des objets et même son moi comme un rêve, il est enraciné d'une façon essentielle dans les fondements primordiaux et retenu si fortement que son appartenance au monde est relative à un degré tel qu'elle nous semble incompréhensible » (C. G. Jung). A la misère matérielle orientale sont parallèles la peur et l'angoisse occidentales, explorées depuis peu sous le nom d'inconscient.

Introversion et extraversion excessives sont des dispositions unilatérales qui, en fait, ont besoin d'une compensation. La bipolarité est un trait général de la vie. La confrontation dialectique, dans la vie psychologique, est la voie de l'unité et de l'équilibre. L'impulsion exploratrice, scientifico-expérimentale, qui caractérise l'extraversion occidentale, doit reprendre appui sur la connaissance du monde intérieur. Instruments, machines, inventions technologiques existent et sont utiles. L'homme ne peut-il intégrer l'ensemble de ces possibilités et celles de son univers personnel d'une façon fonctionnelle et équilibrée ?

III. LE DÉRACINEMENT AXIOLOGIQUE

Il est évident, pour tout esprit sans préjugé, que nous vivons à une époque de crise axiologique. On note la diminution de l'influence et de la vitalité des grandes conceptions philosophico-religieuses. Toute valeur traditionnelle est mise en cause. Le refus et la contestation apparaissent face à l'autorité sociale, professionnelle, religieuse, familiale, pédagogique. Les rois ont disparu et les dieux agonisent. Des sujets plus immédiats remplacent ces grands thèmes anciens. Les mythes et les cérémonies « classiques » s'affadissent. Il suffira de comparer match de football et jeux du cirque, théâtre moderne et tragédie grecque, mythe de l'argent et mythe solaire. Voici ce que constate un théologien catholique : « Certainement les dieux sont morts, tout au moins dans la conscience des hommes et des femmes occidentaux. Pour beaucoup d'hommes modernes, les symboles employés par le Christ et l'Église sont devenus aussi obscurs que le sarcophage ou les titres d'un pharaon. Ils les laissent indifférents et incapables de voir leur signification et leur importance pour la vie quotidienne » (Victor White).

La crise axiologique, en supprimant ou en affaiblissant l'appui des conceptions et des images traditionnelles, a laissé l'homme sans défense, déraciné, incertain, abandonné à sa conscience individuelle. L'informel et le « schizophrénique » dans l'art moderne sont une des expressions de ce qui arrive à l'homme et ceci parmi tant d'autres faits. La dislocation de la personnalité — simultanément, l'homme parle de paix mais fait la guerre — est contemporaine de la crise axiologique dans la mesure où rien ne forme une personnalité comme de vivre une valeur déterminée. La foi se perd vis-à-vis des formes et des révélations traditionnelles. La psychologie scientifique de notre époque permet certes de valoriser de telles images à partir de leur vérité significative. Toutefois l'appui des sentiments religieux a disparu comme s'est effondrée l'idée d'une orthodoxie. Ainsi est-il naturel que l'on parle tant d'insécurité, d'angoisse, de problèmes existentiels : « l'homme arrivé à l'âge de sa majorité » (Bonhoffer), libéré de l'autorité de la tradition religieuse ou profane, « s'est approché de la zone de feu où les mondes se détruisent et se créent ». Avec cette belle image, qui a une réalité dans les sciences physiques, Jung nous montre que l'homme s'ouvre ainsi aux « pouvoirs imprévisibles de l'inconscient ».

Rien ne se perd, tout se transforme. Dans notre cas, cela signifie que l'homme, s'il ne croit plus aux images, aux formes, aux rites traditionnels, conserve les pulsions instinctives qui sont le fondement individuel de ces valeurs. Ces pulsions vivent au fond de l'inconscient. La persistance dans l'homme actuel de ces impulsions et de ces nécessités primaires de l'âme (au sens jungien) se manifeste de diverses façons, dans l'art par exemple, mais aussi dans le contenu des séances psychothérapiques.

Voici un exemple. En 1963, j'étais en train de réaliser une étude désignée par les termes « enquête hypnologique ». Elle consistait à appliquer tout d'abord un test projectif (Rorschach, Szondi, TAT), puis d'utiliser les images les plus significatives du sujet à titre de stimulant d'une « confrontation imagogique » [1] en état de relaxation induite. L'une de ces expériences a été faite avec un étudiant en psychologie, âgé de 20 ans, rationaliste, retenu par la photo du paranoïaque de la série IV du test de Szondi choisi comme sympathique. Le protocole de la séance (10 minutes) est le suivant :

« Oui, j'imagine la photo..., oui, je l'imagine en pied... C'est un homme fort, grand, il est tout blanc... Il a quelque chose à la main, un livre ou un calepin, dans l'attitude de la marche mais immobile... C'est un professeur, un scientifique... Très intelligent, ordonné... Il vit selon des principes moraux... Il est très affectif... Au commencement, il inspire de la crainte; maintenant, il sourit, c'est un être compréhensif... Oui, je suis devant lui, il se retourne vers moi, il me sourit comme pour me saluer, je crois qu'il me connaît... Maintenant il se retourne et m'invite à le suivre...

[1] Le terme « imagogique » est dû à K. Thomas.

[A ma grande surprise, sans aucune intervention de ma part, la séquence imaginaire acquiert un nouveau thème de façon tout à fait spontanée]. Je veux le suivre, mais maintenant je ne le vois plus, je vois une pierre, un grand bloc noir, poli, prismatique mais qui ne fait pas d'ombre, je ne vois pas l'ombre... L'impression est de sérénité, dureté... Je crois pouvoir la regarder indéfiniment sans m'ennuyer... Le plus remarquable c'est qu'elle est polie, lisse, parfaite... Maintenant elle s'est inclinée mais elle ne tombe pas... Oui, je m'approche, je la touche et la pierre disparaît, subsiste la scène initiale avec des lignes qui convergent et une lumière intense... Je revois la pierre à nouveau, au loin, en face de moi... C'est comme si elle avançait devant moi vers l'infini, comme si elle me guidait... Mon ombre est longue, la pierre n'en a pas... Elle est prismatique, plus haute que moi... Je suis simplement immobile, face à elle. »

A la fin de cette séance, l'étudiant était tout aussi étonné que moi de l'apparition de ce thème original, insolite. Cette pierre aux propriétés si particulières, parfaite, sans ombre et qui le guidait semblait être, malgré tout le rationalisme de sa pensée consciente, la représentation intérieure d'un désir d'infini et de perfection, sans doute irrationnel mais peut-être fort important. Des valeurs émotionnelles vivantes jaillissent avec l'image dans une telle situation imagogique. Les dieux extérieurs, certes, sont morts, mais des forces psychiques irrationnelles et puissantes se manifestent et montrent qu'ils n'ont point disparu du psychisme lui-même. La psychologie des profondeurs les retrouve avec leurs qualités et leurs pouvoirs psychiques, facteurs nécessaires de santé et de bonheur, manifestations d'un potentiel et d'un destin humains. Telle est la vitalité intime du « numen » (cf. Jung), sous-jacente en l'inconscient.

IV. L'INTÊRET CROISSANT POUR LES SCIENCES PSYCHOLOGIQUES

L'intérêt pour la psychologie, théorique et appliquée, se note dans tous les secteurs de la vie sociale. Entrant dans l'Université par la grande porte, la psychologie s'est rendue indépendante de la philosophie. Autonome, elle voit ses branches et ses applications se transformer de façon incessante dans des directions différentes, aux définitions et à la spécificité nouvelles, accumulant un matériel expérimental et clinique considérable. Il est peu de zones humaines où la psychologie n'intervienne aujourd'hui et parfois de façon déterminante. Ainsi n'est-il pas étrange qu'apparaissent des résistances ou des réactions. Celles-ci semblent transitoires. Un développement vertigineux se poursuit et les informations que les psychologues recueillent se diffusent maintenant auprès des masses contemporaines. La vulgarisation des connaissances psychologiques est assurée de façon habituelle, par les moyens d'information les plus divers, radio, télévision, cinéma, revues, ouvrages spécialisés, romans... Le langage psychologique, maintenant, se trouve employé très naturellement dans toutes les sphères de la société.

De même que l'homme du XVIIIe siècle était attiré par la pensée rationaliste, de même l'homme du XXe siècle est-il fasciné par la psychologie. Les sciences psychologiques, si récentes, ont acquis rapidement pour lui une importance considérable. Il y trouve le fondement de sa réalité. La vie psychologique n'échappe plus, pour lui, à la science. Cet homme — qui a conscience de la relativité des valeurs traditionnelles — accepte une fois pour toutes qu'aucun monde n'existe sans observateur objectif et qu'il n'y a pas de vérité indépendante de moyens d'étude précis. Ce serait un anachronisme et une régression, pour l'homme du XXe siècle, que de tenter de résoudre ses conflits avec les conceptions de la métaphysique ou du rationalisme. Ainsi, consciemment ou plus obscurément, il appelle de ses vœux cette psychologie à la fois universelle et valable pour lui-même précisément. Il ne lui est plus possible de vivre sans se comprendre et ceci de la façon objective que la science contemporaine — il baigne dans les réalisations de celle-ci — lui enseigne chaque jour.

Le médecin doit prendre cette réalité et ce besoin en considération. La symptomatologie somatique elle-même implique dans ses tableaux cliniques les manifestations du psychisme et ses réactions. Ni les sciences, ni les institutions — et par exemple l'institution soignante — ni les arts, rien de ce qui se voue aux êtres humains, « ne pourront éviter l'effet de l'évolution qu'ont provoqué la psychologie et les sciences, lors même que des préjugés puissants les protégeraient ». (Jung)

L'intérêt éveillé par la psychologie ne se manifeste pas seulement sur le plan d'une information collective. Il existe des expressions plus directes de cet attrait pour les phénomènes de la dynamique psychologique. Le grand nombre des individus qui « entrent en psychothérapie » le démontre. La motivation déterminante n'est pas seulement une demande de soins ou d'assistance. Il se manifeste là un besoin de connaissance de soi par les voies de méthodes modernes. De même la multiplicité et la diversité des « écoles de psychothérapie » viennent démontrer l'existence de modes différents de réponse selon des besoins qui le sont sans doute également, compte tenu de la diversité psychologique. Ces faits ont un retentissement qui doit être évalué. En Allemagne, le Pr. Bitter estimait nécessaire la présence de 3 000 psychanalystes, ceci face au chiffre de 300 correspondant à la réalité actuelle. Selon Talkington (1969), on compte aux U.S.A. 23 000 psychiatres dont 4 000 en formation, avec une croissance numérique de 3 % par an, que l'on peut comparer au taux de 1,5 %, croissance de la population générale. S'y adjoignent 16 000 psychologues pratiquant dans le champ de la santé mentale.

Un autre domaine mérite une particulière attention. La quantité croissante d'expériences et de pratiques toxicomaniaques modernes, en particulier chez les sujets jeunes, et par l'emploi des hallucinogènes, ne s'explique pas seulement par la désorientation morale, les perversions ou la schizophrénie. Réduire les motivations de ces individus à de telles tendances est se condamner à la cécité et rend impossible une part essentielle de l'analyse du phénomène. Nous faisons allusion dans ce propos à l'impulsion à expérimenter par soi-même et à vivre intimement des états propres aux fonctions psychiques et nerveuses qui ne sont pas a priori négatifs, inférieurs ou pathologiques. Dans les siècles passés, de tels états étaient obtenus par « grâce », par prière ou à travers une préparation ascétique souvent marquée de différents modes de torture ou d'auto-punition, telle la flagellation, considérés aujourd'hui comme antinaturels. L'obtention de tels états — qui tiennent incontestablement aux étonnantes possibilités du système nerveux — est possible de notre temps par ces substances bio-chimiques dites hallucinogènes et, d'un autre côté, par des moyens psychologiques et psychothérapiques induits et contrôlés mais relativement simples.

Il semble que l'intérêt croissant vis-à-vis de la psychologie et de ses bases expérimentales ou naturelles exprime directement une nécessité humaine profonde et habituelle. Cet intérêt se manifeste en des termes nouveaux, accroissement et approfondissement de la connaissance de soi. Celle-ci devient une valeur majeure une fois les dieux anciens détruits et mis en question les principes traditionnels. Libéré des codes et des coutumes passées, l'homme aujourd'hui s'intéresse à la psychologie, à l'inconscient, à ses mouvements subjectifs et cherche un fondement et de nouvelles formes expressives pour ses vérités personnelles. Une aspiration se trouve formulée, avec son objectif et son climat général. Il revient à ceux qui ont le rôle psychothérapique de trouver et d'appliquer les modes de cette dialectique entre le moi et l'inconscient, entre l'individu et des forces souvent obscures et irrationnelles mais puissantes, nécessaires, qui animent son existence.

V. CONCLUSIONS

D'un côté, l'homme du XXe siècle a abandonné les appuis et les défenses propres aux formes sociales traditionnelles. D'autre part, il affronte les exigences d'un monde technique, créé par lui ou avec lui, porteur d'une masse d'informations sans précédent. Infiltrant toute la vie de chacun, ce monde déborde les possibilités de réflexion critique et comporte un haut degré d'influences conditionnantes. L'information externe capte l'homme, l'extravertit, induit une stimulation affective permanente, cache les possibilités de changement et d'adaptation évolutive. Dominé indirectement par d'autres esprits, l'individu glisse progressivement vers des états affectifs mal définis, où se mêlent une forme d'abréaction non achevée et de passivité sentimentale. Les stimuli excessifs déroutent les possibilités du contrôle du système nerveux et aboutissent à des tensions permanentes qui ne peuvent se liquider spontanément. L'individu recherche la diminution de cette tension par des moyens artificiels (alcool, drogue, etc.) ou croit naïvement aux possibilités de formules orientales importées. Plus efficace serait la recherche d'une voie personnelle vers une certaine unité créatrice et plus nécessaire la découverte des valeurs du temps, de l'espace, de la solitude, du silence personnel.

Le paradoxe de notre temps est bien éclairé par la pratique de la psychothérapie. Les espoirs sont collectifs mais la souffrance individualisée. Des conditionnements similaires atteignent des masses toujours plus considérables mais l'autonomie individuelle est une nécessité vitale qui s'impose à chaque existence. A l'homme contemporain, bénéficiant de libertés matérielles importantes, disposant de loisirs notables, sont nécessaires des actes et des choix destinés à développer ses potentiels affectifs. Ceci est en particulier essentiel chez les sujets jeunes. Les grandes motivations humaines sont toujours présentes au fond du psychisme et de sa vitalité. Le risque demeure — croissant dans notre société — que ces forces ne soient projetées plutôt que vécues, sources de conflit plutôt que de croissance ou exprimées de façon fugace et sporadique, ne parvenant pas à entraîner l'ensemble de la personnalité vers des buts bien définis. Complexes et contradictoires, nous sommes conduits à des attitudes discordantes sous la pression des incitations multiformes de la vie sociale d'aujourd'hui. Un des risques contemporains est donc cette misère morale que constituent l'angoisse et les conduites névrotiques.

Il n'en reste pas moins que cette angoisse elle-même témoigne aux yeux du psychiatre et du psychothérapeute d'une mise en question, premier pas vers une solution. Réorientée, la tension subjective peut devenir animation de conduites nouvelles.

CHAPITRE II

ÉVOLUTION DU SAVOIR PSYCHOLOGIQUE

Les novateurs ont tenté de situer l'originalité de leurs constatations dans une vision globale des causes et des modes de déviation des conduites. Freud individualisant le rôle des instincts dans la vie psychologique, Jung prenant appui sur l'anthropologie des symboles inconscients, Pavlov dans son trajet de la physiologie à la psychologie réflexologique ont manifesté un intérêt similaire pour de telles synthèses. Il en va ainsi également pour Bleuler, K. Lewin, P. Schilder, pour l'organo-dynamisme de Henri Ey ou la psychopathologie phénoménologique de E. Minkowski.

Une autre tendance est celle de la confrontation. Il en fut ainsi, en 1951, pour l'ouvrage de D. Rappaport, « Organization and pathology of thought ». Récemment un autre auteur américain, Th. Millon, a renouvelé ce geste fort utile et montré que la complexité croissante d'apports scientifiques ou thérapeutiques sans cesse nouveaux aboutit aujourd'hui à la distinction de différents ensembles significatifs. *Des familles de faits s'individualisent dans le champ multidimensionnel très vaste de la psychopathologie.* Cet auteur propose quatre ensembles de ce type, selon l'axe prédominant des théories nécessaires à leur compréhension et selon des niveaux de référence au sein des structures mentales, *bio-physiologique*, *intra-psychique*, *phénoménologique*, *behavioriste* (ou réflexologique).

En fait, ces recherches sont en étroite liaison avec des perspectives thérapeutiques, impliquant une prise en charge de la condition humaine dans l'intervention soignante. Les progrès de cette dernière dépendent beaucoup des découvertes importantes des sciences humaines appliquées. Parmi les plus récentes, à titre d'exemple, on peut citer l'apparition des chimiothérapies, le développement des connaissances de la dynamique interne des groupes, ou encore, pour bien souligner l'hétérogénéité de ces apports, les données de la psychophysiologie du sommeil et des rêves. Cette hétérogénéité et cet empirisme marquent la croissance et la nature de la psychologie pathologique, débat entre les faits cliniques et une réflexion à visée finalement thérapeutique. Car pour le praticien, la pathogénie l'emporte en intérêt sur l'étiologie, les mécanismes du « comment » ont plus de poids que ceux du « pourquoi ».

Une perspective pluridimensionnelle correspond donc à la nécessité pour la psychopathologie de conserver les acquis d'un passé fécond, en juxtaposant des apports historiques peu à peu consolidés.

Une des caractéristiques des sciences humaines, de leur côté, est la tendance à la différenciation. Les rameaux sans cesse plus nombreux de la psychologie continuent à communiquer avec l'ensemble du système en croissance. Chacun se distingue de son voisin mais entretient avec lui des échanges. Il en va ainsi de la psychologie des fonctions mentales et de la psychophysiologie, de la psychologie animale et de l'éthologie, de l'ethnologie et de l'anthropologie, de la psychologie de l'art et de celle de la créativité, etc... Par contre, *pour la psychopathologie* engagée dans l'étude de l'esprit malade, *les progrès, plus cahotiques, sont marqués des apports empiriques de grandes œuvres centrées par un système particulier de théories explicatives.* Après un stade de pleine utilité, ces synthèses se trouvent débordées par des faits nouveaux. Les successeurs sont placés devant le piège du dogmatisme. Atteinte de gigantisme, la théorie primitive perd son unité et les qualités de simplicité lumineuse de son premier état.

I. LIMITES DES THÉORIES BIOPHYSIOLOGIQUES

Les théories psychophysiologiques et biophysiologiques se réfèrent souvent à une vision organiciste de la pathogénie mentale. Elles utilisent les progrès de la connaissance des bases somatiques du fonctionnement psychique. Le développement des sciences biologiques a considérablement étendu l'importance d'un tel point de vue. Il faut toutefois nuancer l'hypothèse de la prévalence du substrat organique. La primauté de l'impact des facteurs biologiques et constitutionnels sur le comportement *laisse ouvert le débat où s'opposent donné et acquis, constitution et environnement.*

En génétique, par exemple, des liens précis ont été découverts entre des aberrations chromosomiques et des troubles psychomorphologiques. Le mongolisme montre de telles relations causales directes. Il en va ainsi également pour les déficits mentaux observés dans les « erreurs innées de métabolisme », telle l'oligophrénie phényl-pyruvique et son déficit enzymatique. Toutefois, la notion même d'une séparation stricte entre organisme et milieu n'est plus évidente. Le milieu n'est pas moins interne qu'externe. Certaines anomalies génétiques, sans doute assez fréquentes, se trouvent compensées ou ne possèdent que des effets relatifs et latents. C'est le cas des liens très inconstants notés récemment entre des anomalies chromosomiques et les troubles de la personnalité avec lesquelles elles coïncident. Les études concernant l'anomalie des chromosomes sexuels et la criminalité vont en ce sens.

De plus, certaines lois biologiques possèdent, à la réflexion, des correspondances analogiques en psychologie. Par exemple, dans le domaine de la croissance des organismes, les biologistes décrivent des périodes spécifiques de sensibilité d'ensembles cellulaires individualisables vis-à-vis de groupes d'enzymes donnés. Cette spécificité de moment et de lieu a, au moins, des similitudes avec les « périodes critiques » décrites par des psychologues et des éthologistes. Certains comportements prennent place à des stades précis du développement biologique. Le défaut de stimulus approprié laissera un déficit ou une déviation sur ce point précis. La notion d'empreinte, due à Lorenz, trouve dans de tels faits toute son importance. Elle semble renouveler la théorie des instincts, longtemps considérés comme montages innés, constants, universels. La préformation et l'épigenèse sont en fait les deux pôles dialectiques de développements organismiques dont on comprend mieux les synthèses vivantes à la lumière d'une pensée gestaltiste. Chez l'animal lui-même, la croissance du système nerveux s'avère indissociable de l'apprentissage. Ainsi des poulets élevés dans l'obscurité, dans des conditions de privation motrice et sensorielle, ne pourront jamais apprendre à picorer et à se nourrir. Il s'agit là pourtant d'une réaction instinctive considérée comme innée. Les retards ou déviations de maturation par viciation du milieu-type témoignent de l'irréalité des schémas opposant simplement milieu et organisme et donnant arbitrairement à l'une ou l'autre vocation active ou passive, psychologique ou biologique. Les monstres admirables de Lorenz (tel le-poulet-qui-ne-peut-apprendre-à-manger) ont une fonction, élargir notre besoin de réflexion et le stimuler. L'essentiel demeure la recherche du sens au niveau de l'expérience : « Au-delà de l'opposition factice entre l'inné et l'acquis, il s'agit donc de décrire, dans le moment même de l'expérience, qu'elle soit précoce ou tardive, interne ou externe, motrice ou sensorielle, l'émergence d'une signification indécomposable ». (M. Merleau-Ponty).

Les différences inter-individuelles constituent également un domaine où tend à se briser un schématisme souvent admis comme corrélatif de l'objectivité scientifique. La morphologie anatomique, par exemple, pour universelle qu'elle soit, comporte en fait de nombreuses caractéristiques individuelles dans la conformation des organes. L'estomac normal peut varier de 1 à 6 en taille, l'aorte et le cœur ont des formes et des possibilités fonctionnelles très variées, même chez le jeune adulte sain. Il en va de même pour des structures biologiques fines. *La psychologie différentielle* cherche pour sa part à identifier des *types* psychologiques et à atténuer la tendance à une définition psychométrique de la personnalité. Dans cette zone intermédiaire que constitue la psychologie animale, on se souvient de la description par Pavlov de types nerveux différenciés nettement chez le chien (excitable, inhibé, actif, équilibré). Ceci rejoint une tradition médicale ancienne (types humains et psychophysiologiques, tempéraments hypocratiques, biotypes de Kretschmer, Sheldon, etc.). Sur un plan physiologique, ces notions ont été reprises avec des méthodes précises par Eysenck et l'école anglo-saxonne de psychologie différentielle, employant en particulier la distinction entre extra et introvertis due à Jung.

L'orientation biologique et physico-chimique de l'étude des fonctions mentales rencontre donc des limites constatées dans les faits par la recherche elle-même. Elle demeure toutefois un point de vue de base qui conserve le souvenir d'une victoire historique du rationalisme scientifique sur l'idéalisme philosophique. Elle conserve son plein intérêt concret comme nous le démontre chaque jour en particulier l'aide apportée à la pratique psychiatrique et psychothérapique par les méthodes biologiques et chimiques.

II. RÉALITÉ DE LA DYNAMIQUE INTRA-PSYCHIQUE

Un autre ordre de faits a joué un rôle voisin. Il s'agit *des études concernant la dynamique psychologique*, au-delà des niveaux superficiels conscients et des mécanismes subjectifs courants.

Née au lendemain de la révolution intellectuelle du romantisme littéraire et philosophique et simultanément à l'expansion de la pensée scientifique rationaliste, l'analyse psychopathologique des pulsions profondes des névrosés devait trouver dans l'œuvre et la personne de Freud ses symboles et ses concepts. La pratique courante de l'hypnose montrait déjà au-dessous du niveau conscient l'existence de faits « d'automatisme psychologique » (P. Janet, 1886). En 1900, « Die Traumdeuntung » place le rêve nocturne parmi les matériaux psychologiques les plus significatifs. La découverte d'une possibilité d'interprétation des rêves apporte la certitude de l'existence d'un continent nouveau de la vie mentale, sous-jacent à l'activité perçue par la conscience.

La technique de l'association libre des idées est également décrite dans cet ouvrage. Freud la pratique tout autant sur lui-même que sur ses patients névrosés. Elle se révèle comme le procédé expérimental adapté à l'exploration de la topologie intime. Le monde du rêve est le monde des désirs exprimés et par analogie, pour Freud, celui du paradis perdu de l'enfance où imagination et réalité vécues se mêlent pour la satisfaction des demandes et des impulsions libidinales. L'affrontement du sujet, en situation thérapeutique, à cette vie intime et à des conflits dus au refoulement des pulsions infantiles lève une partie des résistances qui, sur le plan conscient, déterminent les structures pathologiques.

En effet, ce paradis caché possède des lois inverses de celles acceptées par la personnalité adulte face à la réalité. *Le rêve assure la réalisation imaginaire des désirs les plus anciens et des impulsions instinctives les plus refoulées.* Le grand instinct, le besoin sexuel et son acolyte, l'instinct de mort — décrit plus tard mais déjà présent dans le mythe œdipien par le désir du fils de tuer le père pour posséder la mère — demeurent toujours présents sous leurs aspects archaïques, tel le narcissisme, ou sous des formes dérivées attachées aux étapes libidinales successives des acquisitions orales, anales, génitales.

L'analyse des rêves montre les jalons du passage de l'inconscient au conscient. L'inconscient n'est jamais connu tel que. La censure impitoyable qui le contrôle permet seulement la transposition de ses impulsions et de ses messages. Condensation, déplacement, symbolisation imagée, absurdité intentionnelle sont les mécanismes primaires de l'inconscient que l'analyse des rêves montre en action au niveau du matériel psychique accumulé dans l'inconscient et le pré-conscient, ce dernier lieu mal gardé pendant le sommeil. Il en va de même pour l'analyse des symptômes et tel est donc le système de fonctionnement psychique dans la première topique de Freud. Lors de la vie de veille, la prévalence du principe de réalité rigidifie les instances infra-conscientes. Le refoulement rend difficile la satisfaction des pulsions inconscientes. La deuxième étape de développement de la pensée freudienne, avec « Das Ich und das Es », crée une deuxième topique présentée en 1923. La description des instances intra-psychiques, le çà, le moi et le sur-moi, l'étude des moyens de défense de la personnalité, la distinction entre instinct de vie et instinct de mort manifestent l'enrichissement du système théorique. Le génie freudien, présent dans chacun de ces schémas, exprime l'importance des faits de conflit au sein même de l'affectivité. Cette tripartition du sujet humain, apparue simultanément à l'identification d'Eros et Thanatos, devait laisser une trace très durable dans la croissance même de la psychologie de la vie affective.

Deux élèves des premiers temps, Alder puis Jung, s'étaient détachés de l'orthodoxie, sans renoncer d'ailleurs aux moyens nouveaux d'exploration psychologiques préconisés par Freud, association libre des idées et analyse des rêves. *La vie sociale, pour Alder, est le champ d'expansion des forces du sujet.* L'auto-affirmation et la compensation des infériorités infantiles ou fixées créent les axes d'un « plan de vie » très tôt structurés. La « psychologie individuelle » étudie cette dynamique finaliste de la personnalité concrète et la psychothérapie a pour rôle la modification des plans fictifs.

L'accent anthropologique des écrits de Jung, pour leur part, éveille des échos profonds et qui, certes irrationnels et archaïques, restent présents dans la vie latente de l'homme contemporain. La dimension collective du passé humain, dans ses racines culturelles que voudrait cacher la froide technologie moderne, a eu des voies d'expression puissantes dans la symbologie religieuse, légendaire ou fabuleuse. Vu de près cet apport n'est pas moins stimulant que l'affirmation freudienne de la primauté affective de la libido sexuelle. L'avidité métaphysique ou imaginaire est-elle un moindre scandale que le désir libidinal? Jung et la « *psychologie analytique* » marquent de traces significatives le vocabulaire psychologique lui-même, avec des termes tels que les archétypes, l'imago, animus et anima, le soi, la persona, l'ombre, les types introvertis et extravertis, etc... L'intérêt de l'œuvre jungienne face à la fonction créatrice de l'imagination et de la symbolisation imagée et prospective est déterminant.

D'autres grands acteurs de la naissance de la psychopathologie ont développé des aspects complémentaires importants. En France *l'œuvre de Janet* a joué un tel rôle et ceci avec le souci d'efficacité soignante qui rejoint un des objectifs les plus évidents de l'activité médicale face au trouble mental.

III. LA DIVERSIFICATION DES SCIENCES PSYCHOLOGIQUES

On ne saurait véritablement rendre compte de cette expansion multiforme, ni non plus passer sous silence ses axes principaux.

Au premier plan, *la psychologie de l'enfant* apparaît en psychopathologie comme le modèle même de la démonstration de la complexité « génétique » des fonctions psychiques et de leur activité. Selon Henri Wallon, la méthode scientifique se définit ici par l'analyse clinique d'ensembles vivants et l'art de les reconnaître grâce à l'étude simultanée de la succession des étapes de la vie psychique et des acquisitions fonctionnelles, de la succession des objets, obligations et milieux qui la déterminent, de la succession enfin des périodes d'où résulte sa courbe totale. Aucune période n'est aussi instructive, à ce titre, que celle du premier âge de l'enfant où s'intriquent et s'épanouissent les facteurs de croissance et les premières étapes de la maturation psychique. Pour sa part, J. Piaget identifie les processus d'assimilation et d'accommodation de l'intelligence à partir d'un certain donné inné ou schèmes. Les étapes de Piaget sont axées sur les fonctions d'analyse et de synthèse de l'esprit et sur les capacités de compréhension et d'acquisition vis-à-vis du milieu. Grâce à l'acquisition du langage et de la fonction symbolique, l'espace sensori-moteur se trouve multiplié par les riches possibilités de l'image intérieure, opératoire ou représentative. Par contre, la formation psychiatrique de Wallon se révèle dans son intérêt pour le champ de la motricité et de la relation à autrui (M. Bergeron).

A ces données génétiques s'adjoignent les thèses freudiennes et post-freudiennes du développement de la libido infantile. L'analyse psychologique des jeunes enfants par les techniques de jeu libre ou induit a été entreprise par Mélanie Klein, par Anna Freud et par leurs écoles. Au-dessous des conduites et des stades objectivables se situe la vie des phantasmes inconscients et l'aspect pénible des tensions libidinales, l'anxiété. Plus récemment, R. A. Spitz, à partir de notions gestaltistes, a décrit les « organisateurs » du psychisme du nourrisson — par analogie avec les organisateurs biologiques des premiers développements embryonnaires — à savoir la réalité relationnelle de la dyade mère-enfant, le sourire du 3e mois au visage de la mère, l'angoisse du 8e mois devant des visages inconnus, la motricité du « non » et du « oui », le rôle du perçu buccal avec la « cavité primitive ». A. Gesell utilisant l'enregistrement filmé d'un grand nombre d'enfants a permis de tracer un tableau d'ensemble des étapes de complexification des conduites infantiles, d'une remarquable utilité sur le plan des études normatives.

Les conceptions organismiques et globalisantes rencontrent ici la description de l'individu saisi par les forces qui animent le champ social collectif. Après la création de *la psychologie sociale* par Émile Durckheim à la fin du XIXe siècle, ces études se sont particulièrement développées dans les pays anglo-saxons. La dimension sociale et la « conscience collective » jouent un rôle prévalent dans les interactions humaines. Sa double position individualisée et sociale implique plus que jamais l'homme de notre temps.

Ce fut d'abord l'objet de réflexions de type behavioriste avec les travaux de F. H. Allport. Les individus sont en « intéraction » réciproque et se stimulent mutuellement. Cette « facilitation sociale » tend à faire apparaître des « traits » marquants dans la personnalité et des « attitudes » exerçant une influence directrice ou dynamique sur les réactions de l'individu envers tous les objets et toutes les situations qui s'y rapportent.

L'application des méthodes mathématiques et statistiques peut préciser les éléments de la position de tel individu précis par rapport à ses « semblables ». Alfred Binet, père de la *psychométrie*, répondant au problème concret et social de l'identification des débiles mentaux dans les écoles, fut conduit à la création du premier test. La quotation du retard intellectuel, conduite avec le psychiatre Simon, utilisait l'échelle de séries d'épreuves habituellement réussies à chaque étape du développement intellectuel des enfants et fixait l'importance, à chaque âge, du retard ou de l'avance de l'enfant individuellement considéré. On sait que ces premiers pas devaient ouvrir deux voies progressivement divergentes. La voie de la psychométrie et de la psychologie différentielle utilise des moyens mathématiques. L'autre voie est celle des tests projectifs susceptibles de faire apparaître les éléments profondément individuels, méthodes nées avec le psychodiagnostic de Rorschach et diversifiées dans les possibilités projectives offertes par le test de Szondi, le T.A.T. de Morgan et Murray, le test de frustration de Rosenzweig, le test du village d'Arthus et par bien d'autres procédés d'incitation à l'expression.

Par ses tentatives d'étude et de représentation de *l'interaction sociale*, K. Lewin apporte à la psychologie sociale les perspectives dynamiques de la psychologie de la forme. L'action individuelle se situe dans le champ d'un système de forces en équilibre ou au moins à la recherche d'un tel équilibre. Dans des petits groupes d'enfants d'âge scolaire affrontés à une tâche commune, les expérimentateurs réalisent des climats sociaux différents, autoritaire, démocratique, de laisser-faire. Variable dans le premier groupe, modéré dans le second, le taux d'agressivité observée est le plus élevé dans le troisième. Le groupe manifeste des réactions différentes de la somme des seules présences individuelles et il se structure en fonction d'éléments tels que les canaux de communication, les barrières, les sous-groupes. La « dynamique de groupe » et les applications pratiques thérapeutiques des thèses lewiniennes ont largement diffusé. La psychologie expérimentale aboutit en effet à la *méthode des groupes de diagnostic*, ou training groups, développement de la dimension clinique avec les notions de leadership, de communication, d'affinités. La *psychothérapie de groupe* de Slavson comme la *psychanalyse de groupe* tentent un rapprochement avec les thèses de la psychanalyse freudienne.

La volonté de J.L. Moreno fut de stimuler les applications sociométriques. Le *sociodrame* et le *psychodrame* sont à la fois des méthodes d'exploration et de modification des individus que l'énergie de la spontanéité pousse à s'exprimer dans leur milieu culturel. Cette énergie est la source des processus d'interaction où les échanges sont permanents. Les « atomes sociaux » désignent les plus petites structures sociales constituées par le noyau relationnel des attractions et des répulsions réciproques, organisés en réseaux par le phénomène « télé », communication affective propre « au flux mental » interindividuel.

L'étude des structures sociales doit beaucoup à l'effort des *anthropologues* attachés à identifier les caractéristiques globales ou subtiles des cultures encore observables à un stade archaïque ou « naturel ». Les *données trans-culturelles* montrent différences et similitudes et constituent un élargissement de la description de l'homme, intime et social. A titre d'exemple, on voit souvent évoqué le problème posé par Freud d'une universalité du complexe d'Œdipe. Des anthropologues ont vu dans cette généralisation une extension des schémas propres au monde occidental et même plus particulièrement à la société viennoise aisée du début du siècle. Malinowski a constaté chez les indigènes de Polynésie l'importance des structures matriarcales et les dispositions particulières ainsi induites quant aux tabous sexuels et aux relations affectives. Le frère de la mère a la position du père social et l'inceste est condamné tout spécialement dans la fratrie.

L'écologie étudie le retentissement des facteurs climatiques, cosmologiques, aussi bien que culturels, linguistiques, humains sur des domaines aussi variés et étendus que la perception sensorielle, que la connaissance et les mécanismes de la pensée et du langage, que les faits de socialisation et d'adaptation de l'individu aux normes de la collectivité culturelle. L'individu occidental moyen est élevé dans un environnement stéréotypé et conditionnant où l'apprentissage s'inscrit dans la prévalence de formes géométriques, d'une perception spatiale, du mouvement artificiel, des couleurs contrastées, etc... Les recherches de Campbell ont montré que certaines illusions perceptives étaient propres à l'individu de notre civilisation occidentale et absentes chez les individus d'autres cultures. La troisième dimension fait défaut à certains illettrés ou aux membres de sociétés primitives alors qu'elle est identifiée sur documents ou à partir d'éléments sensoriels très allusifs pour tout occidental.

IV. LES PERSPECTIVES NÉO-VITALISTES ET LE DÉBAT RÉFLEXOLOGIE-PHÉNOMÉNOLOGIE

Les apports scientifiques de la psychologie moderne débouchent sur une large culture anthropologique indispensable à tous ceux qui abordent les aspects morbides de la personnalité dans une *perspective thérapeutique.* L'univers des névroses et des psychoses pose des problèmes déjà cités, liens entre l'acquis et l'inné, influence du développement, rôle des facteurs sociaux, importance du milieu et des groupes naturels, etc...

Le débat ancien concernant les « *rapports du physique et du moral* » se trouve renouvelé par le dynamisme des échanges interdisciplinaires. Le conflit entre « psychogénétistes » pour qui les facteurs déterminants de la maladie et de la guérison sont d'ordre psychologique et « organicistes », plus soucieux d'explorer le substrat biologique est un véritable « dilemme psychiatricide » selon une expression de Henri Ey. La difficulté de la question posée — celle de l'homme malade mental — se trouve dépassée par les actions fondées sur des acquisitions nouvelles, tant scientifiques qu'empiriques. L'obligation de l'action soignante impose, face au patient individuellement traité, une fusion des éléments diagnostics particuliers et des réflexions nées de connaissances psychologiques renouvelées.

De telles réflexions se développent dans une *perspective d'ensemble dynamiste et vitaliste.* Comme l'écrit Henri Ey, « entre le physique et le moral, il y a la vie ». La nature « déploie des structures de réalité qui constituent une hiérarchie allant du monde physique au monde organique et du monde organique au monde psychique sans qu'il soit possible d'expliquer entièrement les formes supérieures par les formes inférieures. »

La pratique thérapeutique situe la maladie mentale dans le cadre de la *médecine*. Tout trouble psychologique possède des corrélatifs biologiques — et, aussi bien, nombre de troubles somatiques induisent des perturbations mentales —, « c'est pourquoi la psychiatrie est une branche de la médecine mais une branche spéciale qui a pour objet propre « la maladie mentale » : « maladie » en tant qu'effet d'un processus pathologique et « mentale » en tant qu'effet de l'organisation de la vie psychique à un niveau inférieur ». Les conceptions de H. Ey montrent clairement la particularité déterminante de la psychiatrie — et de la psychothérapie pour une bonne part — médecine appliquée aux amoindrissements de la raison et de la personnalité, c'est-à-dire à la « *pathologie de la liberté* ».

La psychothérapie a pour objet cette pathologie de la liberté, propre à la psychopathologie. Le savoir qui fonde les actions thérapeutiques — lesquelles devraient, à leur tour, donner des connaissances objectives quant aux conduites humaines — est source d'une technicité soignante. Psychothérapie et psychopathologie apparaissent ainsi dans leurs liens réels et positifs. L'une est action, l'autre est réflexion. Empirisme et méthodologie, interventions soignantes et mise en ordre aboutissent dans cette confrontation évolutive à la même voie finale commune, le dialogue entre le thérapeute et le malade dans des formes qui se diversifient et progressent.

La spécificité de la situation de thérapie psychologique réside dans la rencontre simultanée du déterminisme morbide et de la recherche de l'autonomie individualisante. Ceci revient à identifier d'une part *les distorsions des apprentissages affectifs*, *les inhibitions émotionnelles dues aux conflits et aux traumatismes*, *les conditionnements morbides et les inadaptations* qui en découlent. Mais, d'autre part, doivent rester présents à l'esprit du thérapeute le caractère souvent ineffable ou proprement individuel du vécu personnel et les liens existant entre morbidité et destinée. Sur ce dernier point, la « *réduction phénoménologique* » a l'intérêt de montrer *l'individu au centre même d'un univers*, difficilement abordable si l'on ne réduit en effet, dans chaque cas particulier, le macrocosme à ce microcosme.

Le premier de ces deux grands modèles de la personnalité repose sur les concepts de comportement et d'adaptation. Selon ce point de vue, l'acquisition des comportements se réalise lors des réussites fonctionnelles des réponses du sujet aux stimulations du milieu. La contiguïté des stimuli innés et conditionnels et leur renforcement inscrivent de façon stable, comme l'a démontré Pavlov, les comportements nouveaux dans les conduites futures. Ces descriptions pavloviennes ont été élargies (Skinner). Le sujet, en réalité, est actif dans son milieu. Il induit par cette activité de nouveaux conditionnements (« opérants » ou opératoires), de renforcement ou d'inhibition active. Des phénomènes d'extinction, de généralisation, d'enchaînement des réponses ont été étudiés expérimentalement chez l'animal, l'homme sain ou le malade mental. En ceci apparaît la thèse centrale, précisée par Wolpe, que l'anxiété — ou l'angoisse — est un état émotionnel conditionné, inapproprié à la situation offerte par la réalité et susceptible de céder à une entreprise de désensibilisation déliant le stimulus de cette réponse pathologique. Le traitement des phobies par l'affrontement imagé avec les situations d'anxiété, dans un milieu sécurisant, aboutit à une réduction progressive, véritable extinction de celles-ci. P. Sivadon a développé ces notions de « déconditionnement analogique », où les soins psychiatriques institutionnels tirent leur efficacité du contexte sécurisant thérapeutique où ils sont pratiqués.

Les théoriciens de l'apprentissage ont élargi leurs bases de réflexion et tenu compte de l'importance de la subjectivité et des formes variées de symbolisation propres aux conduites humaines (images, langage). En effet, la situation de réponse spécifique à des stimuli précis est rarement réalisée. L'apprentissage comporte l'acquisition, le stockage et le triage des informations. La réponse à une stimulation transite par un milieu interne complexe comportant des « programmes », ou des « stratégies » acquises, susceptibles de guider de façon durable les modes d'adaptation du sujet. Les névrosés ne manifestent ni des ensembles informes de symptômes ni des réponses immédiates inadaptées. Il existe chez eux des structures programmées complexes. Cette formulation permet de poser à nouveau la question des zones inconscientes du psychisme, des réponses indirectes aux stimulations, des différences entre peur, angoisse et inhibition. La psychothérapie behavioriste va donc dépasser les procédés élémentaires et insister sur le rôle du thérapeute et sur l'efficience de son ingéniosité face aux cas individuels.

Une telle attitude déborde les postulats scientifiques affirmés a priori par les thérapeutes behavioristes. Les réalités de la situation soignante en psychothérapie sont en effet manifestement différentes de l'expérimentation et se trouvent déterminées par leur objet, *l'univers psychologique individuel*. Dans cette perspective, *les conceptions phénoménologiques ont l'intérêt de montrer l'existence humaine engagée dans cette présence centrale au monde vécu ou à vivre, voie de l'animation de celui-ci. L'attitude existentielle*, fondée sur la reconnaissance de la position centrale du sujet, ne nie pas la validité de l'étude des comportements conditionnés, des pulsions sub-conscientes ou des mécanismes biophysiologiques mais les dépasse afin d'assurer la compréhension du sujet individuel. Cette attitude choisit le second des deux termes d'une alternative posée ainsi par R. May : la signification du sujet est incluse dans ses mécanismes, ou bien la signification des mécanismes est incluse dans le sujet.

L'angoisse prend ainsi valeur plus générale. Elle apparaît comme une expérience universellement humaine dans la mesure où le sens personnel donné au monde affronte l'immensité de celui-ci et révèle l'infirmité naturelle de l'être individuel. La phénoménologie montre l'angoisse liée à la lutte de l'être contre le non-être et du sens contre le non-sens. En chacun réside le conflit entre ces deux pouvoirs, liberté et obligation d'être. L'être, par la présence au monde et à soi, est en l'homme cette individualité unique et ces potentialités dont il est seul, finalement, le réalisateur. L'obligation de donner un sens à ses actes s'ajoute aux mécanismes déterminant ceux-ci. Les conduites baignent dans le mouvement global d'une destinée personnelle. La réduction des conduites du névrosé à des mécanismes, supposés ou vérifiables, peut gêner la compréhension de cette donnée essentielle, la vie individualisée. L'attention du soignant se veut participante, englobant l'ensemble de l'expression du patient et de sa présence devenue communicative. Des termes tels « authenticité » ou « naïveté critique » font allusion à cette capacité d'un échange fondé sur une situation fondamentale identique des deux participants du dialogue soignant-soigné, l'existence et sa recherche de sens.

L'empathie (C. Rogers) est la voie d'une telle intercommunication, sans faire oublier la spécificité de la position du thérapeute dans la rencontre. Ainsi animée, la relation thérapeutique se détache du ritualisme technique et de la stagnation dans les symptômes.

Consistant dans l'application des sciences humaines aux buts soignants (P. Janet), la psychothérapie tente quotidiennement et dans chaque cas cette difficile synthèse entre savoir et pouvoir, entre objectivité et empirisme. Elle accepte de concevoir et d'aborder sans réticence les questions de l'existence, des valeurs, du projet et de l'unité individuels, du moi engagé dans le monde, dimension située en a priori de toute métapsychologie, réalités de qui dépendent finalement tout autre réalité et en particulier celle de la situation de cure.

La confrontation de thèses aussi opposées que réflexologie et phénoménologie paraît au centre même du débat de la condition humaine. Le modernisme des formulations, expérimentales ou philosophiques, simule les apparences du neuf, sans véritablement dépasser ce qui fut de tous temps la nécessité pour chaque homme d'une constitution de son existence individuelle. Les faits d'apprentissage et de déterminisme ne se limitent pas à un niveau inférieur et archaïque de la vie personnelle ou sociale. La machinerie de signaux et de symboles qui conditionne une part importante de notre vie quotidienne marque tout spécialement notre époque, son temps, son espace, les relations et les actions qui l'animent. C'est à partir de ce monde fonctionnel et construit que nos activités se trouvent source de nouveaux biens, de nouvelles satisfactions tant matérielles que culturelles. L'intériorisation des normes est toutefois un secours précaire dans une société évolutive et mobile comme la nôtre. L'expression de soi, base de l'individualisation, doit s'appuyer sur des compromis relationnels permanents, création d'un destin personnel à travers des tâches, des rôles, des fonctions éventuellement instables.

La tâche, la réussite ou l'échec, le bien-être ou le bonheur, la souffrance ou la maladie, le hasard, le possible ou le certain constituent autant de chaînons de la vie psychologique sans liens directs ni avec les conditionnements ni avec telles données standardisées. Les statistiques nous donnent notre position dans un monde de chiffres et d'informations collectives, mais l'authenticité de notre sentiment de présence dans ce monde fonde notre autonomie dans une recherche d'un ordre différent, moral pour être précis. Le malade mental — et le névrosé tout particulièrement — pour dépasser l'angoisse morbide doit rencontrer chez le psychothérapeute la conscience de tels dilemmes.

CHAPITRE III

L'ÉVOLUTION DE LA PRATIQUE PSYCHOTHÉRAPIQUE VERS L'ACTIVATION

Les seules pensées intéressant les autres hommes ne sont pas celles qui expriment des opinions mais celles qui sont nées du regard intérieur et que présentera, douées de la même force, l'homme dont l'œil averti et clair voit bien le monde extérieur.

H. KEYSERLING

L'aide apportée aux malades eut toujours une part psychologique. Celle-ci s'est concrétisée de façons multiples, depuis le rôle du sorcier ou du shaman dans la tribu jusqu'à la psychothérapie moderne en passant par les religions traditionnelles, « véritables systèmes psychothérapiques collectifs » (Jung). L'évolution de la psychothérapie dans le monde actuel doit être étudiée afin de percevoir les caractéristiques qui constituent les voies de ses progrès face à une demande sans cesse croissante et face à des problèmes souvent mal identifiables. Les tendances actuelles de la psychothérapie se manifestent dans les adjectifs suivants : brève, activatrice, scientifique, intégrée, individualisée, et ceci dans la mesure même où elle a pour but finalement d'obtenir « le maximum d'effets thérapeutiques dans le minimum de temps » (Barolin).

I. LA BRIÈVETÉ NÉCESSAIRE

L'étalon de mesure est ici la cure psychanalytique orthodoxe ou standard dont la durée se calcule habituellement en années de séances rapprochées. Nombre de psychothérapeutes ont tenté de raccourcir ces longs traitements et de leur apporter une brièveté au moins relative. On peut relever dans ce domaine des contributions de Freud lui-même. La demande pressante qui naît de toutes les couches de la population a déterminé l'apparition de psychothérapies d'inspiration psychanalytique qui n'ont que peu de rapports avec la cure standard. Ce fait tend à montrer d'ailleurs que l'application dogmatique et rigide de la méthode freudienne est une cause essentielle de la prolongation des traitements. De plus, un élément irrationnel intervient. Il réside dans le préjugé répandu que la durée du traitement lui donne sa « profondeur ». Les psychothérapies plus brèves seraient moins « profondes » et donc, autre postulat, d'action plus temporaire.

Différents psychothérapeutes ont voulu étudier plus objectivement la réalité. Ainsi, les résultats des traitements de courte et de longue durée ont été comparés (Mensh, puis Joung, Roth, Rhudick et Goldstein). Des tests aussi précis que possible ont relevé les modifications évolutives selon le caractère illimité ou défini de la durée thérapeutique envisagée. Des modifications positives s'observent dans les traitements de durée définie et font défaut dans les traitements de durée illimitée. Shkien, Mosak et Dreikhurs, en 1960 et 1962, ont obtenu ces données chez des patients soumis à des traitements de type adlérien ou rogérien. On note que certains thérapeutes sous-estiment l'importance d'améliorations obtenues au cours d'un traitement bref, ce qui tend à montrer la puissance du préjugé de la longue durée du traitement psychothérapique. French et Alexander avaient dénoncé ce type d'idée reçue, employant des termes tels que « dogme psychanalytique », « croyance superstitieuse », « préjugé sans fondement ». Ils ont combattu l'opinion formaliste selon laquelle un long traitement peut nécessairement lever les résistances du patient.

On s'est penché sur les résultats obtenus par les traitements de longue durée. Wolpe (1964) souligne le petit nombre des études psychanalytiques sur ce sujet après 60 ans d'une pratique étendue. L'étude de Knight (1941) s'appuyait sur les renseignements obtenus dans différents instituts psychanalytiques (Berlin, Chicago, Londres, etc...) Sur 534 cas placés sous l'étiquette de psychonévroses, 242 étaient apparemment guéris ou très améliorés. Plus récemment M. Brody (1962) donne les chiffres suivants : sur 595 patients, en analyse auprès de membres de l'American Psychanalytic Association, 306 analyses sont terminées avec 210 patients identifiés, sur lesquels 126 (soit 60 %) sont considérés comme guéris ou très améliorés. De tels chiffres ne sont pas très différents des résultats obtenus avec les traitements non psychanalytiques. On note que la moyenne des séances par cas traité dépasse 600.

L'interprétation des résultats en psychothérapie est moins difficile qu'il ne paraît ou qu'il n'a été dit. L'évolution rapide de nombreux patients pris en charge par des psychiatres dont les visées psychothérapiques sont réduites est également une notion intéressante. L'école behavioriste a raison de parler chiffres, durée et coût du traitement. Il s'agit là de positions utiles et de questions dont l'abord est aujourd'hui indispensable.

II. LA RECHERCHE DE L'ACTIVATION

En psychothérapie, le concept de guérison est d'une définition difficile. En médecine, on l'utilise pour décrire de façon approximative un retour à la normalité. Ce sont là, en fait, deux termes imprécis qui ne s'apportent que peu d'aide mutuelle. Aux données quantitatives ou statistiques qui permettraient de fixer un schéma de la norme, s'ajoutent des valeurs — axiologiques — qui constituent la qualité d'une existence dont le modèle idéal fluctue en fonction de données socio-culturelles et anthropologiques et de mille données individuelles. Guérison signifiant retour à un état de santé perdu, on peut se référer à la définition de la « santé totale » selon les termes de l'Office Mondial de la Santé (OMS) : « la santé est un état de complet bien-être physique, mental et social et ne consiste pas uniquement en une absence de maladie ou d'invalidité ». Est également employé le terme d'adaptation. La guérison est le retour à une bonne adaptation, la réapparition de l'harmonie, de l'équilibre, de la disponibilité des forces physiques et morales.

Chacun de ces éléments comporte certainement une part de vérité. Mais la réduction ou l'élimination des symptômes est évidemment un des buts essentiels de toute thérapeutique. Les behavioristes tels Wolpe, Eysenck, Lazarus, etc... ont récemment employé ce point de vue réaliste. Ils ont montré l'intérêt pratique de cette attitude face à la faiblesse de certaines positions dogmatiques. Ils attaquent les préjugés selon lesquels les symptômes sont superficiels et la névrose, pour sa part, profonde. Ces idées reçues trop souvent répétées ont été également combattues par les psychanalystes existentiels (Binswanger), comme autrefois par Jung et son école.

Il faut critiquer le dualisme vertical qui sépare trop nettement la personnalité en deux parts dont la plus malade est presque hors d'atteinte. Quand on place au premier plan le but thérapeutique, il faut adopter l'opinion clinique générale que la maladie se définit par l'ensemble de ses symptômes. En psychiatrie, la découverte de médicaments d'action symptomatologique précise, sédatifs, tranquillisants, antidépresseurs, est à l'origine de progrès considérables dans le traitement et l'évolution des maladies mentales les plus graves. L'empirisme et une lutte active contre la sémiologie immédiate se sont révélés très efficaces. Pourquoi une méthodologie similaire ne pourrait-elle être employée dans le domaine psychothérapique? Tel paraît être le point de vue de psychothérapeutes behavioristes pour qui la guérison des symptômes entraîne la guérison de la maladie. Le psychothérapeute, par ignorance ou prévention, véritables scotomes perceptifs, risque de négliger la guérison qui s'est effectuée sous ses yeux, toute proche.

On sera choqué par certaines affirmations tranchantes des behavioristes. Il peut être utile de les équilibrer en rappelant la complexité de la condition humaine, les difficultés du diagnostic psychiatrique et les aléas psychothérapiques. Les phénoménologues ont particulièrement élargi notre vision sur ce point. Ils ont par exemple, décrit des névroses axiologiques ou « noogéniques » (Frankl) dont la réalité se traduit dans des phrases telles que : « la névrose possède des aspects positifs », « perdre une névrose est une amputation », ou encore « ce que le malade doit apprendre, ce n'est pas comment se débarrasser de sa névrose mais comment la percevoir et la supporter. Ce n'est pas la névrose que nous soignons, c'est elle qui nous soigne » (Jung).

Ainsi l'évolution d'une psychothérapie ne se présente pas en général comme un tout homogène dans le temps, de durée prévue, d'objectif défini d'emblée. *L'organisation figée des traitements conduit à des difficultés sérieuses et parfois incompréhensibles.* Taylor (1956) a montré qu'il existe lors d'une psychanalyse une zone de déficit thérapeutique (« failure zone ») entre la douzième et la vingt et unième séance. De nombreux psychanalystes ont observé ces « zones muettes ». Que se passe-t-il alors et pourquoi ? Existe-t-il d'autres manifestations où le temps même de la cure intervient ? De telles questions auraient mérité une réflexion et des recherches systématiques. La fidélité au traitement pose des problèmes voisins. Dans le travail statistique de Brody, déjà cité, 306 malades sur 595 — c'est-à-dire près de la moitié — furent considérés comme complètement analysés. De quelle façon un malade sur deux a-t-il quitté son thérapeute et quelle signification donner à ces départs ? De telles observations témoignent, parmi d'autres, de l'existence de variations et de difficultés d'adhésion des patients au traitement « standard » proposé.

Il existe, dans toute psychothérapie voulue comme telle, un programme ou un plan d'action, conscient ou latent, qui détermine les objectifs, les critères, les modes de soin du cas traité. La façon dont le thérapeute « pense » le traitement détermine pour une bonne part celui-ci, quel que soit le cas en cause. En particulier lorsque le psychothérapeute envisage une longue durée de traitement et le but d'une guérison « profonde » de la personnalité, il n'emploie qu'une seule technique, au long cours, et dans un certain esprit d'attentisme. Si le thérapeute doute de résultats substantiels et rapides, il ne peut les obtenir. Dans cet état d'esprit, les lenteurs de progression et les zones muettes sont attribuées par lui aux résistances du patient sans conscience du transfert de responsabilité effectué.

Une question se pose ainsi fondamentalement. *Est-ce au patient de s'adapter à une technique unique et figée —*

et ceci lentement — ou est-ce à la technique thérapeutique de s'adapter aux variations dynamiques, parfois précoces et rapides, que présentera nécessairement l'évolution du cas et de la personnalité du patient? Selon nous, il faut opter pour la seconde formule. Au lieu d'objectifs lointains et imprécis (guérison, normalisation, etc...) ou parfois simplement postulés (psychothérapie profonde) et au lieu d'une seule technique disponible, nous pensons qu'*il faut progresser par étapes, avec des objectifs à court et moyen termes, susceptibles d'une définition objective, utilisant une pluralité de techniques spécifiquement aptes à donner un résultat précis.*

L'expression « *activation psychothérapique* », sans être nouvelle, peut indiquer et receler un tel contenu. Notre thèse centrale est que *les relations entre un sujet et un objet (ensemble de stimulations internes et externes) sont positives et favorables dans la mesure où elles sont temporaires.* Conditionnelles, elles doivent le rester et par là même mobiles. En effet, le contact avec la réalité conduit à l'action adaptée grâce à cette mobilité alternante qui caractérise le sujet disponible. Celui-ci possède une potentialité fondamentale de toujours apprendre à apprendre, tant que lui est conservée cette possibilité des conduites alternatives, base de l'apprentissage de la réalité. Les deux membres d'une relation qui se présentent l'un à l'autre diverses facettes et se modifient réciproquement dotent cette relation de ses caractères dynamiques, dialectiques, mobilité caractéristique des phénomènes vitaux constructifs. Pour sa part, le sujet névrotique, par sa position figée et ses conduites stéréotypées, freine le dialogue et arrête la dynamique des relations conditionnelles. L'unilatéralité de ses points de vue et la fixité de sa relation avec autrui est objectivable et, qui plus est, ressentie par lui comme définitive. *L'activation psychothérapique est ce qui peut modifier cet état de choses par des interventions directes ou indirectes, tant au niveau des conduites du sujet que de son vécu figé. Pouvoir de discrimination accru, possibilités de désidentification et de désensibilisation, dynamisation des relations conditionnelles, telles sont les voies des tentatives d'activation psychothérapique.* L'accent est mis sur le *temps présent*, par l'utilisation systématique de toutes les possibilités du patient et de tous les moyens du thérapeute. L'action thérapeutique se veut adroite, rapide, adaptée à chaque sujet et à chaque moment de l'évolution thérapeutique.

Le « *psychothérapeute activateur* » prétend que l'absence de spontanéité, d'initiative et d'inventivité du patient n'est pas toujours « résistance » mais est due fondamentalement au manque de conditions propices à leur apparition, ici et maintenant. *De différentes façons, il adopte l'attitude qui encourage le névrosé à sortir de son immobilité perceptive, à diversifier ses perspectives et ceci au cours même de la séance autant que cela est possible.* L'ouverture à la vie, à l'activité et le dépassement des inhibitions et des angoisses névrotiques posent des problèmes au névrosé et lui imposent de choisir et de créer. Toute psychothérapie activatrice comporte cette exigence. Évitant la suggestion directe, c'est au niveau du patient que le thérapeute recherche les solutions et les prémices de cette liberté à vivre. Très souvent la conduite du thérapeute consiste à proposer au patient des modes d'exploration, de confrontation et d'expression de soi-même et par soi-même. Vivre ses antinomies et s'y accoutumer sera pour le patient le premier pas du dépassement de l'ambivalence névrotique, de la passivité et du retrait. La relation médecin-malade peut être un modèle de cette relation interpersonnelle évolutive, spontanée et permissive, active et chaleureuse, selon qu'il est nécessaire à l'expression du patient.

III. UNE PERSPECTIVE SCIENTIFIQUE

Une perspective scientifique se présente aujourd'hui dans le champ de la psychothérapie. Il est certainement souhaitable de l'accueillir pleinement. L'activation psychologique constitue à ce point de vue un exemple valable d'une force d'origine naturelle susceptible d'un emploi rationnel et thérapeutiquement contrôlable. La vie humaine, collective et variée à l'infini, induit fréquemment des changements favorables dans les conduites humaines individuelles. La créativité propre aux fonctions psychiques exerce une force dynamisante inter-personnelle qui est le sel de la vie sociale. Il est évident que les aspects négatifs de la vie sociale — pression des collectivités actuelles, « l'homme, un loup pour l'homme » — ne représentent qu'un des pôles d'un relatif équilibre où l'attrait pour autrui joue un rôle constructif. Cette dynamisation affective dans la vie sociale joue un rôle thérapeutique naturel. Des études statistiques ont d'ailleurs montré qu'il existait un nombre important de guérisons spontanées d'états névrotiques bien identifiés. Ceci ne suffit pas, on s'en doute. Une forme de mission scientifique engage le psychothérapeute à participer au mouvement général des progrès du savoir et du pouvoir d'intervention. Guérir et traiter, ou plutôt guérisseurs et thérapeutes se distinguent à propos de cette recherche du savoir qui caractérise les seconds.

Encore faut-il que ce savoir soit communicable. Ceci peut être dit en peu de mots mais nécessitera manifestement bien des années, dans le domaine psychothérapique. Demander ici un langage commun paraît encore du domaine de l'utopie. Néanmoins, il y a là un impératif qu'il fallait souligner.

Un autre fait concerne la mise au point de formulations

diagnostiques suffisamment précises. On peut beaucoup obtenir par les méthodes psychométriques, de mesure, de projection et d'enregistrement. Il serait peu objectif de ne tenir compte que des critiques faites à l'égard de l'emploi de ces méthodes en psychothérapie, alternativement accusées d'être trop précises et matérialisantes ou trop floues et incertaines dans leurs résultats. Il serait non moins absurde de ne pas reconnaître les difficultés de leur application dans ces traitements.

A propos de leur emploi comme plus généralement en ce qui concerne le savoir du thérapeute — face à l'ignorance supposée du patient — il semble nécessaire de renverser la question et de replacer sur sa base une pyramide qui a de la peine à tenir sur sa pointe. A qui appartient-il d'être lucide et d'apporter une aide, de réfléchir en cas de difficulté, qui donc doit prévoir les questions de l'autre ? Le thérapeute ne peut oublier ce qu'il sait, et ne peut oublier que le malade lui attribue un certain savoir. Les explications concernant les procédés thérapeutiques sont loin de gêner leur emploi. C'est parfois même une obligation supplémentaire que se découvre le thérapeute et qui peut posséder aussi pour lui son utilité. En se demandant à soi d'être rationnel et clair face au malade, il apporte à celui-ci la possibilité d'adopter une attitude similaire. Il s'agit là d'ailleurs d'un élément parcellaire d'un fait plus important. L'attitude positive du thérapeute vis-à-vis du patient est à la base d'une certaine « rationalité », objectivité de la situation psychothérapique. Il s'agit là du fait que l'évolution favorable et liquidatrice de la situation psychothérapique nécessite un accord des deux protagonistes. Ceci s'exprime par exemple du côté du malade dans un sentiment de confiance vis-à-vis du traitement — qui se transforme progressivement en confiance en soi — et du côté du thérapeute dans une identification précise des progrès du patient point de départ pour de nouvelles étapes. Tout ceci observé unilatéralement peut être subjectif mais, constaté d'un accord commun, avec toute la lucidité de chacun, devient objectif, précis, fait de nature que l'on pourrait soumettre à des investigations scientifiques. *L'accord, dans la diade psychothérapique, lorsqu'il est pleinement vécu, crée les conditions de la vérité.*

La psychothérapie actuelle entre progressivement dans des modes de pensée et d'action nettement scientifiques et objectivables. Une des grandes forces animatrices des interventions psychothérapiques n'est-ce pas la clarification des attitudes, des sentiments, des mobiles ? Le malade vient voir le thérapeute avec tout un arsenal d'étiquettes :

« Je suis un impuissant, un incapable, un malade ». Il se fixe dans une réalité pathologique imaginaire. Identifiant la partie au tout, il dira « je suis un raté » plutôt que « j'ai échoué trois fois ». Des valeurs, en fait, subsistent et sont qualitativement et quantitativement bien supérieures aux déficits morbides. Informer objectivement, souligner les opinions subjectives erronées, encourager le patient à une critique progressive des a priori pathologiques, l'entraîner à des perceptions discriminatives, à une participation à l'actuel, à un dépassement des limites hypothétiques, telles sont certaines des tâches de « réajustement épistémologique » où se profile une attitude scientifique.

IV. L'INTÉGRATION DES TECHNIQUES PSYCHOTHÉRAPIQUES

Dans la perspective activatrice et scientifique ci-dessus décrite, le psychothérapeute s'engage dans l'utilisation de techniques diverses, adaptées de façon aussi précise que possible aux besoins du cas et du moment. En effet, comme l'exprimaient clairement Alexander et French, la psychothérapie ne saurait être routinière : « de la même façon que certaines espèces de bactéries peuvent s'adapter à la drogue employée pour leur extermination et acquérir une résistance aux sulfamides ou à la pénicilline, de même les mécanismes névrotiques peuvent aussi s'adapter aisément à une technique standardisée et la priver ainsi de son efficacité thérapeutique ». La tâche du thérapeute va au-delà d'une offre standard car, écrivent-ils, « dans la relation médecin-malade, le thérapeute a une occasion sans égale pour donner précisément au patient le type d'expérience corrective dont il a besoin. La technique employée pour produire celle-ci constitue un problème secondaire ». Telle est la base du principe de flexibilité dans le traitement qui doit apporter la technique la plus adéquate au maniement du cas précis, sans qu'une échelle de valeur existe a priori entre les différentes techniques.

Cette flexibilité est à développer pleinement, il doit s'agir d'une *flexibilité totale.* La diversité des techniques disponibles permet cet abord à la fois spécifique et intégré. L'association de plusieurs techniques peut être intéressante successivement ou simultanément chez le même patient. Ces moyens pourront ainsi être utilisés dans un but activateur et en fonction d'un certain projet. La psychothérapie est aujourd'hui fort riche. Il existe nombre de méthodes thérapeutiques parfaitement décrites, solides dans leurs résultats et précises dans leur pratique. A côté des techniques de libre association des idées et d'interprétation existent les techniques de verbalisation non directive (Rogers) ou imagogiques (Rêve éveillé dirigé de Desoille). Les techniques de relaxation (Schultz), de psychodrame (Moreno), l'emploi des médicaments à des fins psychothérapiques, les techniques expressives, d'art-thérapie, les techniques de groupe, la confrontation du patient avec les siens, etc., constituent les éléments d'un vaste ensemble disponible où chaque thérapeute peut puiser. Les effets propres à chacune peuvent être combinés selon des formules assez variées pour répondre à un grand nombre de situations thérapeutiques différentes.

Nécessairement de tels aperçus posent le problème de la formation du psychothérapeute. La multiplicité de ces connaissances est difficile et longue à obtenir. Chaque méthode réclame un apprentissage personnel dont la durée est variable. Elle implique à la fois la formation du thérapeute, certaines modifications de ses attitudes habituelles et le contrôle de ses tentatives initiales. Une solution complémentaire réside dans la constitution d'équipes thérapeutiques comportant parmi ses membres des représentants qualifiés en certaines de ces techniques.

Ces opinions concernant l'équivalence relative des techniques et la nécessité d'une formation élargie à plusieurs d'entre elles se heurtent à des principes dépassés. Différents groupes continuent d'agir de façon doctrinaire, comme si la possession d'une seule technique et d'un seul point de vue apportait la clé universelle pour la thérapeutique de toutes les névroses. Cette pente de l'orthodoxie est à la fois dangereuse et illusoire aujourd'hui. Elle tend à priver les conceptions activatrices, du type des nôtres, de leur véritable nature et de leur principe de base, *la flexibilité totale en psychothérapie*. De plus, si à l'unilatéralité de la formation s'associe une forme d'« orthodoxie mentale » scolastique c'est le mouvement psychothérapique tout entier qui se trouve menacé dans sa croissance et ses progrès.

La formation d'un psychothérapeute, acceptant de réfléchir à ces conceptions activatrices, c'est-à-dire conscient de la nécessité d'obtenir le maximum de résultats en psychothérapie dans le minimum de temps, nécessite l'apprentissage de techniques multiples, visant des buts concrets et individualisables. Elle doit donc être très différente des formations jusqu'ici admises. De toutes façons, les psychothérapeutes ne peuvent continuer à se former en sens contraire des voies de développement de la société et des besoins qui s'y manifestent.

La constitution d'équipes de psychothérapie se montre indispensable en particulier dans les institutions thérapeutiques. Lors même que la psychothérapie individuelle s'ouvre à des méthodes sociothérapiques ou de soins en groupe, nombre d'institutions psychiatriques hospitalières développent l'emploi de cette diversification des psychothérapies purement verbales ou médiatisées par des tâches créatrices ou matérialisées (techniques d'expression, ergothérapie, kinésithérapie). Les tentatives de cet ordre se répandent rapidement et deviennent des éléments fondamentaux des programmes actuels d'hygiène mentale et de traitement psychiatrique.

V. INDIVIDUALISATION DES SOINS PSYCHOTHÉRAPIQUES

Une des caractéristiques essentielles de l'action psychothérapique réside dans la relation soignant-soigné, relation qui ne peut être anonyme ou qui, même collective, transite toujours par des formes duelles. L'unicité du patient trouve son écho dans l'intérêt personnel que lui porte le thérapeute. Ainsi, existent des liens particuliers mais aussi une acceptation individualisante de la psychopathologie du malade et des conditionnements névrotiques qui lui sont propres. Dans d'autres chapitres de l'ouvrage sont décrites les grandes catégories de névroses, en fonction d'un diagnostic structural des troubles prévalents. L'activation psychothérapique correspond, pour une bonne part, à la participation du patient à la cure proposée. Le dépassement des symptômes accompagne la libération d'énergies oblatives, éthiques, socialisantes, à la fois conscience de l'individualité et son dépassement volontaire. Toute une part de la vie psychologique semble se rattacher à une volonté constructive — et peut-être naïvement généreuse. Ceci existe aussi au sein même de l'activité soignante. Ceci existe certainement comme besoin de premier plan chez certains patients et dans certaines névroses. Dimension oubliée, ou refoulée — le « refoulement du sublime » disait R. Desoille — la dimension des valeurs est probablement une voie dans l'individualisation des relations thérapeutiques, dépassement de celles-ci, effort de libération vis-à-vis des contingences, contrôle de la dépendance.

En réalité, les valeurs supra-individuelles et collectives qui assurent le sentiment d'un destin personnel ont eu en psychologie leur porte-parole. Le maître indiscutable est, à ce niveau, C. G. Jung. L'ampleur de la vie se trouve reflétée dans son œuvre dont les appuis anthropologiques donnent les preuves de la complexité de la psyché archaïque. A sa suite, et parfois de façon plus nuancée, s'engagent les psychothérapeutes existentialistes (Binswanger, Frankl, etc.). La description de névroses « noogéniques » fait apparaître la donnée du destin personnel et de l'engagement que cette notion implique. Entre ces formes et les névroses les plus directement conditionnées, ou traumatiques, il n'existe pas à proprement parler de césure. Chez l'individu, toute conduite, fût-elle automatique ou pathologique, implique nécessairement une globalité. Certes, tout l'effort technique du thérapeute réside dans la recherche et la découverte des voies les plus simples et les plus directes de liquidation des symptômes. Il est de nombreux cas où le résultat thérapeutique ainsi obtenu suffira et correspondra du côté du thérapeute à de simples mesures techniques et du côté du patient n'entraînera guère de modification des projets et des buts existentiels. Dans d'autres cas, au contraire, l'individualisation de la cure s'orientera vers le domaine des valeurs. La présence ou l'absence d'un processus d'activation thérapeutique témoigneront de l'exactitude ou de l'erreur dans le diagnostic et les choix thérapeutiques.

CHAPITRE IV

PIERRE JANET ET LES DIMENSIONS MULTIPLES DE LA PRATIQUE PSYCHOTHÉRAPIQUE

Le titre de ce chapitre devrait être « *l'action réussie et la réussite psychothérapique* ». Pierre Janet, en effet, a montré que l'action réussie était à la base de la dynamique de la vie psychologique, et que, d'autre part, la psychothérapie elle-même, en tant qu'action, pouvait bénéficier de cette loi. L'attrait de l'action conduite à bonne fin, susceptible de remporter des succès — comme tout autre mode d'intervention soignante — suppose une attitude active et positive devant la déconcertante inhibition due à l'angoisse du patient, dont le soignant lui-même ressent bien souvent l'effet nocif. Les psychiatres et les psychothérapeutes, lorsqu'ils s'observent comme la société le fait, peuvent constater combien l'inhibition, la ritualisation et tels autres symptômes menacent leur pratique. Chez Janet, le ton du propos est celui d'une réflexion constante simultanée aux interventions, reflet d'un esprit expérimental qui mêle dans ses gestes soignants des moyens techniques divers et une pensée ouverte à l'originalité de chaque situation thérapeutique. Devant l'œuvre de Pierre Janet, maître que l'on oublie un temps et auprès de qui l'on revient, les psychiatres de culture française, s'ils ont peine à supporter telles parties assez vieillies, les voient compensées largement par des leçons cliniques et thérapeutiques durables.

La fréquentation familière de ces ouvrages, et en particulier du traité de psychothérapie que constituent « *Les médications psychologiques* », montre comment à partir de l'hypnose, ancêtre-mère des techniques psychothérapiques, Janet a pu concevoir la donnée déterminante de la diversité naturelle des voies d'abord psychothérapique, fonction d'une connaissance approfondie de chaque patient.

Dans ces trois tomes, « Les médications psychologiques, études historiques, psychologiques et cliniques de la psychothérapie », parus en 1919, P. Janet livre une somme de connaissances et de réflexions dont l'harmonie remarquable tient à la qualité du matériel clinique. On sait avec quel soin le psychopathologiste enregistrait les propos et les conduites des malades, la diversité des interventions psychologiques qu'il employait, la richesse des dossiers patiemment constitués.

La définition centrale de la psychothérapie rattache ce type de soins aux interventions comme au savoir psychologiques. Elle est résumée par P. Janet en une phrase, « une application de la science psychologique aux maladies » (III. 464). Ses limites sont celles de la maladie et, par ailleurs, de la science psychologique. Le monisme qui fonde toute action médicale est le garant de la validité d'une œuvre qui contient bien des apports durables. Clinique diagnostique, interventions psychologiques, esprit de recherche du praticien sont des qualités différentes que P. Janet, dans son œuvre, maîtrise globalement d'une façon harmonieuse et forte. Conserver l'idée de maladie devant les tableaux psychopathologiques, reconnaître l'unité des déviations psychiques à travers la multiplicité infinie des individus et des situations, utiliser ces deux forces pour s'élever lentement avec le patient vers la guérison ou l'adaptation, « les médications psychologiques » comportent l'union de ces actions diverses.

I. ORGANISATION ET DÉSORGANISATION DES CONDUITES

Avec les notions de « force » et de « tension » psychologiques, P. Janet choisit cette dominante moniste de la vie psychique sur laquelle prend appui l'intervention psychothérapique. Janet place sous nos pas le sol de la réalité quotidienne du névrosé, point de départ et lieu de parcours du clinicien psychothérapeute. Chez P. Janet, les entités ne sont utilisées que comme moyens, heuristiques et didactiques. Elles s'apparentent à des descriptions hypothétiques de hiérarchies de structure, d'action, d'efficience et à une vision fonctionnelle familière à la pensée médicale. Il faut se garder de formaliser ces analogies didactiques, approchées et souples qui fondent, ici comme chez Freud et avec un génie similaire de la description, les schémas d'une économie et d'une topique psychiques.

L'intérêt thérapeutique de P. Janet se situe au niveau *de la réussite de l'adaptation des individus innombrables à l'infinie diversité des situations personnelles et sociales*. L'action et la conduite constituent les objets visibles de la psychologie et d'une science du comportement humain qui se fonde à leur propos. En psychopathologie, cette science ne progresse que grâce aux constatations, aux expériences, aux modifications objectivales auxquelles se livre la psychothérapie.

Avec les notions simples d'action et de conduite, l'intrication de faits quantitatifs et qualitatifs est posée comme trait fondamental de l'activité humaine. Le grossissement obtenu à travers l'optique de l'observation psychopathologique permet de suivre les événements principaux de la vie psychologique. Il s'agit de les utiliser pour guide dans l'observation du malade et non point de les porter au niveau de modèles généraux de toute vie mentale. L'action thérapeutique et ses résultats patents sont les seuls justificatifs de ces réflexions.

P. Janet dresse *le schéma d'une organisation des conduites, hiérarchisées en fonction d'une croissante complexité.* Les processus morbides se révèlent comme mettant en cause une telle hiérarchie. Par analogie à des processus morbides divers — biologiques ou sociaux — la maladie frappe globalement une structure fonctionnelle et atteint premièrement l'adaptation de celle-ci au niveau des tâches supérieures qui la définissent. P. Janet s'est intéressé de façon répétée aux processus pathogènes voisins de la normalité, par exemple l'émotion, la fatigue. A côté du rôle régulateur des sentiments, il insiste sur l'action désorganisatrice de l'émotion. Il montre l'abrasement des fonctions supérieures lors de l'épuisement des réserves disponibles. L'action dégradée manifeste un déséquilibre entre force et tension, entre énergie disponible et réalisation efficace. Le dynamisme essentiel de la vie psychologique a pour foyer *l'harmonie* des forces et des tensions et dépend de la base plus ou moins large et du niveau plus ou moins élevé des énergies qui animent telle conduite précise, de même que l'importance de la chute d'un cours d'eau dépend de sa largeur et de sa hauteur. La nature qualitative de la tension psychologique est le reflet du rôle inducteur des conduites liées à des tendances psychologiques innombrables, de complexité et de niveau hiérarchique variés dans leur traduction vivante et sociale. Certaines tendances anciennes, automatisées, de niveau inférieur ont besoin de plus de force que de tension. D'autres nécessitent création, apprentissage et liaison avec nombre de tendances voisines et n'aboutissent que moyennant un degré élevé de tension.

La grande puissance désorganisatrice pathologique est dénommée, par P. Janet, « *dépression* ». Il s'agit à ses yeux d'un processus morbide très général se manifestant par son action invalidante sur la hiérarchie des conduites. On notera au passage une certaine analogie avec le processus freudien dit de régression. Le souci descriptif — ou une méfiance notable vis-à-vis des entités — a peut-être porté P. Janet à choisir ce terme clinique, riche d'évocations pour le psychiatre. Les conduites les plus élevées et les plus neuves sont les plus vulnérables à l'action de la dépression qui fait se révéler les automatismes et les dérivations d'énergie, agitations viscérales ou motrices.

Cette description resterait formelle sans la notion de *tendances*, dimension spécifique du substrat des conduites humaines. La force et la tension psychologiques animent la réalisation de buts concrets, à la présentification desquels se livrent des tendances de niveau, d'assemblage et d'origine variés. Les tendances sont des « dispositions à l'exécution de mouvements coordonnés » accompagnés, dans la progressivité de leur passage à la réalité sociale, d'états subjectifs variés et susceptibles d'atteindre les niveaux les plus supérieurs des activités humaines. La notion de conduite comporte ces aspects liés de la tendance, des forces affectives et des perceptions intimes, enfin du passage au plan du réel de cet ensemble complexe, molaire pour ainsi dire, qui fragmente la continuité de notre vie psychologique en ensembles fonctionnels. La tendance est au centre de tels ensembles, leur donne leur sens, supporte leur réussite ou leur échec dans la réalité. Ainsi, les tendances « peuvent demeurer à l'état latent ou s'activer plus ou moins complètement en passant par les stades de l'érection, du désir, de l'effort avant d'arriver à l'action complète et au triomphe ».

Chacune des étapes de cette mobilisation de la vie psychique vers une conduite achevée a fait l'objet de l'intérêt clinique de P. Janet. En particulier, l'érection de la tendance correspond à l'issue préliminaire des énergies stimulées par une situation donnée et que force et tension doivent alimenter jusqu'à la réponse adaptée finale. *L'action complète et le triomphe* apportent une action en retour heureuse qui, après la dépense énergétique réussie, restitue force et tension à la personnalité, processus d'excitation, notion clinique grâce à laquelle P. Janet a su utiliser une constatation d'une universelle vérité psychologique.

Au contraire, le processus de dépression propre aux conduites des névrosés multiplie les actes ébauchés, les réalisations incomplètes des tendances, les manifestations de forces amorties, « la dérivation se produit toutes les fois qu'un phénomène supérieur de haute tension a commencé à se produire et qu'il a été arrêté dans son développement par cet abaissement du niveau mental qui rend impossible les phénomènes de haute tension ». Les problèmes de *dépense psychologique et de coût de l'action* possèdent ainsi des dimensions multiples, tel « sera plus tard un problème capital de la psychologie et de la psychiatrie ».

La dépression correspond donc au déficit des conduites généralement observé chez les névrotiques. A la différence des conceptions de Freud qui soulignent le caractère actif du refoulement et la nature conflictuelle de la répression, la thèse de P. Janet demeure plus ouverte aux données cliniques immédiates. Dans la plupart des cas, la dépression dépend d'un ensemble de facteurs, héréditaires ou tôt acquis, psychiques ou biologiques, plutôt prolongés et répétés que vraiment individualisés. Cette opinion générale tient compte également de la fréquence de « traumatismes » émotionnels assez bien définis, inducteurs d'« accrochages » et de fixations de tendances arrêtées dans leur activation à des niveaux inférieurs. Janet a choisi un abord clinique dont la base de départ est l'adaptation et non l'échec, la conduite réussie et ses caractéristiques plutôt que le symptôme isolé, l'action thérapeutique curatrice de préférence à l'observation distante. L'élément du dynamisme psychologique sur lequel insiste plus particulièrement P. Janet est constitué par le passage des tendances latentes au plan du réel, et par l'aboutissement réussi des conduites.

Accompagnant le succès, « l'excitation » est la conséquence des « actions qui ont pu être conduites jusqu'à leur dernier terme avant que l'épuisement ne les arrête ». Au contraire, les actions qui à différents degrés de leur accomplissement souffrent de force ou de tension insuffisantes à leur réalisation totale engendrent à leur suite une dépression plus grande encore et différents symptômes dus aux forces impliquées mais non utilisées. Telles sont les bases d'une conception économique de la « mobilisation » des forces psychologiques et de « l'irradiation » des résultats de l'action au niveau de l'individu lui-même. Positifs et aboutissant à l'excitation, ces mécanismes peuvent être opposés aux éléments morbides négatifs, dépressifs et de « dérivation », qui accompagnent l'insuccès.

II. LA RECHERCHE DU SUCCÈS THÉRAPEUTIQUE ET SES VOIES

Une tendance générale à la recherche de « l'excitation » — proche peut-être du « principe de plaisir » freudien — concerne l'ensemble de la vie psychologique. Elle s'observe aisément chez l'individu normal, dans l'affirmation de ses conduites au sein de la vie sociale. Elle existe de façon plus latente chez les névrosés et cette tendance est un des points d'appui capital de l'effort thérapeutique. Elle est décrite par P. Janet parallèlement avec le sentiment de cohérence et d'action propre à la personnalité. Chez le névrosé, une action réussie, même avec l'aide discrète du thérapeute, fait naître un sentiment de retour à la réalité. Le rétrécissement du champ de conscience de l'hystérique, ou les dérivations symptomatiques des psychasthéniques, les sentiments pathologiques d'incomplétude, d'insuffisance, de déficit des conduites, s'effacent alors pour un moment. Les résultats thérapeutiques s'obtiennent souvent lors d'une lente progression tenant compte du chemin à franchir vers la réharmonisation et la pleine réalisation de la majorité des conduites, intérieures ou sociales.

A la recherche de la réussite thérapeutique, à travers les actions réussies, *les voies de la psychothérapie apparaissent donc comme multiples et variées* selon des stades propres à chaque patient ou à chaque période de son évolution. Cette diversité des moyens possibles est reflétée par l'histoire même de la psychothérapie. P. Janet montre qu'aux premières étapes de celle-ci se sont présentées deux orientations principales. L'une était constituée par les principes de la « moralisation médicale » qui prend en charge l'inquiétude du malade et la combat en ramenant ses craintes à une juste appréciation de la réalité. Conversations prolongées, éclaircissements, conseils, encouragements, sont autant d'éléments où la suggestion verbale directe joue un grand rôle.

Ils constituent, sur le fond d'une attitude habituelle de compréhension, la base de psychothérapies dites aujourd'hui de soutien. Selon les termes de P. Janet, elles cherchent à utiliser « tous les faits psychologiques pêle-mêle, » et, sans s'arrêter aux soucis d'objectivité, reconnaissent pleinement « la puissance thérapeutique de la pensée ». Les limites sont marquées par une nette confusion de procédés dont on ne peut prévoir à coup sûr la réussite ni enseigner valablement la pratique. Forme humanitaire des soins psychiatriques, ces procédés conservent cependant une certaine valeur.

Un autre mode d'intervention psychothérapique fut constitué par « *l'utilisation de l'automatisme* » et plus particulièrement de l'hypnose. P. Janet est resté longtemps fidèle aux possibilités d'exploration et de modification psychologiques que comporte l'état hypnotique. La suggestibilité des hystériques a fondé ce qui fut « le premier traitement psychologique précis ». Ici la suggestion s'appuie sur la possibilité d'une modification du niveau de conscience qui, dans le rapport hypnotique avec le thérapeute, lève les barrières de l'amnésie ou permet la réduction temporaire des symptômes. Telle est la méthode qui, par une modification artificielle du niveau de conscience, a permis à Pierre Janet une véritable expérimentation psychologique, à visée à la fois exploratrice et thérapeutique. Cet intérêt de l'hypnose étant souligné, ses limites n'en sont pas moins reconnues. P. Janet a apporté des chiffres. Sur plus de 3500 observations patiemment collectées, il a pu observer l'intérêt de l'hypnose dans 250 cas, soit 7 % des patients seulement. Et il s'agit d'une façon quasi constante de malades hystériques.

A côté de ces deux voies initiales de la psychothérapie, P. Janet a classé de façon systématique d'autres modalités d'intervention. Le domaine des « *économies psychologiques* » est individualisé en fonction d'hypothèses concernant l'énergétique psychique. Il s'agit pour le médecin d'intervenir au niveau des dépenses de l'organisme. Les traitements par le repos, l'abstention vis-à-vis d'actions épuisantes ou « trop coûteuses » dans l'immédiat, les « économies raisonnées », les « vies restreintes » impliquent une prescription du praticien. L'isolement ou la coupure temporaire vis-à-vis d'un groupe familial ou social pathogène sont des mesures vraiment thérapeutiques à employer comme telles.

Les traitements par la liquidation morale ont un intérêt de premier plan. Les souvenirs traumatiques les plus importants, ayant laissé des difficultés manifestes, ne sont pas toujours bien connus par le sujet lui-même, ni exprimés clairement. Les symptômes ou les manifestations oniriques qui subsistent, lorsqu'ils peuvent être rattachés à un tel événement, bénéficient « d'une désinfection mentale par la dissociation des souvenirs traumatiques ». P. Janet a donné de nombreux exemples de ces malades « accrochés » à un obstacle intime qu'ils ne peuvent franchir, événement ou émotion « non assimilés » dont il faut rechercher « la liquidation ». Réintégration dans la conscience, dissociation des réminiscences pathogènes, assimilation du passé sont les éléments bien connus aujourd'hui des séances cathartiques. Elles aboutissent à une ascension du niveau des conduites, véritable mutation du régime psychique que P. Janet rattachait au processus général d'excitation. Les tendances latentes ainsi entraînées drainent l'ensemble des énergies disponibles et portent des conduites difficiles à leur niveau de réalisation et de succès.

L'acquisition et la « fixation » de nouvelles tendances ouvrent la voie aux psychothérapies éducatives ou rééducatives. Nombreux sont les symptômes moteurs, perceptifs, viscéraux dont le maintien prolongé est la base, à lui seul, de dysharmonies supplémentaires des conduites. La réduction de l'angoisse, la liquidation et la mise au repos doivent trouver un complément dans la mise en route d'habitudes et d'attitudes nouvelles, même à un niveau élémentaire. La vie quotidienne des névrosés abonde en difficultés de détail de cet ordre. Le rôle essentiel de l'éducation consiste « à transformer une action en une tendance automatisée, à la fixer, en quelque sorte ». Cela n'est parfois possible qu'à un stade avancé des traitements mais facilite le mouvement de la cure. Il s'agit ici d'une dimension particulièrement délicate de la psychothérapie, mais essentielle à la confirmation et à la solidité des résultats thérapeutiques.

L'axe principal de ces pratiques thérapeutiques rassemble donc des *interventions multiples* caractérisées « par leur tendance à provoquer l'effort personnel plutôt que l'isolement ». *Le processus d'excitation* que le thérapeute s'efforce systématiquement de rechercher est la conséquence des actions réussies physiquement, socialement, psychologiquement. *Le succès induit le succès*. Par les phénomènes de la mobilisation et de l'irradiation psychologiques, un acte réussi met à notre disposition une quantité plus grande de forces et, de plus, amène l'esprit à fonctionner avec une tension plus élevée. Il existe en nous des mécanismes et des tendances qui ont pour rôle d'élever ou d'abaisser la tension : « un acte important et surtout un acte réussi éveille justement ces tendances à prendre une attitude générale de plus haute tension ».

La recherche des actions favorables à tel individu précis, de leur moment opportun, de leur mise en route font apparaître et utiliser des réserves jusque-là méconnues. Le rôle du thérapeute se moule en de multiples interventions. Imposer à un névrosé de porter attention à sa vie personnelle et de préciser clairement ses difficultés, l'inciter à vivre pleinement au cours de la séance les émotions qu'il contrôle par l'ironie ou l'allusion, lui demander certaines démarches et une participation à la résolution des difficultés actuelles, tout ceci nécessite les interventions du thérapeute. Les actions prochaines du patient commencent au cours même de l'entretien. *Le thérapeute est souvent amené à prendre un rôle de direction*. Le « directeur » « doit aider à l'accomplissement de l'acte sans faire l'acte lui-même et il doit dissimuler son aide autant que possible, car le malade a besoin de croire qu'il fait l'acte lui-même et qu'il le fait tout seul ». Cette phrase mérite une place en exergue de toute étude du rôle — à la fois essentiel et relatif — de la direction du patient au cours des cures psychothérapiques. La réussite psychologique de l'action exécutée est d'ailleurs un fait difficile à vérifier, il faut « l'inférer des sentiments que le sujet exprime à ce propos ». Une telle action doit être accomplie avec pleine conscience et attention, après une décision véritable et s'accompagner au cours de sa réalisation d'un sentiment d'« unité de la personnalité », voire même d'un véritable plaisir. Les sentiments d'intérêt de l'acte, de plaisir de l'action, de liberté des conduites, constituent « *cette perfection des sentiments intérieurs qu'il faut chercher à obtenir* ».

III. LA « PART PSYCHOTHÉRAPIQUE » DE L'ACTE PSYCHIATRIQUE

L'œuvre psychopathologique et les formes psychothérapiques présentées par P. Janet conservent bien des indications précieuses, claires et parfaitement utilisables de notre temps. Le dynamisme de sa pensée laisse une large place à l'avenir des modalités thérapeutiques. La valeur de l'activation psychologique obtenue grâce à diverses modalités techniques d'intervention apparaît avec évidence dans son œuvre. N'apporte-t-il pas l'indication de la nécessité pour le psychothérapeute d'aboutir lui-même à un résultat positif, action réussie, sentiment stimulant de triomphe à l'occasion du succès remporté sur la maladie ?

Ce retour à la pensée de Pierre Janet et à la richesse de

son expérience clinique s'impose d'autant plus aujourd'hui que la diversité des « médications psychologiques » devient évidente, indispensable, stimulante, tant pour la réflexion que pour l'action. L'abord psychothérapique doit être offert à chaque malade psychiatrique. Comme dans la pratique que nous enseigne Janet, face au « tout venant » de nos patients, les besoins et les possibilités d'intervention psychologiques doivent être dans chaque cas identifiés. La relation interpersonnelle est redécouverte dans le monde même de l'aliénation. Sa valeur devient une force thérapeutique utile et nécessaire. Soulignons une fois encore le contexte « médical » de cette évolution. Avec les chimiothérapies modernes, différentes interventions thérapeutiques se trouvent grandement facilitées. Le patient reste à portée de l'effort psychothérapique. Comme l'ont répété maints psychiatres, loin de s'exclure, chimiothérapies et psychothérapies se complètent le plus souvent. C'est grâce à ces associations que s'effondrent les « murs de l'asile » et qu'apparaissent de nouvelles modalités institutionnelles de soins.

P. Janet montre les besoins psychologiques propres à chaque cas particulier de la clientèle du psychiatre et la nécessité « scientifique » de placer cet aspect psychothérapique au sein de tout traitement. *Adapter le traitement* — la technique thérapeutique à choisir — *au malade et au stade d'évolution de ce malade précis et non l'inverse*, telle est la leçon, explicitée clairement et patiemment, de cette vaste œuvre. Le psychiatre a besoin à la fois de l'esprit de savoir et de la volonté de traiter, et seule une attitude de recherche, précise et novatrice, appliquée à chaque cure, permet la synthèse de ces deux tendances facilement dissociées face à la maladie mentale. Une « part psychothérapique » existe dans chaque intervention psychiatrique; l'identifier, l'induire ou l'imaginer, fait partie de l'art thérapeutique.

DEUXIÈME PARTIE

THÉORIE DE L'ACTIVATION PSYCHOTHÉRAPIQUE

CHAPITRE V

MOBILITÉ PSYCHOLOGIQUE DE L'HOMME NORMAL

« *Il n'y a pas à choisir entre les opinions : il faut les accueillir toutes, mais les composer verticalement et les loger à des niveaux convenables. Ainsi hasard, destin, Providence* ».

Simone WEIL

« ... *Nous devons signaler que dans les expériences de ABULADZE et SHUMILINA apparaît une nouvelle propriété importante du système nerveux central : l'alternance d'états de sens biologique opposé, au cours d'une même expérience* ».

P. K. ANOJKIN

L'homme normal se trouve dès sa naissance, dans un milieu stimulant auquel il réagit. Sur la base de certaines réactions innées qui lui permettent une adaptation à des situations d'urgence (« first major automatic mechanisms » — HULL), l'homme normal élabore peu à peu des réactions conditionnées et acquises efficaces pour une adaptation à des situations moins aiguës et plus complexes (« second major automatic adaptative behaviour mechanisms »-HULL). Les relations conditionnées et acquises sont temporaires, formation et extinction se succèdent. L'homme normal se trouve dans une véritable interaction changeante et temporaire avec son milieu stimulant, externe et interne. Les choses changent continuellement (« Le soleil est nouveau chaque jour » — HÉRACLITE) et se caractérisent par un mouvement permanent (« This pencil is a bad dance of electrons »-KORZYBSKI).

I. LA DYNAMIQUE PERCEPTIVE

Une première caractéristique d'importance à signaler dans les relations de l'homme avec le monde extérieur ou intérieur, c'est le changement et une incessante rénovation. Une mère vient à la consultation psychiatrique avec son fils parce que : « Cet enfant est terriblement récalcitrant, docteur ». L'« enfant » de 18 ans sourit ironiquement. Évidemment, c'est la mère qui a besoin d'une adaptation psychologique pour percevoir la nouvelle étape évolutive de son « enfant ». Il n'est plus Jean 1965 mais Jean 1973. Si l'homme ne perçoit pas le changement temporel qui se produit dans son fils, son épouse, ses amis, la société qui l'accueille, le pays où il vit, le monde historique 1973 dans lequel il agit et sa propre mutation incessante, c'est l'échec.

La perception du monde est une perception parcellaire. L'homme découpe constamment la réalité. Les termes abstraction (KULPE), aperception (WUNDT) et discrimination (JAMES) représentent trois aspects du même phénomène de conscience immédiate (RADECKI). On peut dire, d'une façon métaphorique, que l'homme prend incessamment les photos d'une réalité changeante. L'analyse et la fragmentation sensorielle d'une totalité donnée à chaque instant (seuil perceptif) est un fait naturel conditionné par la structure du système nerveux. « Il n'est pas possible de saisir toute la réalité, mais uniquement certaines choses et dans certaines limites… C'est le principe selon lequel la totalité donnée s'ordonne, psychologiquement, de la façon suivante : à une partie émergente, présentifiée, s'oppose une autre qui reste en arrière, reléguée. Nous rencontrons dans la rue une personne connue et instinctivement faisons abstraction des autres passants. Nous écrivons de la main droite et nous réglons tous les autres muscles pour qu'ils gardent le repos », écrit V. von WEIZSACKER.

Chaque perception liminaire est parcellaire et en relation avec la réalité perçue. Elle est vécue subjectivement, comme totalité à chaque instant, mais en relation avec l'objet, elle est seulement une partie de la réalité (Radecki). L'objet est toujours plus que les vues successives prises sur lui ou que les abstractions et discriminations déclenchées par le système nerveux (Korzybski).

Le caractère parcellaire des perceptions (perspectives) conduit au concept de totalisation temporelle compensatrice. Chaque totalité représentative est complexe car elle est constituée par une multiplicité de perspectives prises par le sujet sur l'objet (l'objet A et ses perspectives A1, A2, A3... An, qui constituent la représentation de l'objet par totalisation temporelle). La connaissance se perfectionne si les perspectives augmentent.

La complexité de la représentation de l'objet (succession dynamique des perspectives) explique le conflit possible entre les différentes perspectives d'une représentation et les contradictions dans les réactions du sujet. La perspective A est différente et peut être opposée à la perspective A1, A2 ou An. Les réactions d'évaluation du sujet peuvent être contradictoires. L'objet stimulant apparaît simultanément comme agréable et désagréable, bon et mauvais, doux et agressif, attrayant et repoussant, etc..., voilà la base du conflit naturel dû à la richesse qualitative et quantitative des perspectives. La multiplicité mène au conflit possible des totalisations temporelles ou représentations complexes. Le caractère parcellaire des perceptions (perspectives) conduit, non seulement, au concept de totalisation temporelle, mais aussi à celui de dualité perceptive.

Chaque perspective, nécessairement parcellaire, détermine l'apparition d'une dualité : ce qui est perçu et ce qui n'est pas perçu, à chaque instant. Le fait reçoit différentes dénominations selon les circonstances : le visible et l'invisible, le conscient et l'inconscient, le haut et le bas, ciel et enfer, lumière et ombre, le bien et le mal, Dieu et Diable, l'ego et l'alter ego, Dr Jeckyll et Mr. Hyde, ce côté et l'autre côté (Kubin), etc... « L'homme marche entre deux mondes : celui d'en haut et celui d'en bas », dit Eckhart. La dualité règne partout dans ce monde. Toute monnaie a deux faces, tout bâton deux extrémités, et l'homme possède à chaque instant une ombre (physique ou morale). « La structure de la psyché est à un tel degré contradictoire et contrapunctique qu'il n'y a pour ainsi dire pas une seule constatation psychologique ou pas une seule observation générale à laquelle on ne puisse aussitôt opposer son contraire » (Jung).

L'homme vraiment mûr connaît non seulement des objets de sa connaissance, mais aussi les limites de son savoir et de sa vision du monde. Il sait bien le moment où il passe de la connaissance à l'ignorance, du conscient rationnel à l'inconscient irrationnel. Il assume la dualité de son existence temporelle. L'unité de l'être humain, comme le signale Heyer, est une aspiration ou une prétention mais non pas une donnée de fait. L'homme part de la dualité et cherche l'unité qui exige la concordance harmonieuse des opposés et non la réduction ou l'amputation simpliste et pathologique. L'homme peut dépasser ses limitations et ses contradictions s'il multiplie ses perspectives sur l'excitant d'une façon alternative et rythmique. Seule une mobilité effective et alternative « autour » de l'excitant peut amplifier sa vision et rendre accessible l'autre côté.

C'est surtout en fonction de l'expérience passée que l'homme analyse, sélectivement, l'impression sensorielle actuelle. « ...aucune impression globale sur le psychisme ne pourra être analysée, écrit W. James, si ses éléments n'ont pas été éprouvés, expérimentés à part ou dans n'importe quelles autres combinaisons. »

Cette expérience acquise et conservée détermine sélectivement les perceptions suivantes, d'une façon automatique. La mémoire individuelle explique la singularité de l'expérience perceptive. Différents individus devant la même stimulation réagissent différemment en fonction d'un passé spécifique qui détermine, automatiquement et par contraste, la perception actuelle.

Dans la perception actuelle nous retrouvons le connu et le vécu (identité). C'est la ressemblance de certains éléments qui sert de pont entre des ensembles différents et facilite la compréhension et la connaissance. « Si l'œil ne tenait pas de la nature du soleil, il ne pourrait jamais apercevoir le soleil ». (Goethe). Si l'homme n'avait pas des composantes féminines dans sa personnalité, il ne pourrait pas comprendre la femme. Mais le connu fonctionne aussi comme point d'appui pour percevoir ce qui dépasse actuellement notre expérience passée et ce qui est un excédent de celle-ci : le nouveau (altérité, James, Radecki). A travers le connu l'homme s'ouvre à l'inconnu, l'incorpore à son expérience singulière et le reconnaît ultérieurement, dans d'autres ensembles hétérogènes.

Ainsi, l'homme normal règle sa conduite sur une vision du monde qui est changeante (mouvement), parcellaire (perspective) et sélective (mémoire). Cette vision n'est pas une photo statique ni même une succession de photos mais un vrai film, plein d'un sens personnel. L'homme normal tient compte du mouvement inhérent à tout ce qui existe, des limitations perceptives naturelles (perspectives) dues à la structure du système nerveux et du caractère sélectif et singulier de celles-ci, en fonction de l'expérience passée individuelle. L'homme normal peut reconnaître ainsi l'imperfection et les dangers liés à l'emploi d'une seule perspective au lieu d'une totalisation temporelle plus respectueuse de la réalité objective. Il essaie de multiplier les perspectives sur l'excitant, pour augmenter la connaissance et les probabilités d'adaptation efficace. Il substitue à la perspective unilatérale les perspectives (ou conduites) alternatives et contrastantes qui forment la totalité temporelle.

Il peut reconnaître aussi et accepter la dualité, les contradictions et même le conflit qui existent toujours dans les perceptions complexes et hétérogènes, ouvertes à l'altérité. Il ne nie pas son passé, ni ne le répète indéfiniment. Il l'utilise pour élargir son action vers des ensembles nouveaux et des combinaisons originales. Il s'ouvre à l'inconnu, se confronte à l'altérité et s'étonne : « Cette thèse que nous a transmise l'Antiquité, que l'étonnement était le commencement de toute philosophie, exprime avec une concision frappante cette incontestable vérité : qu'une chose inattendue et par là dissemblable du contenu de notre attente est mieux que toute autre apte à éveiller la réflexion et à préparer, le cas échéant, des découvertes; et toute l'histoire de la pensée en fournit la preuve ». (Klages)

L'homme normal trouve certainement des difficultés pour réaliser les objectifs décrits mais des possibilités existent toujours et, plus ou moins rapidement, s'actualisent. On peut résumer toutes ces caractéristiques en disant que l'homme normal développe des conduites alternatives, c'est-à-dire : différentes et même opposées, en relation à l'excitant. *L'existence des conduites alternatives est un fait significatif de la conduite normale.* L'homme normal cerne l'excitant, en général, avec un faisceau de perspectives alternatives. *On peut schématiser différentes modalités de conduites alternatives selon différentes situations d'interaction, E — R.*

II. CONDUITES ALTERNATIVES « SPATIALES » SUR UN EXCITANT (EXTERNE OU INTERNE, SENSORIEL OU IMAGOGIQUE).

a) *Déplacement « autour » de l'excitant*

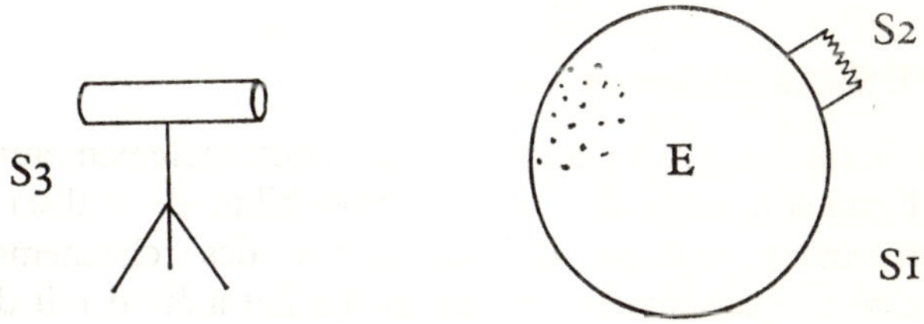

Le sujet (S) normal ne reste pas dans la position S1. On peut dire qu'il tourne autour de l'excitant E. Dans la position S2 sa conduite tactile lui découvre une zone pointue. Dans S3 la perspective à travers le microscope montre une structure cellulaire. Les réactions alternatives S1, S2, S3... Sn, se succèdent et quelquefois provoquent des découvertes inattendues. L'homme approche de la totalité à multi-facettes de l'excitant sans jamais l'atteindre. La totalité d'un point de vue opérationnel se forme temporellement et se caractérise, à un moment donné, par la somme de réactions alternatives du sujet sur l'excitant.

Un homme peut se juger un raté, s'il ne considère, de toute sa vie, qu'une seule expérience vécue, frustratrice et très pénible, au lieu d'élargir d'une façon alternative sa vision pour tenir compte de toute une variété qualitative d'expériences personnelles. Si on ne tourne pas autour de soi-même, restant accroché à un moment d'impuissance, de détresse ou de malheur, on rétrécit ses propres perspectives et l'image de soi-même perd sa richesse interne, son polysémantisme et sa plasticité adaptative. Un médecin qui juge son malade exclusivement selon l'angle de sa maladie « étiquetée » néglige tout le « reste sain », le « fond » plutôt, sur lequel repose, précisément, la motivation réelle de la consultation médicale et la possibilité même d'une thérapie efficace.

b) *Déplacement vertical*

L'homme normal peut se déplacer, non seulement autour de l'excitant, mais il a aussi la possibilité de réaliser un déplacement vertical qui déclenche des changements affectifs et relationnels significatifs. Le fait a été décrit d'un point de vue phénoménologique par Binswanger (1930) et Bachelard (1944) et d'un point de vue empirique et expérimental par Caslant (1921) et, surtout, par R. Desoille (1931).

Celui-ci a constaté que le déplacement imaginaire vertical, sur un plan imagogique et suivant la technique du « Rêve éveillé dirigé », est possible chez l'homme normal, avec des modifications importantes et spécifiques du schéma corporel, des perceptions affectives et même des motivations personnelles. Le mouvement vertical, ascensionnel et de descente, produit des sentiments d'oppression, d'angoisse et de détresse dans la chute, suivi de soulagement et d'euphorie, détente et libération quand l'ascension commence et continue. Des intuitions soudaines et imprévues et des impulsions altruistes et oblatives apparaissent et se multiplient à l'occasion du déplacement vers le haut. Desoille estime à 2 % seulement les exceptions à cette règle qui a été vérifiée par plusieurs chercheurs de différents pays. Le fait est très significatif et le mouvement vertical avec ses métamorphoses devient un axe de conduites alternatives possibles que l'homme normal peut parcourir s'il veut développer les possibilités latentes ou cachées de sa personnalité. L'axe vertical dynamique non seulement facilite une classification théorique des fonctions humaines mais ouvre des perspectives nouvelles pour la réalisation pratique d'une totalisation fonctionnelle verticale.

Tous ceux qui s'aventurent dans ce « voyage » vertical imagogique de R. Desoille éprouvent les perspectives alternatives signalées, avec une amplitude et une aisance plus ou moins grandes, selon des différences individuelles. Ici, comme dans d'autres conduites alternatives, il faut généralement du courage et de la décision personnels pour courir le risque de certaines confrontations déclenchées par la chute, et même par l'ascension. Mais si l'homme normal s'y hasarde il peut aborder des profondeurs et des hauteurs insoupçonnées dans la vaste gamme des réactions en réserve. L'expérience du mouvement vertical par le « Rêve éveillé dirigé », révèle les possibilités inouïes de conduites alternatives que possède le système nerveux humain et qui peuvent se manifester après un entraînement systématique d'une relative facilité chez l'homme normal et sans obstacles insurmontables : « ...la détermination de notre présence en terme d'ascension ou de chute constitue un trait fondamental, essentiel ». (Binswanger). Le Rêve éveillé dirigé de R. Desoille est la technique maîtresse qui peut guider dans le monde imagogique et permettre de parcourir d'une façon expérimentale l'échelle verticale de conduites alternatives.

III. CONDUITES ALTERNATIVES SUR PLUSIEURS EXCITANTS DIFFÉRENTS

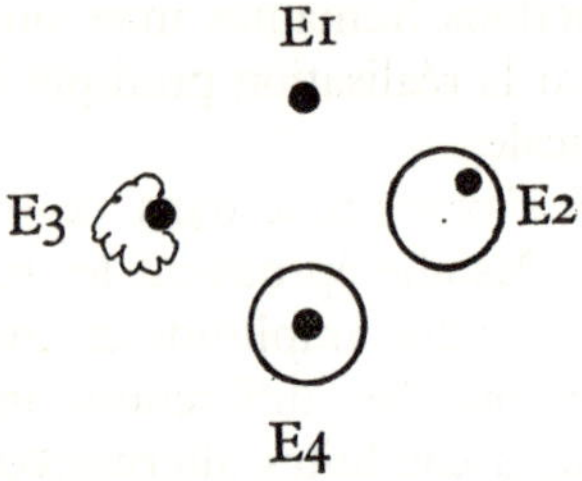

Un homme normal réagit à des excitants différents en tenant compte non seulement des similitudes mais aussi des différences. L'unité stimulante E1 se retrouve dans des excitants E2, E3 et E4 qui possèdent cette capacité de stimulation spécifique. Un sujet qui a éprouvé auparavant l'action stimulante E1 d'une façon isolée ou dans un ensemble, peut discriminer la composante E1 dans des ensembles nouveaux : E2, E3, E4, en établissant des ponts associatifs entre des excitants différents. Si E1 représente initialement l'autorité du père, elle se retrouve aussi, plus tard, dans le professeur, le policier, le patron, le juge, etc...

Les excitants E2, E3, E4, présentent les caractéristiques de stimulation E1 mais ils possèdent aussi des aspects bien différents qui peuvent être discriminés par des conduites alternatives appropriées. La discrimination des différences est habituelle chez l'homme adulte mûr. Elle s'exprime par un jugement négatif qui témoigne du dépassement de l'identification originaire : le juge n'est pas le policier, ni le patron, ni non plus le père.

Les conduites alternatives conduisent à une discrimination des différences, dans des excitants multiples et variés et augmentent la probabilité d'une adaptation efficace à la totalité en question. L'homme normal profite ainsi de sa capacité de généralisation (unités stimulantes communes) sans négliger la nécessaire individualisation (unités stimulantes particulières). L'utilisation alternative de deux fonctions facilite l'adaptation aux différentes situations concrètes.

IV. CONDUITES ALTERNATIVES DIRECTIONNELLES

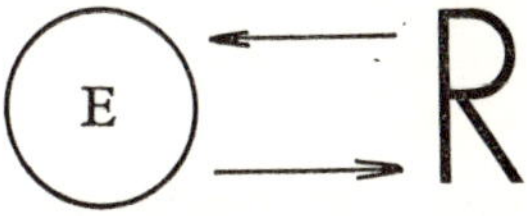

L'homme normal change alternativement la direction de ses relations conditionnelles avec les excitants. Il agit sur l'excitant et il subit ses influences. Il apprend à le modifier et il apprend aussi, de lui, à modifier sa propre personnalité. L'homme normal est actif ou passif selon les circonstances : il « donne » information, amour, induction si on a besoin de lui, et il « reçoit » conseil, protection et impulsion, si l'autre sujet est plus sage, plus sûr de soi-même et plus fort que lui. Si quelqu'un parle tout le temps, il perd l'occasion d'écouter et d'apprendre d'un interlocuteur qui sait plus que lui; si une émotion, même positive, persiste longuement, sans abréaction, elle devient perturbatrice et maladive.

Activité et passivité doivent être rythmées d'une façon convenable, pour réussir une adaptation efficace. Les conduites alternatives directionnelles favorisent le déroulement d'une dialectique existentielle entre l'excitant et l'organisme, condition de base pour l'apprentissage et le progrès individuel.

L'homme normal peut et doit établir aussi un dialogue avec soi-même pour stimuler son développement personnel et aboutir à la maturité souhaitable. Ce dialogue peut devenir une véritable explication (auseinandersetzung — Jung) avec les figures vivantes du monde intérieur pendant laquelle se succèdent, alternativement, comme dans tout dialogue authentique, l'initiative active et la réceptivité disponible.

Une certaine périodicité ou rythmicité dans la pratique des conduites alternatives directionnelles devient, ainsi, d'une grande importance individuelle et sociale.

V. CONDUITES ALTERNATIVES TEMPORELLES

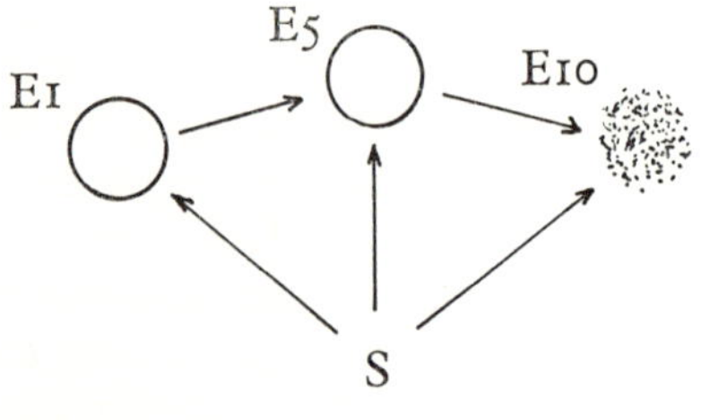

L'homme vit dans la dimension du temps et peut développer des perspectives temporelles. L'homme normal peut dépasser la perspective actuelle et saisir l'intrication du processus évolutif. Les confrontations alternatives temporelles lui permettent d'assumer son passé vécu et son futur rêvé. La réalisation temporelle de soi-même n'est pas un simple déroulement de faits, biologiquement déterminés.

Elle implique des appréhensions alternatives qui facilitent l'intégration ou la synthèse pleine de signification transcendante ou spirituelle. Les confrontations alternatives sont parfois difficiles et peuvent être très désagréables. La réaction au papillon E5 est une réaction agréable. Mais son ancêtre E1 est une chenille qui produit en général des sentiments négatifs, dégoût, aversion, peur. Et son futur est la mort et la transformation en poussière E10.

L'homme qui développe des conduites alternatives temporelles se trouve quelquefois en des confrontations difficilement acceptables pour sa conscience morale, esthétique, religieuse, etc... Mais, s'il souhaite conquérir sa totalité temporelle, il doit se confronter, inéluctablement, avec son propre ancêtre-chenille et l'image prospective de son destin mort-poussière... Si le papillon peut ignorer sa chenille, la cime de l'arbre ses racines et la fleur son fumier, l'homme ne peut pas oublier et négliger le sous-sol maternel et créateur d'âme ni les hauteurs lumineuses de l'esprit, pour retrouver le sens intime de sa temporalité personnelle.

Le végétal, signale Korzybski en développant sa conception anthropologique, vit matière; l'animal vit matière et espace, car il se déplace; l'homme vit matière, espace et temps, car il possède une dimension historique. Il est « time-binder » (lié au temps). L'« homme 1973 » peut résumer en quelques phrases ce que l'humanité entière a conquis, laborieusement, au cours des siècles. La capacité « time-binding » de l'homme à un niveau supérieur exige la pratique de conduites alternatives temporelles.

Les conduites alternatives multiplient ainsi les perspectives sur la totalité (un excitant extérieur ou intérieur quelconque) inépuisable en soi-même. Elles facilitent, par pluralité, la connaissance des excitants, et elles déclenchent, par la dualité et le conflit des perspectives, l'abstraction, l'éveil et l'autoréflexion. L'homme devient, ainsi, capable de transcender l'objet. Si l'homme ne tourne pas, métaphoriquement, autour de l'objet il réduit ses perspectives et finit par confondre et identifier sa vision de l'objet (perspective) avec l'objet lui-même (identification). Il perd sa capacité d'abstraire et d'abstraire l'abstraction (réflexion sur soi-même).

Les conduites alternatives sont alors, simultanément, le témoignage et la condition de la capacité d'apprentissage. On dit que l'homme apprend quand il modifie son milieu et sa conduite en profitant de son expérience passée. Toute modification de la conduite n'est pas due à l'apprentissage. Il y a aussi des facteurs évolutifs, maturation, et pathologiques, lésions. Mais l'importance de l'apprentissage dans la vie de l'homme est hors de doute : « Rien dans l'héritage inné légué aux individus n'est plus important que la capacité d'apprentissage » (Le Ny). *Une des caractéristiques fondamentales de la vie de l'homme normal est alors sa capacité d'apprendre et d'apprendre à apprendre* (Harlow).

Cette affirmation est une de nos hypothèses de base. Nous la reprendrons pour caractériser la névrose et l'activation psychothérapique.

CHAPITRE VI

LES CARACTÉRISTIQUES DE L'ÉTAT DE NÉVROSE

« *L'homme n'est ni ange ni bête, et le malheur veut que qui veut faire l'ange fait la bête* ». B. Pascal

« *Ce sont trois conditions, trois éléments fondamentaux. Ou bien nous appliquons des excitants extrêmement forts en qualité d'excitants conditionnels, ... autrement dit nous surmenons son processus d'excitation. Ou nous exigeons de l'animal que nous surmenons une inhibition très forte ou très prolongée, nous surmenons son processus d'inhibition. Ou enfin, nous entrechoquons ces deux processus, c'est-à-dire que nous faisons agir nos excitants positifs et négatifs immédiatement l'un après l'autre. Dans tous les cas, chez les animaux en question, il se produit un trouble chronique de l'activité nerveuse supérieure, une névrose* ». I. Pavlov

A propos des névrosés, P. Janet écrivait, en 1917 : « Ces individus semblent avoir cessé d'évoluer; ils restent perpétuellement au point de leur vie où la maladie les a saisis et les a figés... Le grand caractère des névroses c'est que l'esprit, ou si l'on veut la partie supérieure des diverses fonctions, n'évolue pas ou évolue mal. Si on veut bien entendre par le mot « évolution », ce fait qu'un être vivant se transforme continuellement pour s'adapter à des circonstances nouvelles, qu'il est sans cesse en voie de développement et de perfectionnement, les névroses sont des troubles ou des arrêts dans l'évolution des fonctions. Les névroses sont avant tout des maladies de tout l'organisme arrêté dans son évolution vitale ». Évolution ici désigne « ce fait que l'être vivant se transforme continuellement pour s'adapter à des circonstances nouvelles, qu'il est sans cesse en voie de développement et de perfectionnement ».

S. Freud, parle des névroses, en 1932, comme de... « graves perturbations, fixées dans la constitution... qui se prolongent, très couramment pendant de longues périodes, et même toute la vie... L'efficacité thérapeutique de la psychanalyse se trouve limitée par toute une série de facteurs. ...Chez l'adulte, ils sont représentés par l'intensité de la pétrification psychique... A celle-ci on ne donne pas — sans raison — toute l'importance qu'elle a. Si grande que soit la plasticité de la vie affective et la possibilité de réanimer des états anciens, tout ne se laisse pas réanimer. Certaines modifications semblent définitives et correspondent à des cicatrices de processus définitifs. D'autres fois on a l'impression d'une pétrification générale de la vie affective. » Dans ce sens Freud parle aussi de viscosité, de fixation, de résistance, de compulsion de répétition, etc...

I. Pavlov dit dans un rapport au 1er Congrès neurologique international de Berne, en 1931 : « Sous le nom de névroses, nous entendons des déviations chroniques (durant des semaines, des mois ou même des années) de l'activité nerveuse supérieure normale » et J. B. Watson, dans son travail expérimental de 1920, avec R. Rayner, sur les « Réactions émotionnelles conditionnées » : « Ces expériences semblent montrer, d'une façon concluante, que les réactions émotionnelles conditionnées directement, comme celles conditionnées par transfert, *persistent* »... Jung a décrit ceci en différentes occasions : « Dans la névrose, manque le développement d'un aspect de la personnalité, d'un fragment précieux de l'âme, sans lequel l'homme est condamné à la résignation, à l'amertume et aux autres ennemis de la vie... Dans d'innombrables cas l'individu reste empêtré par un élément de l'inconscient jusqu'à sa transformation en névrosé... Une chose psychique objective, étrangère au sujet, non maîtrisable, qui est restée figée et gêne le libre arbitre ». F. Funkel qui fut élève d'Alfred Adler a signalé, de son côté, que : « La névrose est un degré spécial d'immobilisation à moitié chemin entre la santé et la psychose ». Il parle même de « psychosclérose » et de réaction « spasmodique » du névrosé face au mouvement dialectique de la vie. Mowrer écrit, en 1948, 30 ans après P. Janet : « Nous avons vu qu'un névrosé est une personne qui a fait un progrès considérable dans le chemin de sa transformation en un adulte mûr et socialement responsable mais que, à un moment donné, il « s'empêtre » (« has gotten stuck ») et « s'embourbe » (« bogged down »). Tout progrès bloqué et toute retraite coupée, le névrosé typiquement se sent « pris dans un piège », « sans protection », inerte et « impuissant ».

Ainsi ces différents cliniciens (psychologues, psychiatres, psychanalystes, behavioristes, etc...) signalent, sous des formes variées, le même fait d'observation clinique : *le névrosé remplace le mouvement, la variabilité et la flexibilité du développement personnel par l'immobilité, la persévération et la rigidité.* Le sujet névrotique limite sa réactivité à un noyau sélectif d'unités stimulantes, qui se trouvent dans les excitants primaires, les symptômes et ses symboles, et avec lesquelles il maintient une relation de *dépendance durable* (connexion S-R stéréotypées ou très peu variables).

1. L'IMMOBILISME NÉVROTIQUE

Le névrosé remplace la multiplicité normale de perspectives contrastantes, menant à la totalisation temporelle et à la discrimination, par la perspective unilatérale, commode mais sans contraste, qui prend la partie pour le tout et qui mène, alors, à l'identification pathologique. « Comprendre, voir en général, signifie se discriminer ou se discerner soi-même. Le porteur de symptômes se trouve si étroitement identifié avec son attitude erronée qu'il lui est impossible de se séparer d'elle consciemment » (Heyer).

Quelquefois, la résistance à la désidentification adopte des formes inattendues : le sujet passif et timide devient actif et même agressif; l'homme de science perd son objectivité scientifique et devient passionnel. L'unilatéralité et la concentration psychique sont des vertus nécessaires pour la culture et le développement scientifique. Mais *l'unilatéralité permanente, qui ne change pas, l'unilatéralité plus la rigidité, est pathologique* et, à un certain degré, caractérise la névrose.

La possibilité d'alterner des points de vue opposés est une caractéristique presque exclusivement humaine. Elle facilite beaucoup le maniement de la situation et même son dépassement à travers une solution nouvelle qui jaillit spontanément, sur un niveau de tension psychique plus élevé.

Si la confrontation avec les opposés est une tâche difficile, on conçoit que le névrosé évite la dualité et veuille l'annihiler. Mais celle-ci est toujours présente péniblement dans ses symptômes. Ces symptômes sont vécus comme négatifs et d'autant plus désagréables que son attitude consciente est plus unilatérale et rigide. Pour un sujet excessivement rationnel et rigide, l'invasion spontanée et possessive de l'irrationnel (peurs, malaises, obsessions, phobies, compulsions) est un phénomène très pénible et angoissant. Ces irruptions représentent un danger mortel pour la conscience de l'identité et l'unité de soi-même auxquelles l'homme, la tradition, l'éducation, la religion et la société accordent, encore aujourd'hui, la plus haute importance. L'homme a peur de perdre l'unité personnelle de son existence. Mais la réalité et la présence concrète de la dualité sont évidentes, pour tout homme courageux et sincère. « Deux âmes hélas! habitent ma poitrine » s'exclame Faust. St Augustin déclare qu'il n'est pas responsable — grâce à Dieu — de ses rêves nocturnes. Staudemmaier, partant de l'écriture automatique, éveille en soi-même un monde bizarre et autonome de figures vivantes, difficiles à domestiquer. Anatole France parle de la « foule de ses comédiens » pour désigner les personnages de son monde intérieur. Gérard de Nerval commence Aurélia par cette phrase : « Le rêve est une seconde vie » et nous sommes d'accord avec Albert Bégin quand il affirme : « La créature humaine, dans la poésie de Supervielle, découvre qu'elle est elle-même un monde habité »...

C'est à la psychopathologic française et surtout à Pierre Janet que nous devons les meilleures descriptions cliniques de cas de « dissociation de la personnalité » et les premières tentatives d'explication scientifique basée sur l'inconscient. Si les artistes, les philosophes, les poètes, les saints ont des possibilités de canaliser la force expressive de cet « autre » monde affectif, dans une création plastique, une théorie du monde, un poème ou un dogme religieux, les névrosés sont condamnés à vivre la dualité sous forme d'une « possession » étrange, autonome et irrationnelle qu'on appelle les symptômes de leur névrose. Ceux-ci sont vécus uniquement comme négatifs et l'objectif des malades et de la plupart des thérapeutes est de les liquider. C'est ce qu'on désigne sous le nom de guérison.

Malgré ces points de vue courants, nous partageons l'opinion de certains auteurs, et particulièrement de Jung, qui signalent dans la névrose *les aspects positifs d'une dualité non assumée par le malade.* Ce pôle de l'être, caché par ignorance et par peur dans les symptômes, exige notre reconnaissance et notre acceptation, si nous sommes disposés à commencer le travail dialectique de révision personnelle.

Un exemple concret suffira pour illustrer de façon clinique ce que nous venons de dire. Il s'agit d'un étudiant intelligent, polémiste, doué d'une grande expérience du milieu universitaire. Il présentait des troubles importants dans la communication affective et des inhibitions émotionnelles, avec des perturbations sexuelles, une éjaculation précoce. Il rationalisait son monde affectif, essayant de le contrôler. Sa tentative de tout intellectualiser accentuait, de plus en plus, la conscience pénible d'un manque d'assurance intérieure. Les tentatives d'appliquer le « rêve éveillé dirigé » échouèrent pendant plus de six mois. Finalement, après une psychothérapie de renforcement positif méthodique, il se trouve plus sûr de soi et peut faire deux séances réussies de « rêve éveillé ». Dans la première, il imagine uniquement des couleurs et une figure floue à la fin du rêve. Il rédige son rêve en disant : « Je dois faire un grand effort pour prendre tout ceci au sérieux et croire à ce travail ». Dans la deuxième séance il y eut un silence prolongé de plusieurs minutes et finalement il raconte, avec une grande émotion, ce qui s'était passé : après sa visualisation de quelques figures et tâches de couleurs, peu significatives, il fut pris, littéralement, par la vision claire et inattendue, d'un miroir, avec tous les détails. Il s'approcha spontanément et regarda. Dans le miroir il vit son visage, avec netteté, mais ses cheveux et son regard étaient ceux... d'un fou. Il eut peur, commença à trembler, et à transpirer abondamment et me raconta, très ému, sa vision. Il rédigea son second « rêve éveillé » et déclara : « Le rêve m'a dominé... agréable ou non, il était là... avec une dynamique et un mouvement à lui... il a provoqué en moi une attention exceptionnelle... tout ceci change mon attitude vis-à-vis de l'image... je prends maintenant tout ceci au sérieux... cette vision était involontaire... ».

On voit bien, dans les déclarations de ce jeune homme névrosé, l'effet intense provoqué par la vision du « rêve éveillé », et l'éveil de l'intérêt pour les images du monde intérieur. Ceci correspond au début d'un « dialogue » actif, absent auparavant, entre son esprit rationnel et son fond affectif et imagé. La dualité fait ainsi son apparition, grâce à une confrontation active qui rend au malade l'initiative dans la situation névrotique. Celle-ci, alors, commence à s'affaiblir. La dialectique entre les extrêmes opposés de la dualité a dû vaincre la peur de cette même dualité existentielle. Sans tenir compte, encore, du contenu de sa vision, le névrosé a éprouvé la présence vive et puissante d'une autre entité intrapsychique, « cet inconnu qui me ressemble comme un frère », qui s'exprime par un langage d'images différent du langage verbal rationnel. Cet intellectuel commence à faire l'expérience de son âme. Grâce à son rêve il a brisé l'unilatéralité rigide et cette peur vis-à-vis de « l'autre côté ».

Si l'acceptation de la dualité, d'un point de vue quantitatif, brise l'illusion de l'unité personnelle, l'acceptation de « l'autre côté », dans son aspect qualitatif, implique le fait d'affronter et d'assumer « l'altérité » et éloigne de l'idée facile et habituelle d'un monde depuis toujours connu.

Un professeur de psychiatrie fait le rêve nocturne suivant : « Il se trouve sur une scène et parle, tranquillement, à un public visible et individualisé. Subitement la scène change et le professeur se trouve face à un public constitué par des personnes qui ont le visage couvert. Il éprouve une forte angoisse et se réveille au milieu de la nuit. Évidemment, ce n'est pas le nombre des spectateurs qui a déclenché la crise d'angoisse, mais le fait qualitatif qu'ils étaient masqués et inconnus. Autre exemple, un jeune médecin dort, la nuit, chez un ami, à la plage. Un coup de sonnette le réveille (il rêve en dormant). Il se lève et va à la porte de la maison. En train d'ouvrir la porte il se rend compte, subitement, que de « l'autre côté » il y aura un homme qui est... lui-même. A ce moment, l'angoisse le prend et quand la porte s'ouvre il n'arrive pas à voir « l'autre » (« l'alter ego, le double ») car il se réveille, tremblant dans son lit, au milieu de la nuit, hésitant entre la réalité et le rêve.

Ainsi la confrontation avec l'altérité doit vaincre de grandes résistances. Devant une nouvelle expérience, l'homme a tendance à noter l'ancien et le connu. Il laisse de côté, en général, les différences et marque les ressemblances entre les faits nouveaux et ceux du passé. Nous avons dit que la discrimination est un processus automatique et pré-verbal, c'est-à-dire involontaire. La discrimination de l'ancien (identité) et du nouveau (altérité) se fait, toujours, à l'insu du sujet. Mais celui-ci peut mettre l'accent ensuite plus nettement sur un aspect ou sur l'autre. On peut remarquer, à ce moment, que *l'homme a une tendance prédominante à identifier les ressemblances et les éléments constitutifs identiques, laissant de côté les différences et les éléments d'altérité.*

Le nouveau éveille ces résistances psychiques. La peur du nouveau et de l'altérité se manifeste lorsque des motivations profondes sont déclenchées. La peur peut se transformer en panique et l'homme se défend avec n'importe quel moyen. Janet a montré l'existence dans les fonctions biologiques de « diverses parties hiérarchiquement superposées ». Il a insisté justement, sur la distinction de parties inférieures et de parties supérieures dans toutes les fonctions humaines. Les premières sont les parties les plus anciennes, les plus dociles et « qui sont représentées par des organes très distincts et très spécialisés ». Les dernières sont indispensables pour réaliser une adaptation efficace à la circonstance particulière, présente et nouvelle. « Tous les accidents névropathiques nous sont apparus comme des troubles dans la partie la plus élevée d'une fonction, dans son adaptation actuelle à des circonstances nouvelles extérieures ou intérieures ». (Janet).

Le névrosé fuit l'altérité, tout particulièrement. Il souffre. Il est certainement très gêné par ses symptômes dans son champ d'action social, professionnel, sexuel, familial, etc... Mais quand il essaie d'échapper au piège de sa névrose, une crise d'angoisse apparaît. Tel est l'agoraphobe, obligé de sortir, ou le claustrophobe enfermé, ou un névrosé dans un moment d'activation au cours de la psychothérapie.

La confrontation avec l'altérité, même au niveau imagogique, sécurisant, produit une pénible souffrance, éveille des résistances et exige une direction ferme au moment culminant de la psychothérapie pour réaliser cette prouesse d'une confrontation d'effet décisif.

Le névrosé préfère les limitations douloureuses imposées par ses symptômes plutôt que l'angoisse activée par la confrontation directe ou symbolique avec l'altérité. La confrontation peut se réaliser si le névrosé décide l'abandon de l'attachement infantile et l'acceptation de l'insécurité existentielle. La confrontation avec l'altérité détermine et exige un changement d'attitude. La névrose n'est pas toujours valeur négative à liquider, comme Freud et le behaviorisme l'affirment. Elle cache des valeurs positives qui émergent clairement si le névrosé l'assume et la mobilise dialectiquement. La confrontation alternative, qui induit la dialectique et détermine le progrès intérieur, est possible si l'homme triomphe de son misonéisme, la peur et la haine du nouveau et de l'inconnu, la peur de l'altérité.

II. DÉFICIT DE CONDUITES ALTERNATIVES « SPATIALES » SUR UN EXCITANT (EXTERNE OU INTERNE, SENSORIEL OU IMAGOGIQUE)

a) *Déplacement « autour » de l'excitant*

On peut dire, dans ce cas et d'une façon métaphorique, que le névrosé « ne tourne pas autour de l'excitant ». *Il réduit progressivement ses conduites alternatives sur l'excitant et, par conséquent, ses perspectives contrastantes* (au lieu de R1, R2 — Rn, uniquement R). Le névrosé limite alors de plus en plus la pratique de sa capacité d'abstraction et de discrimination : si mon père « est » uniquement autoritaire et brutal, je le hais. Mais si je « tourne autour » de lui, je constate qu'il y a des moments et des circonstances où il est aimable, compréhensif, sentimental, bon compagnon... Mais « tourner autour » exige de briser la rigidité névrotique et de multiplier les perspectives contrastantes.

b) *L'insuffisance discriminative*

L'insuffisance discriminative (aperceptive) détermine l'identification pathologique. Le névrosé confond l'étiquette avec l'objet. Il prend ses fantasmes pour la réalité. Comme le névrosé « ne tourne pas autour » de l'excitant, il n'apprend pas à faire de nouvelles discriminations et sa perception veut être unilatérale : la relation conditionnelle avec l'excitant (stimulus primaire, symptômes, symboles) ne change pas, elle est uniquement et toujours cette relation. Le névrosé confond ainsi, la partie (R) avec la totalité (R1, R2, R3... Rn), et l'instant (Russie) avec la temporalité (Russie 1910 — Russie 1917 — Russie 1973). « Quand on se forme un concept d'une chose, on saisit un de ses aspects, mais généralement, on tombe en même temps, dans l'illusion de posséder la totalité. » (Jung)

L'insuffisance aperceptive s'intensifie et l'identification devient totale. Le névrosé finit par être incapable de « discriminer » le spectateur du spectacle. Il est sa maladie, qui règle toutes les formes de son comportement et le « possède ». Ce qu'il voit est l'objet (identification perceptive), tout l'objet (identification « pars pro toto »), pour toujours (identification temporelle). La perspective unilatérale, par défaut de contraste, est prise dans un sens absolu et non relatif. Le maniement de la totalité qui repose sur la mobilité et une multiplicité de conduites alternatives et discriminatives, se trouve perturbé chez le névrosé, avec pour résultat final l'inadaptation permanente.

c) *Déplacement vertical* [1]

Si l'homme normal peut se déplacer librement dans la dimension psychologique verticale, sans trouver d'obstacles insurmontables, le névrosé est, de plus en plus, limité et empêtré pour vivre le dynamisme vertical. Ici comme dans le déplacement « autour » de l'excitant, il éprouve des

[1] Une référence au R.E.D. de Robert Desoille et à l'exploration de l'imaginaire par cette méthode prend ici une place capitale.

difficultés croissantes et variées dans ses possibilités de descente et d'ascension.

Il évite, de mille façons, la confrontation angoissante dans la descente. Quand on lui propose, dans le rêve éveillé dirigé, de descendre au fond de la mer, il accepte, en principe, mais la peur croissante le ramène, plusieurs fois et « involontairement », à la surface, où l'empêche de continuer la descente dans une eau qui devient bourbeuse. Il éprouve aussi mille difficultés pour réaliser une ascension adéquate, libre et « profonde » : des obstacles de toutes sortes, plus ou moins vivants et dangereux (fentes, précipices, murs, barricades, animaux sauvages) et des malaises et des chutes subites, des toits, légers ou métalliques apparaissant au milieu de l'espace et qu'il ne peut pas percer ou qui se forment l'un après l'autre incessamment, etc... etc...

Toutes ces difficultés limitent, de plus en plus, l'amplitude et l'aisance de son mouvement vertical. Il finit par rester immobile, figé, embourbé avec des déplacements minimes qui l'angoissent à l'extrême. De ce point de vue, Van Den Berg écrit : « Qui s'avère capable au cours du Rêve Éveillé d'atteindre aux plus sublimes hauteurs comme aux plus profonds abîmes, sans rencontrer des barricades, prouve du même coup qu'il est en état de remplir les tâches imposées par la vie quotidienne : le Rêve Éveillé révèle sa santé psychique. Le névrosé qui, dans son rêve éveillé emporte ses barricades et apprend à parcourir et conquérir les territoires primitivement défendus par ces obstacles, de sorte que toutes les régions de la verticalité s'ouvrent à lui, derechef, pourra désormais se mouvoir avec la même liberté nouvelle dans son univers de réalité quotidienne, c'est-à-dire qu'il guérira de ses troubles névrotiques ».

Si, comme l'affirme Bachelard, « s'imaginer un monde, c'est se sentir responsable, moralement responsable de ce monde », « toute doctrine de la causalité imaginaire est une doctrine de la responsabilité ». Le mouvement vertical ascensionnel et de descente éveille en chaque sujet une multiplicité d'engagements féconds, à différents niveaux. Le névrosé se déplace très peu et reste immobile, soucieux d'éviter les confrontations alternatives angoissantes. Il perd progressivement les options alternatives que lui offre la verticalité. Ces options ne sont pas négligeables car on peut éprouver, dans le mouvement vertical, au cours du « Rêve éveillé dirigé » des relations alternatives conditionnées originelles et très rarement rencontrées dans la vie quotidienne ou dans la psychothérapie pré-desoillienne.

III. DÉFICIT DE CONDUITES ALTERNATIVES SUR PLUSIEURS EXCITANTS

Dans ce cas, le sujet se trouve face à des excitants multiples et variés qu'il traite d'une façon spéciale. Si un individu réagit fortement (R) à un excitant (E) c'est, en général, à cause de son hypersensibilité à certains éléments discriminatifs qui composent l'excitant. Il n'est pas sensible d'une façon homogène à tout l'excitant (E) mais à certains facteurs constitutifs de lui (E1 et E2, par exemple : autorité et discipline.) Il éprouve face à ces facteurs perçus dans l'excitant une réactivité sélective, une hyperactivité même et à forte composante émotionnelle. C'est ce qu'on appelle un complexe (Jung).

Ces facteurs complexuels se trouvent présents dans l'excitant primaire, le père, par exemple, qui exerce autorité et exige discipline, dès le début de la vie. Ultérieurement ces facteurs complexuels sont perçus aussi dans d'autres excitants (le professeur, le patron, la police, le juge, le militaire, etc...). Les mêmes facteurs complexuels sont identifiés dans plusieurs excitants, quelquefois très différents, selon le gradient de généralisation et « la force de constellation dynamiquement conditionnée par la valeur énergétique » (Jung).

L'individu réagit, par ce mécanisme, non seulement à l'excitant primaire mais à d'autres excitants sensoriels, à des images de ces excitants, à des paroles qui les dénotent et à des symboles plus ou moins lointains (Dieu, par exemple, autoritaire et exigeant). La seule présence de ces facteurs complexuels n'est pas pathologique ou névrotique en soi-même. L'homme normal a des complexes. Marie Bonaparte a formulé ceci avec clarté : « les complexes sont les organes de notre anatomie psychique ».

Ce qui caractérise le névrosé c'est son incapacité à se soustraire au pouvoir exercé par certains complexes, à sortir du mécanisme de généralisation complexuelle, à distinguer les différences réelles qui existent entre des excitants multiples et variés. Le monde du névrosé s'élargit mais toujours dans le sens complexuel. Le névrosé peut généraliser mais il ne peut pas individualiser. Le névrosé passe d'un excitant à un autre excitant différent en réagissant toujours de la même façon. Le nouvel excitant prolonge uniquement l'action stimulante de l'excitant primaire.

Le névrosé généralise sans distinguer les différences. L'identité (autorité, discipline) est décisive. Le jugement positif prédomine avec l'emploi excessif du « est » d'identité : le père, le juge, le patron, etc... sont tous autoritaires. L'altérité, autres caractéristiques et circonstances variées, est négligée. Le jugement négatif de discrimination ne compte pas : le père n'est pas le juge, ni le patron, ni la police, ni le professeur, etc... Le névrosé amalgame les excitants différents en fonction de quelques unités communes (identité) et se refuse à distinguer les différences (altérité).

Pour tel névrosé obsessionnel les mains sont, toujours

et uniquement, sales et porteuses de microbes. Il se les lave, avec une scrupulosité rituelle, sans distinguer les cas et les différentes circonstances. Pour un claustrophobe tout espace fermé, chapelle, ascenseur, cinéma, est toujours et uniquement un stimulus d'angoisse ou de panique qu'il évite sans discrimination. L'invariabilité dans les conduites du névrosé montre que le monde stimulant qui l'entoure est toujours le même. Le névrosé ne s'ouvre pas au nouveau. Il fuit l'altérité.

IV. LA CONDUITE NÉVROTIQUE UNIDIRECTIONNELLE

On note aussi une limitation progressive de l'alternance des directions dans les relations conditionnelles. La formule $E \leftrightarrows R$ exprime clairement les possibilités d'alternance activité — passivité de l'homme normal face aux excitants, externes ou internes. Les relations conditionnelles du névrosé sont, en général, symbolisées par $E \rightarrow R$, déficit des conduites actives, lié à l'excitant primaire ou, plus spécifiquement, aux facteurs complexuels de l'excitant.

Si au début d'une névrose on peut voir encore des tentatives du sujet pour modifier activement la situation (conduite « adient », d'approche, Holt, 1931), plus tard, la névrose constituée, on ne distingue qu'une conduite « abient », de retrait face au stimulus aversif.

L'enfant et l'adolescent normaux souffrent quelquefois de l'autorité excessive du père ($E \rightarrow R$) jusqu'à un certain moment de l'évolution individuelle. Quand ils ont une plus grande maturité et une dose accrue de courage personnel, ils réagissent ($E \leftarrow R$) et deviennent des rebelles qui luttent et défient l'autorité paternelle. Ceci continue jusqu'au moment où s'établit une interrelation dynamique équilibrée dans laquelle chacun des participants donne et reçoit alternativement, conseils, amour, idées, protection, aide, etc...

L'enfant et l'adolescent névrotiques (soumis et dociles ou instables et violents), se trouvent liés, d'une façon permanente à la tutelle du père qui a exercé sur eux une vigilance et une autorité démesurée (E ← R). Ils dépendent de lui, le savent quelquefois, et ils plient, après des crises mineures de rébellion, sans conséquences, ou par une instabilité violente, qui cache la dépendance pathologique du fond sans la modifier. Les sentiments positifs (amour) ou négatifs (haine) ou les actions plus ou moins incontrôlées qui accompagnent la dépendance complexuelle sont inopérants et n'ont rien à voir avec une conduite active dirigée vers le dépassement réel du lien établi d'une façon névrotique. Ces jeunes névrosés rêvent, de temps en temps, à la liquidation du père ou à la réconciliation, selon le masque de soumission ou d'intolérance qu'ils adoptent, mais ils oublient facilement, en général, leur fantasme. La conduite alternative qui pourrait éveiller le côté actif de la personnalité, à l'égard du père, fait défaut et la relation conditionnelle de dépendance avec lui persiste, unidirectionnelle et rigide, malgré les apparences.

Le névrosé phobique se trouve aussi dans la même attitude passive vis-à-vis de ses symptômes et de sa maladie. Il s'abandonne au « destin » ou, quelquefois, cherche l'aide médicale pour « liquider » sa maladie, mais toujours d'une façon passive, c'est le médecin qui doit procéder à son « extirpation ». Très peu de névrosés comprennent qu'eux-mêmes doivent apprendre à annihiler ou à intégrer leur névrose. Et lorsqu'ils comprennent, ils sont peu enclins à la réalisation pratique de cet apprentissage.

Nous pouvons conclure que le névrosé accepte sa maladie. Il est d'une façon prédominante, passif et réceptif. Le témoignage verbal montre le manque de perspectives actives.

« Je sens que la vie me dépasse... » « c'est comme si j'étais dans une trappe... », « tous les jours sont égaux... », « je ne suis pas libre, docteur, je suis lié à ma maladie, » etc...

Le névrosé éprouve le stimulus complexuel comme négatif, aversif et difficilement modifiable, ce qui explique les conduites « abient », passives et dépressives. Ne pouvant pas agir directement sur l'excitant il déplace son énergie et se concentre sur la peur et l'angoisse éveillée par lui. *Le névrosé s'éloigne progressivement du stimulus originel et se dirige vers la peur médiatrice qui devient ainsi l'excitant actif immédiat.* La plupart ou la totalité des manifestations actives du névrosé sont des réactions actives de type instrumental qui visent la réduction de la peur médiatrice. E. Shoben Jr. donne la définition suivante de la névrose : « ...comportement qui est utile pour réduire l'anxiété directement sans modifier les conditions qui produisent l'anxiété ».

Dans toute névrose prédominent la réaction dépressive et le manque de courage prospectif face à l'excitant primaire qui est vécu comme immodifiable, négatif et aversif. Sa capacité de stimulation originaire persiste inchangée, malgré les manifestations, plus ou moins rituelles, déployées par le névrosé avec pour seul objectif de réduire la peur médiatrice par la fuite ou l'évitement.

« Nous ne devons pas oublier que toute névrose s'accompagne d'une quantité équivalente de découragement. L'homme est névrosé dans la mesure où il a perdu la confiance en soi-même. Une névrose est un échec humiliant... L'homme est battu par une chose irréelle » (Jung). Toutes ces réactions et symptômes appartiennent à ce que P. Janet a décrit, magistralement, comme « abaissement du niveau mental ».

V. DÉFICIT DES CONDUITES ALTERNATIVES TEMPORELLES

Les perspectives d'alternance temporelle situent l'homme dans la dimension du temps. Le passé et le futur déterminent l'homme dans son présent. Celui-ci est une synthèse, plus ou moins réussie et consciente, de ces deux faces de la temporalité humaine.

La complexité de cette dualité temporelle est beaucoup plus grande que celle imaginée par une perception naïve de la structure évolutive de la personnalité. Janet a montré qu'il y a une conservation des faits passés au-delà des oublis possibles (mémoire latente, impressions subliminales, néoformations représentatives, etc...) et certaines preuves cliniques (tests de projection, symbolisme) nous montrent l'existence, chez tout individu, *d'une image prospective de soi-même*, qu'il ignore généralement. Ce schéma se complique si on se souvient que l'homme est un être social et culturel et que les images que les autres membres du groupe ont de lui, à la même époque, participent aussi à sa formation personnelle. Un homme sans passé et sans futur est impensable. Il ne peut pas exister, en tant qu'être humain, sans la qualité temporelle caractéristique de son existence. La causalité, liée à son passé, et la prospection, liée à son futur, sont des éléments constitutifs et complémentaires de la personnalité et deviennent ainsi des objectifs de la recherche psychologique expérimentale.

Si Freud a insisté sur l'importance dynamique des expériences vécues dans le passé individuel, Adler, de son côté, a montré l'existence d'un « plan de vie » inconscient qui guide l'homme vers le futur. L'homme peut réaliser des confrontations alternatives temporelles qui lui permettent d'apprendre à distinguer son passé de son futur. Mais le névrosé limite sa prospection car il est déprimé et occupé uniquement à tisser une structure actuelle de sécurité, face à l'angoisse. D'autre part, son passé dissocié en îlots complexuels n'est pas facilement repris en l'absence de ces confrontations alternatives courageuses qui facilitent la synthèse et l'intégration. *Le névrosé reste cantonné dans certains moments évolutifs de son histoire personnelle et dans un présent déterminé d'une façon prévalente par ses complexes pathologiques.* Il identifie l'instant avec la temporalité et n'accepte pas les changements temporels. Le névrosé jeune ne lutte pas dans la vie pour une expansion de sa personnalité dans le travail, l'amour et les liens sociaux. Le névrosé de 50-60 ans, dans le déclin de sa vie, se refuse à une préparation à la mort et à la méditation sereine de l'expérience vécue.

La conduite névrotique, unilatérale et rigide, empêche une intégration temporelle adéquate de la totalité. Le névrosé ne réalise pas les conduites alternatives suffisantes pour une totalisation effective dans le temps. Il fuit l'altérité temporelle et les possibilités d'une confrontation créatrice avec le passé et le futur. « Celui qui se garde du nouveau et de l'étranger pour retourner au passé se trouve dans la même disposition névrotique que celui qui s'identifiant au nouveau, fuit devant le passé. Il n'y a entre eux qu'une différence de signes : l'un est devenu étranger au passé, l'autre à l'avenir. En principe, tous les deux se comportent de même façon : ils mettent en sûreté l'étroitesse de leur conscience, au lieu de la briser par l'opposition des contraires et de construire ainsi un état de conscience plus large et plus haut » (Jung).

« Le temps est un enfant qui joue aux dés… », dit Héraclite, mais le névrosé est un enfant qui ne joue pas et qui répète indéfiniment des mécanismes figés, sans dés et sans hasard. L'amputation temporelle situe le névrosé « hors du temps », « en deçà du temps », car il ne change pas et se refuse à la temporalité passée ou future. Le névrosé est a-historique. Il fragmente, par sélectivité rigide et pathologique, la totalité temporelle et, ainsi, chaque action, détachée de l'ensemble évolutif qui la détermine, perd son caractère fonctionnel et sa signification historique. L'événement transitoire est pris comme définitif, absolu et décisif, car il n'appartient plus à une série d'événements formant un ensemble.

Le névrosé perd de vue sa mission historique et s'éloigne, progressivement, de l'individuation, c'est-à-dire de sa condition anthropologique de « time-binder » (Korzybski).

L'absence de conduites alternatives temporelles chez le névrosé rétrécit son champ actuel d'action efficace et limite ses possibilités de développement et d'action.

VI. LE NÉVROSÉ A APPRIS À NE PAS APPRENDRE

Nous avons vu que le névrosé utilise très peu ou n'utilise pas les conduites alternatives. Ce fait détermine un déficit de discrimination par manque de contrastes.

Le déficit perceptif mène fatalement à l'identification, la généralisation, la dépression et l'a-temporalité pathologiques. Le névrosé s'enferme, progressivement, dans une réactivité schématique. La création de nouvelles formes de conduite se réduit de plus en plus. Les possibilités de choisir diminuent. Il perd des options et par cela même il n'est plus libre.

La seule présence de l'angoisse, d'un complexe ou d'une réaction inaccoutumée n'est pas pathognomonique de la névrose. L'angoissé devient névrosé s'il ne peut pas sortir de son angoisse et de sa réaction face à elle, en brisant la liaison univoque qui le fixe : « Soulignons que le fait de posséder des complexes ne constitue pas en soi une névrose, car les complexes sont normalement les foyers des développements psychologiques et leur présence, même douloureuse, ne prouve point l'existence d'une névrose. La souffrance n'est pas une maladie... » (Jung). Une conduite isolée sur n'importe quel thème (mort, souffrance, luxure, sadisme, sainteté, perversion, etc...) n'est pas névrotique en soi. La caractéristique névrotique est relative au contexte fonctionnel, c'est-à-dire à la façon dont joue la possibilité d'une conduite « autre » ou alternative dans la situation concrète.

Si une personne éprouve de la peur à la seule idée de sortir dans la rue ou de perdre un ami, par égoïsme, nous ne pouvons pas certifier, d'une façon absolue, l'existence d'une névrose, car demain il se peut qu'elle rectifie ou dépasse sa conduite d'hier et réagisse à la peur ou à l'égoïsme occasionnels avec d'autres conduites disponibles, compensatrices et alternatives. Par contre, si ce sujet est incapable de se soustraire à la peur ou à l'égoïsme, si ces derniers persistent (critère évolutif) le sujet devient névrosé. Au Moyen Age on aurait dit qu'il était « possédé » par les « tentations » du « Diable ». Le névrosé se distingue, ainsi, par la rigidité, et l'unilatéralité de son comportement, compensés uniquement d'une façon pathologique.

Les conduites alternatives sont toujours possibles sauf dans des cas extrêmes de contrainte sociale (camp de concentration, etc...), de perturbation organique et d'incapacité congénitale ou involutive du système nerveux. Mais le névrosé se trouve dans une impasse dans laquelle il ne trouve ni l'information ni le courage nécessaires pour réaliser les conduites alternatives dialectiques qui facilitent son dépassement. Ce n'est pas le sommeil de la raison qui produit des monstres, comme l'affirme Goya dans sa célèbre gravure, *c'est le manque de dialogue avec les figures de l'irrationnel qui détermine leur monstruosité.*

C'est notre attitude, de courage ou de peur, qui est en jeu. Quand la dialectique existentielle avec l'irrationnel fait défaut, l'homme simultanément devient névrosé, car les aspects alternatifs et négligés le dissocient et le « possèdent », comme des « monstres », au lieu de collaborer avec lui. Le déficit de conduites alternatives chez le névrosé détermine un déficit évident de sa capacité d'apprentissage. Le névrosé n'apprend pas à éliminer ses symptômes et il n'apprend pas d'eux, non plus, le changement d'attitude personnelle qui les rend inutiles.

Si la névrose se caractérise par un « déficit d'apprentissage », *le problème n'est pas d'expliquer pourquoi le névrosé ne désapprend pas mais pourquoi il n'apprend pas* (Mowrer). Si l'homme normal apprend et apprend à apprendre (Harlow) *l'homme névrotique est un individu qui, paradoxalement, a appris à ne pas apprendre* (Mowrer).

Les différentes dénominations employées, troubles dans l'évolution des fonctions (Janet), déficit d'apprentissage (Mowrer), déficit de solutions alternatives (Lundin), déficit de discrimination (Hull), sont les unes générales et les autres particulières, mais toutes sont complémentaires et caractérisent la névrose. On peut alors, caractériser la névrose par un « déficit d'apprentissage », acquis et non involutif, durable mais réversible dans un sujet physiologiquement sain. Deux aspects du déficit d'apprentissage sont décisifs, le déficit de conduites alternatives-discriminatives et la dépression énergétique (« baisse du niveau mental », Janet).

Nous reconnaissons l'existence dans toute névrose d'un quantum élevé d'angoisse et de mécanismes de défense contre l'angoisse. Ce fait a été signalé par la plupart des investigateurs cliniques et expérimentaux, psychanalystes

(Freud, Horney, etc.), behavioristes (Wolpe, Shoben, etc.) et d'autres. Mais *ce qui nous semble le fait essentiel c'est l'incapacité du névrosé de surmonter son angoisse et de se libérer des mécanismes de défense qu'il a érigé contre l'anxiété*, pour la réduire et la contrôler. Cette *incapacité* de se soustraire à son angoisse et à ses symptômes exprime la paralysie de son activité d'apprentissage. Le névrosé devient incapable d'apprendre à dépasser, d'une façon ou d'une autre, son complexe de peur, d'angoisse et les conduites non intégrées de défense. L'essentiel d'une névrose n'est pas l'angoisse et ses défenses car elles existent aussi dans l'homme normal mais sa persistance, c'est-à-dire l'absence de toute initiative pour surpasser le complexe et obtenir la libération, *le déficit d'apprentissage.*

L'enfant et l'adolescent normaux cherchent fréquemment, les émotions fortes et éprouvent la peur, parmi celles-ci. *La peur fonctionne, quelquefois, d'une façon pédagogique et thérapeutique.* Elle limite, par exemple, les risques inutiles d'une action dangereuse ou stimule le courage latent et nécessaire pour la vaincre. Il y a aussi les cas, où un choc de peur « guérit » un malade, un névrosé, un invalide, ou un lâche.

Avoir peur est, alors, habituel et normal, mais avoir peur de la peur conduit, d'une façon insensible et progressive, à un cercle vicieux où la peur engendre uniquement la peur, voire la panique. Une jeune malade agoraphobe nous disait : « j'ai peur de mourir de peur, cette sensation me terrorise de peur »... Quand l'individu devient un « antre de peur », (Freud), il ne voit d'autres perspectives que celles liées à la peur. Celle-ci se transforme en prisme exclusif d'évaluation de la réalité. On s'approche de ce qui diminue la peur et on s'éloigne des situations qui l'augmentent.

On peut alors distinguer dans toute névrose les réactions apprises ou modèles réflexes appris (signes positifs) et d'autre part les signes négatifs qui expriment le déficit actuel d'apprentissage (pour Mowrer résultat également d'un apprentissage).

Les réactions apprises sont à symptomatologie végétative (réactions de peur conditionnée) et motrice (réactions instrumentales de fuite ou d'évitement). Si on préfère, on peut parler de l'angoisse et de ses défenses. Ces réactions, on les trouve aussi chez le sujet normal. Elles caractérisent, dans le névrosé, le type de névrose.

Ce déficit actuel d'apprentissage et de changement de la situation conditionnelle pour atteindre une autre modalité existentielle de réactivité, plus dynamique et moins rigide, caractérise le névrosé et le distingue du normal. Les modèles réactifs appris varient selon le type de névrose. Le déficit actuel d'apprentissage est constant et toujours le même dans n'importe quel type de névrose.

Cette façon de caractériser la conduite névrotique possède une base expérimentale solide et utilise une formulation opérationnelle qui facilite son application et les vérifications objectives. Elle n'aspire pas à se transformer en une métaphysique ou une ontologie. Elle est seulement une perspective instrumentale qui vise à un maniement effectif de la situation névrotique. Demain, elle pourra être remplacée par une autre perspective plus efficace et qui tiendra compte d'un nombre plus grand de faits à expliquer.

CHAPITRE VII

LES MODÈLES RÉFLEXOLOGIQUES DE LA FORMATION DES NÉVROSES

Dans la formation d'une névrose on doit expliquer, d'une part, l'apprentissage des modèles réflexes à symptomatologie végétative et motrice prévalente et, d'autre part, le déficit actuel d'apprentissage qui ne permet pas le dépassement du modèle appris et persistant. On insiste habituellement sur le premier aspect. Le second aspect nous semble également fondamental pour expliquer les névroses et fonder une théorie de l'activation psychothérapique. Nous étudierons successivement ces deux faces de la névrose et de sa formation.

Différentes théories expliquent la formation de modèles des névroses (théorie psychanalytique, théorie behavioriste, etc...). La théorie moderne de l'apprentissage a notre préférence.

I. LA THÉORIE MODERNE DE L'APPRENTISSAGE

On dit *qu'il y a apprentissage toutes les fois qu'on trouve, chez un être vivant, des changements de conduite dus à un renforcement* (Hilgard et Marquis). Les changements de conduite peuvent en effet être déterminés par d'autres facteurs, processus évolutifs naturels (maturation, vieillissement), processus pathologiques avec atteinte du système nerveux, fatigue, extinction. Le concept d'apprentissage est plus général que celui de conditionnement pavlovien.

On désigne sous le nom de *théorie moderne de l'apprentissage* les études qui, sans abandonner les recherches de Pavlov sur les réflexes conditionnés, celles de Thorndike sur l'apprentissage par essais et erreurs, et d'autres courants importants, ont été présentées en particulier dans *le système formel de Hull* et s'épanouissent, encore plus librement, grâce aux apports post-hulliens (hypothèse et fonctions médiatrices, conditionnement sémantique et intéroceptif, renforcement « incrémental », etc...) dus à de nombreux chercheurs (Miller, Mowrer, Skinner, Asratian, Razran, etc...).

Avant Hull, les recherches viennent de deux sources, celle de Pavlov sur le conditionnement classique et celle de Betchterev et Thorndike sur le conditionnement instrumental. Toutes ces études posent l'existence de a) une dualité de méthodologie expérimentale, b) une dualité d'effets neurophysiologiques et c) une dualité de formes d'apprentissage. « Dans le *conditionnement classique ou pavlovien* le sujet est habituellement un participant passif qui a peu de contrôle sur les événements qui se succèdent; dans le conditionnement *instrumental ou opérant* le sujet est actif et doit travailler pour modifier la situation, dans le but d'obtenir une récompense positive ou d'éviter un châtiment » (C. Francks). Dans le conditionnement classique, l'action S-R se réalise à travers le système nerveux autonome et fait participer les muscles lisses et les glandes pour déterminer des réactions involontaires (émotions); dans le conditionnement instrumental l'action se médiatise à travers le système nerveux central et fait participer les muscles squelettiques pour produire des réactions volontaires (comportement, Mowrer). Ainsi s'opposent apprentissage de signes et apprentissage de solutions (Mowrer, 1947), conditionnement classique et instrumental (Hilgard et Marquis, 1940), apprentissage répondant ou de type S et apprentissage opérant ou de type R (Skinner, 1937).

L'apprentissage de signes ou de conduites répondantes (conditionnement classique) exige la contiguïté temporelle de l'expérience. L'apprentissage de solutions ou de conduites opérantes (conditionnement instrumental) a lieu selon la loi de l'Effet de Thorndike (théorie du renforcement). Un organisme motivé, d'emblée ou secondairement et soumis à une stimulation interne ou externe, dans une situation donnée, tend à réagir selon le mode des essais et des erreurs. Si pendant le développement de cette conduite une de ses réactions s'accompagne de *réduction de la motivation*, (Hull) « la probabilité d'une répétition de cette réaction, dans des conditions similaires, est plus grande » (Schoben). Miller et Dollard écrivent : « Pour apprendre, un organisme doit désirer quelque chose (être motivé), doit observer quelque chose (être activé par des stimulus internes ou externes), faire quelque chose (une réaction ou une séquence de réactions) et obtenir quelque chose (une réduction de la motivation) ».

L'expérimentation a pu vérifier que les deux formes d'apprentissage sont soumises aux mêmes lois de généralisation, discrimination, extinction, retard, etc...

Hull a apporté un système formel qui englobe et fusionne l'ensemble des données théorico-expérimentales sur l'apprentissage (cf. chapitre IX). Dans sa théorie trouvent leur expression non seulement les faits et les principes du conditionnement classique (Pavlov), mais aussi ceux qui ont pour origine les expériences initiales de Thorndike et sa loi de l'Effet. Eysenck exprime ce fait d'une façon très claire : « le modèle d'apprentissage qu'il a élaboré est une combinaison et la formalisation de deux courants très anciens de pensée. Un de ces courants est celui de l'hédonisme, ou motivation par la douleur et le plaisir. Il a été théorisé et soumis à l'expérimentation par Thorndike comme « loi de l'effet » et maintenant apparaît sous le nom de « renforcement » ou « réduction de tension ». L'autre courant est celui de l'associationisme qui a été soumis au contrôle expérimental par Pavlov et Bechterev, sous la forme de conditionnement ou formation d'habitudes ».

Le système de Hull avec ses 17 postulats et 15 corollaires a donné lieu à de nombreuses hypothèses expérimentales dont beaucoup ont été vérifiées. Après Hull, sont venus d'autres apports significatifs. Nous signalerons ici, seulement, la tentative très importante de O. H. Mowrer, dans le sens de l'unification théorique. Cet auteur présente, dans deux livres parus en 1960 et sur la base d'un riche matériel expérimental, une version révisée de sa théorie bifactorielle de l'apprentissage.

Selon Mowrer tout apprentissage est apprentissage de signes (conditionnement). L'apprentissage de solutions en est un cas particulier. Dans ce sens sa théorie est clairement unifactorielle. Il existe deux formes différentes de renforcement, la réduction de la motivation (récompense) et son augmentation (châtiment). Mowrer élargit la thèse de Hull qui pensait que tout renforcement signifiait une réduction de la motivation. Les expériences de Sheffield et Roby

(1950) sur le rôle renforçant de l'ingestion de saccharine, de Montgomery (1954) sur la fonction de l'impulsion exploratoire et de Olds et Milner (1954) sur l'auto-stimulation sous-corticale, entre autres, concordent avec l'hypothèse de la valeur renforçante de l'augmentation des motivations. Mowrer insiste sur l'importance des motivations secondaires dans l'apprentissage. Il réintroduit le concept d'émotion (surtout celle de peur) comme variables intermédiaires d'importance décisive. Il dépasse ainsi le behaviorisme strict. Il envisage aussi le problème sémantique dans lequel des réactions apprises exigent l'intervention de fonctions médiatrices et de la psychologie du langage : « On reconnaît, de plus en plus, qu'un organisme s'interpose entre le stimulus et la réaction, et la formule S-O-R a remplacé, avec efficacité, le vieux paradigme S-R » (Eysenck, 1965). « Actuellement — dit Mowrer — au lieu d'avoir une psychologie sans apprentissage (nous pouvons caractériser ainsi le structuralisme) ou un apprentissage sans psychologie (behaviorisme radical) nous avons un schéma conceptuel dans lequel apprentissage et fonctions « mentales » sont intégrés et inséparablement réunis ». Une grande partie des thèses de ce néo-behaviorisme ou néo-conductisme sont compatibles avec les prémisses de la « théorie du champ » (Lewin) et de la psychanalyse (Freud).

On trouve dans un livre récent (1967) de J. F. Le Ny une mise au point critique, très minutieuse, des principaux problèmes relatifs à « l'apprentissage et aux activités psychologiques ».

La théorie moderne de l'apprentissage a intégré un grand nombre de faits, cliniques et expérimentaux, sur l'apprentissage, qui sont la base sur laquelle reposent une théorie de la formation des névroses et une théorie du processus psychothérapique. Elle utilise la méthodologie scientifique et la vérification expérimentale.

Elle incorpore les recherches faites sur l'animal et sur l'homme normal. *Le développement de la recherche qui passe de l'animal à l'homme et du normal au malade semble plus sûr et plus logique.* Pavlov répliquait à P. Schilder, en 1932 : « Que doit-on comprendre, qu'est-ce qu'on comprend habituellement, par explication ou compréhension des phénomènes? Le fait de traduire des phénomènes plus complexes en d'autres plus élémentaires, plus simples. Par conséquent, dans le cas des névroses humaines, elles doivent être expliquées et comprises, c'est-à-dire analysées, avec l'aide des névroses animales, qui sont naturellement plus simples, et non le contraire. » A quoi fait écho Hebb dans un travail sur la Psychologie physiologique et animale (1950) : « ...l'histoire de la psychologie montre que les modèles les plus élevés de comportement ont été les mieux compris en tant que résultat de l'étude à un niveau plus bas. Il est indiscutable que notre compréhension de l'homme en général a été profondément influencée par des comparaisons de ce type ».

Des psychanalystes, simultanément chercheurs en psychologie animale, comme Masserman et Saul, vont dans le même sens : « Je sais que ce que nous nous efforçons de résoudre par des associations libres uniquement devient intelligible si nous déplaçons notre attention du psychisme humain, exprimé par la parole, vers le comportement manifeste de nos cousins animaux. Quoique inférieurs à nous, intellectuellement, nous pouvons apprendre beaucoup d'eux sur les émotions et la nature de la maturation et de la maturité, car les animaux réagissent sans déguisement ».

Wolpe (1958), de son côté, a montré que les critères d'anxiété, inadaptation, persistance et acquisition par apprentissage, caractéristiques de la conduite humaine névrotique, caractérisent aussi les névroses animales.

Ainsi peut se développer l'*application de la théorie moderne de l'apprentissage à la formation des névroses.* Chaque névrosé est un malade unique, si on insiste surtout sur les différences. Mais nous pouvons établir des types de névroses en insistant sur des similitudes. Il y a une multiplicité et une grande variété du conditionnement mais nous pouvons décrire des modèles spécifiques qui nous permettent une typologie psychopathologique.

Nous proposons de distinguer, selon un ordre hiérarchique de niveaux de complexité et de tension psychiques (Janet), trois types de névroses (modèles réflexes appris). Cette distinction se fait sur la base non exclusive de la prédominance de certains conditionnements dans des groupes des cas.

II. LE PREMIER MODÈLE : CONDITIONNEMENT EXOGÈNE (FORMULE E → R). NÉVROSE RÉFLEXE OU SENSORIELLE.

Nous trouvons un excellent modèle expérimental, pour ce premier type de névrose, dans la fameuse expérience de Watson, réalisée en 1920, avec un enfant de 11 mois, le petit Albert. Quand l'enfant touchait un rat blanc on produisait, derrière lui, un bruit fort et aigu. Albert repoussait, de plus en plus, l'animal. Finalement, avec cette méthode très simple de conditionnement pavlovien, Watson produisit une phobie au rat blanc. Cette peur morbide se généralisa à tout animal.

Dans cette expérience de Watson, l'excitant inconditionnel était un bruit fort et aigu, l'excitant conditionnel, le rat et la réaction inconditionnelle, la peur. La connexion rat-peur est nouvelle et acquise par conditionnement.

Watson parle de « réactions émotionnelles conditionnées » et observe qu'elles tendent à persister indéfiniment à moins qu'un procédé technique permette de les déplacer. Il suggère certaines méthodes pour éliminer les peurs morbides ainsi conditionnées et déclare à la fin de son travail : « Il est probable que beaucoup de phobies en psychopathologie sont de véritables réactions émotionnelles conditionnées du type direct ou transféré ».

M. C. Jones, montre, en 1924, les propriétés thérapeutiques du déconditionnement. Elle élimine les réactions de peur, chez de petits enfants, en associant des objets craints avec des stimulus de plaisir. Elle écrit : « La motivation de faim semble être la plus efficace dans ces cas. Quand ce besoin se présente, l'enfant est mis sur une chaise haute et on lui donne à manger. On approche l'objet-peur et il provoque une réponse négative. On l'éloigne alors graduellement, jusqu'à une distance suffisante pour qu'il ne perturbe pas le repas de l'enfant. Pendant que celui-ci mange, on approche lentement l'objet, on le met sur la table et finalement, à mesure que la tolérance augmente, il est placé si près de l'enfant qu'il peut le toucher ».

On a ainsi montré, dans ces expériences sur l'être humain, la création d'un type de symptômes névrotiques qui peut s'exprimer par la formule $E \rightarrow R$. La formation des phobies se produit à un niveau élémentaire. Des excitants physiques, la sensibilité et la réactivité sont suffisants pour produire la symptomatologie. La condition psychique fondamentale est surtout négative, absence de réflexion critique et suggestibilité. Les facteurs déterminants sont exogènes et *tout, ou presque tout, se produit à un niveau objectif-sensoriel.*

Les images sont liées aux objets et l'imaginaire ne se sépare pas de l'impression sensorielle. Un complexe psychique existe (image + peur) mais il est indissolublement lié aux circonstances. Il n'a pas d'autonomie suffisante pour constituer une étape intermédiaire et relativement indépendante dans le processus d'élaboration de la névrose.

L'induction externe prévaut. Elle rappelle, par analogie, les expériences de suggestion post-hypnotique qui impressionnèrent tellement Freud quand il rencontra Bernheim. On se rappelle aussi la suggestibilité extrême de l'homme « massifié » et les traumatismes émotionnels avec sidération dans les névroses de guerre.

Nous pouvons appeler la névrose qui se produit à ce niveau et par ces mécanismes : *névrose réflexe ou sensorielle.* L'objectif de la thérapie est très clair dans ces cas-là. L'élimination des symptômes équivaut à la « guérison » de la névrose et au rétablissement de la liberté psychique du sujet.

III. LE DEUXIÈME MODÈLE. CONDITIONNEMENT MIXTE, ENDO-EXOGÈNE (FORMULE E → O → R) NÉVROSE COMPLEXUELLE.

A côté de cette première modalité de formation névrotique (modèle I) on trouve une deuxième, plus complexe. *L'organisme vivant ne réagit pas uniquement comme un organisme sensible mais comme un organisme élaborateur et médiateur complexe.*

La réaction ne s'explique pas comme simple réaction à l'excitant externe. En réalité, dans cette deuxième modalité, la conduite qui se produit est *une réaction à l'image de l'excitant,* liée à une charge, plus ou moins forte, d'affectivité émotionnelle : « La première proposition de ce travail est, alors, que le comportement dépend de l'image... L'image est élaborée sur la base de toute l'expérience passée de celui qui la possède » (K. Boulding).

La formule E → R doit être remplacée, alors, par la formule E → O → R, dans laquelle O montre l'importance de l'organisme et de ses fonctions élaboratrices et médiatrices entre E et R. Le monde de l'homme à ce niveau complexuel est très différent de celui du niveau sensoriel.

Le niveau dynamique et fondamental est ici celui des processus psychiques. La réactivité sensorielle est toujours présente mais les fonctions symboliques sont dominantes. L'homme n'éprouve pas seulement des sensations mais imagine, pense, évalue. Les complexes psychiques deviennent décisifs. Jung donne la définition suivante du complexe : « C'est l'image d'une certaine situation psychique, fortement chargée émotionnellement ». « Les complexes sont les unités vivantes de la psyché inconsciente ». On les rencontre dans les rêves, les symptômes et dans les signes de perturbation à l'épreuve expérimentale d'association. Ils forment la base de ces scissions de la personnalité que P. Janet a décrites cliniquement. « L'hypothèse selon laquelle les complexes sont des psychés parcellaires scindées est aujourd'hui devenue une certitude. » (Jung).

Ceci nous permet de comprendre les effets motivationnels de complexes jouissant d'une autonomie et d'une efficacité élevées.

Le paradigme expérimental des névroses complexuelles est celui de *l'apprentissage de l'évitement*, où nous reconnaîtrons l'action des complexes psychiques doués d'un degré très élevé d'autonomie.

Un des exemples expérimentaux des plus significatifs parmi ceux qui étudient les comportements d'évitement est celui de N. Miller (1948). Miller utilise une boîte avec deux compartiments, un compartiment blanc avec un plancher qui est une grille à travers laquelle on peut provoquer un choc électrique sur l'animal placé dessus, et un compartiment peint en noir avec un plancher solide, commun et non électrifiable. Les deux compartiments ont une vitre qui facilite l'observation du comportement des animaux et sont séparés par une porte qu'on peut ouvrir de trois façons selon les besoins de l'expérience : a) par l'expérimentateur, b) par le rat qui peut faire tourner une roue, et c) par le rat aussi qui peut appuyer sur un levier. Avant l'expérience les animaux ne montrent aucune préférence significative pour le compartiment blanc ou celui peint en noir.

BOÎTE DE MILLER

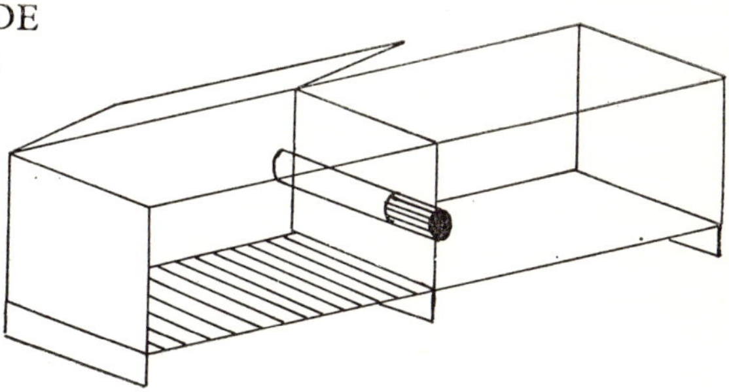

Le compartiment de gauche est peint en blanc, celui de droite en noir. Le plancher de gauche est une grille électrifiable, celui de droite une planche.

On met le rat dans le compartiment blanc où il reçoit un choc électrique. La porte est ouverte et il peut aller vers le compartiment noir. La motivation est la douleur. Après un nombre déterminé d'essais l'animal court vers le compartiment noir même sans choc électrique. La motivation n'est pas alors directement la douleur. On ferme la porte et on met le rat dans le compartiment blanc sans produire le choc électrique. L'animal ne peut pas fuir dans le compartiment noir car la porte est fermée. Il montre toutes les manifestations d'une peur intense (il défèque, urine, tremble, etc...) Par cette conduite désordonnée, il peut faire tourner, par hasard, une roue qui ouvre la porte et il passe alors dans le compartiment noir. Au bout d'un certain nombre d'essais on se rend compte que l'animal ouvre la porte sans hésitation. Il a appris une habitude nouvelle sans choc électrique.

On continue à mettre le rat dans le compartiment blanc avec la porte fermée qui ne peut s'ouvrir cette fois-ci que s'il s'appuie sur un levier. Dans ces conditions l'animal, sans choc électrique, fuite coupée, manifeste la peur de la situation antérieure et montre un comportement d'essais et erreurs jusqu'à ce qu'il apprenne graduellement à ouvrir la porte sans hésiter et à s'échapper du compartiment blanc. Une nouvelle et seconde habitude est apprise sans choc électrique nouveau.

Dans le schéma suivant nous pourrons mieux comprendre ce qui s'est passé au cours de l'expérimentation réalisée par N. Miller.

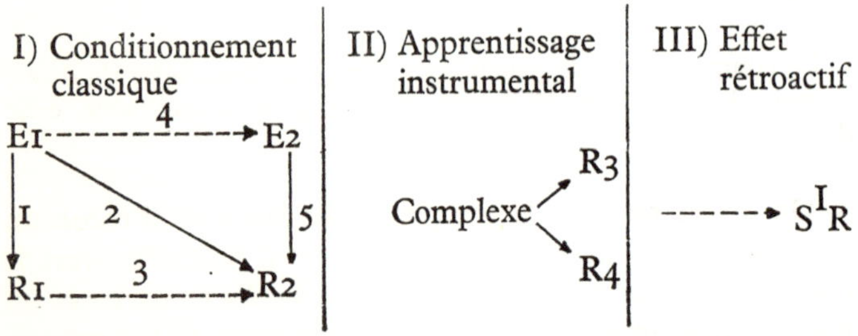

Un excitant nociceptif inattendu, choc électrique, (E1), provoque directement la réaction de la douleur (R1). La liaison 1 est innée et R1 est une réaction inconditionnée. La peur (R2) manifeste provient d'abord de E1 comme réponse inconditionnée, car on admet en général qu'un stimulus nocif peut la produire directement si l'intensité et la nouveauté du stimulus sont élevées. La liaison 2 est donc innée. La douleur (R1) détermine en partie la réaction de peur (R2) d'une façon, probablement, innée (liaison 3) (Miller).

On admet en général que l'acquisition d'une peur inconditionnelle est possible, sur la base de la peur et de la douleur inconditionnée. Ce qui est important c'est que par conditionnement classique, pavlovien, on parvient à transformer un stimulus neutre (compartiment blanc) en un excitant conditionné (E2) qui fonctionne comme un stimulus discriminatif et provoque la réponse conditionnée de peur (R2). Les liaisons 4 et 5 sont, alors, des liaisons acquises. L'excitant neutre (E2) par conjonction avec l'excitant aversif primaire, choc électrique (E1), a acquis la fonction effrayante de celui-ci, c'est-à-dire il est devenu un renforçateur conditionné (ou secondaire) négatif et naturellement un stimulus conditionné discriminatif, car il fonctionne comme un signal d'alarme ou de danger possible. La réaction de peur conditionnée (R2) ou apprise est non seulement une réponse négative, plus ou moins manifeste, mais elle devient motivationnelle car elle détermine de nouveaux apprentissages. Elle fonctionne comme une véritable motivation ou tendance (Drive). Les rats apprennent, successivement, sans choc électrique, mais motivés par la peur, deux réactions instrumentales nouvelles (faire tourner une roue et appuyer sur un levier) qui leur permettent d'échapper et d'éviter l'action de l'excitant aversif primaire (E1). *La peur du compartiment blanc* (liaison E2 → R2 acquise par conditionnement classique) *devient la motivation fondamentale et médiatrice entre la douleur inconditionnée et les réactions instrumentales apprises, évidemment, par apprentissage instrumental.* La fuite du compartiment blanc au compartiment noir provoque une réduction de la peur qui fonctionne alors comme un renforçateur des habitudes nouvelles apprises.

La peur alors peut être apprise ou conditionnée (R2) et développe des fonctions motivationnelles et renforçatrices d'une grande importance pour l'acquisition et persistance de nouveaux apprentissages. Les réactions R3 (tourner la roue) et R4 (appuyer le levier) sont acquises par apprentissage instrumental et permettent le passage de l'animal du compartiment blanc (effrayant) au compartiment noir (sans peur). Elles deviennent des réactions instrumentales d'évitement qui sont renforcées d'une façon double; par la suppression du stimulus conditionnel (E2) qui fonctionne comme renforçateur conditionné négatif (Skinner), et par la réduction de la peur conditionnée (R2) (Hull, Mowrer, Miller).

Dans des expériences de laboratoire réalisées par Sidman (1953-1954-1955) sur les comportements d'évitement, avec une technique spéciale où il n'y a pas, d'une façon manifeste, de signal d'alarme conditionné extéroceptif, on constate plus clairement encore que les animaux éliminent toute conduite autre que la réaction instrumentale d'évitement. L'élimination progressive des conduites alternatives montre l'importance et le pouvoir des stimulus aversifs, primaires et secondaires (peur), et des renforçateurs conditionnés appropriés pour le contrôle du comportement.

On peut concevoir, alors, un comportement d'évitement comme un processus qui se déroule en trois étapes (Soltysik et Zielinski 1962, Le Ny 1967).

1) Première étape de conditionnement classique :

Sur la base d'une relation inconditionnée : choc électrique — douleur (E1 → R1) se forme une relation conditionnée : compartiment blanc — peur (E2 → R2) qui n'existait pas auparavant.

2) Seconde étape d'apprentissage instrumental :

Sur la base de la relation conditionnée (E2 → R2), motivée surtout par la peur apprise, se forment des réactions instrumentales motrices qui évitent l'apparition de l'excitant aversif inconditionné (E1) et sont renforcées par la suppression de l'excitant conditionné (E2) qui fonctionne comme renforçateur secondaire négatif et par la réduction de l'émotion négative (peur : R2).

3) Troisième étape d'inhibition conditionnée :

produite par les stimulations rétroactives issues de la réaction instrumentale.

Nous avons fait, jusqu'ici, une description « classique » de l'expérience de Miller qui est un modèle de conditionnement d'évitement. Nous voulons, maintenant, insister sur un aspect du processus d'évitement qui présente un grand intérêt, celui de la relation conditionnée E2 → R2 ou « *complexe psychique conditionné* ».

On souligne habituellement les fonctions que développe la peur conditionnée (R2), réponse végétative, chaînon médiateur, efficacité motivationnelle et valeur renforçatrice. Mais la peur est toujours la peur de « quelque chose ». L'excitant conditionné (E2) effrayant ou son image et, à travers lui, l'excitant inconditionné effrayant (E1) sont les « objets stimulants » de la peur, toujours présents. Il s'agit, initialement, d'« objets » physiques, le choc électrique, le compartiment blanc, ou n'importe quel autre de la même classe. Mais nous pouvons supposer l'existence certaine d'« *objets* » *imaginaires* ou d'images, dont la « réalité » est facilement objectivable chez l'homme. *A partir d'une expérience élémentaire et banale telle celle-ci, on a pu développer des techniques très élaborées d'exploration de l'imaginaire*, d'un grand intérêt pour la recherche et l'application thérapeutique. Utilisant une présentation hiérarchisée d'images statiques, J. Wolpe a montré les résultats encourageants d'une désensibilisation imagogique systématique. Stampel, de son côté, utilise, dans son Implosive Therapy, l'induction d'un scénario imaginaire plus complexe et dynamique. Les résultats obtenus et publiés par Jung, avec sa technique d'imagination active, par Schultz, dans le cycle supérieur de son autogène training et par bien d'autres investigateurs de l'imaginaire, dans différents pays, témoignent de la réalité et l'importance de l'utilisation scientifique de l'imagination.

Mais c'est Desoille qui, le premier par l'ampleur et l'esprit scientifique de sa recherche, avec une technique très élaborée et des exemples multiples, a montré qu'il est possible de changer la conduite humaine en appliquant les concepts et les lois du conditionnement au monde des images.

Il existe des cas où les objets-stimulants sont présents et où le sujet les aborde yeux ouverts. Il suffit de se rappeler les représentations d'attente ou d'expectative qui deviennent manifestes, surtout quand le résultat attendu ne vient pas. Si nous attendons quelqu'un en « expectative anxieuse », il arrive que nous entendions ses pas et ses coups à la porte. Constatant qu'il n'y a personne, nous sommes en réalité devant une démonstration du pouvoir de l'image (surtout, quand elle possède une charge d'émotion élevée) qui nous a « hallucinés » pendant un certain temps. La réalité existentielle des images est hors de doute.

Certains théoriciens modernes de l'apprentissage (Mowrer, Miller, etc...) se sont efforcés d'introduire des notions bannies du behaviorisme strict, par exemple celle de l'émotion positive ou négative, douée de fonctions motivationnelles et renforçatrices. Avec la notion d'image il y a eu des essais du même type mais un peu plus timides. Dans ce sens, nous avons montré que les « praticiens » (Wolpe, Stampel, etc...) sont plus réalistes et audacieux que les « théoriciens »; ils utilisent les images sans aucune inhibition. Les résultats ont montré le bien-fondé de cette position.

La relation conditionnelle E2 → R2, avec ses deux pôles, imaginatif (image de l'excitant conditionnel effrayant) *et émotif* (peur intense), *et son incompatibilité avec les habitudes antérieures de l'animal, possède toutes les caractéristiques d'un complexe psychique.* Elle a sa structure, matérielle et formelle, et possède aussi une forte efficacité motivationnelle.

L'assimilation de la relation conditionnée d'évitement à un complexe psychique et, vice versa, est justifiée. Un pont significatif s'établit entre l'expérience de laboratoire (comportements d'évitement), l'observation clinique humaine (conduites psychopathologiques, rêves) et l'exploration expérimentale chez l'homme (test d'association). Le concept de complexe psychique, né à l'occasion d'une recherche sur les temps de réaction associatifs dans l'homme (Jung), peut s'appliquer à l'étude de certains comportements animaux, et les faits et les lois de l'apprentissage classique et instrumental, décrits et vérifiés dans l'animal, peuvent être transposés, aisément, à différentes manifestations du psychisme humain, normal et pathologique. Le même modèle de complexe, engendré par des excitants nociceptifs ou aversifs et qui déclenche à son tour des effets motivationnels puissants, se retrouve également chez l'homme et chez l'animal avec une relative autonomie et une grande efficacité psychologique.

On trouve dans le modèle expérimental de névrose animale, comme dans la clinique humaine, des réactions de défense ou d'évitement qui empêchent l'irruption du stimulus nocif ou aversif (primaire ou secondaire) avec la charge d'anxiété ou de douleur qui le caractérise. Quelquefois, on observe, plutôt, des réactions d'échappement (« fuite ») mais les comportements d'échappement ont tous tendance à évoluer « spontanément » vers l'évitement (Le

Ny). Entre les deux formes de conduites il n'y a « qu'une différence de complexité ». On constate, habituellement, que toute personne anxieuse tend à former des symptômes qui fonctionnent comme réducteurs d'anxiété et deviennent ainsi, des renforçateurs. Il y a toute une symptomatologie polymorphe qui, paradoxalement engendrée par l'anxiété, réduit l'anxiété et persiste en fonction de sa valeur renforçatrice.

Les psychanalystes et les behavioristes-thérapeutes sont d'accord sur ce point. Les premiers distinguent les symptômes et la névrose sous-jacente, les seconds séparent les symptômes d'anxiété végétatifs ou autonomes des réactions instrumentales d'évitement. Il s'agit dans tous les cas de réponses apprises en admettant toujours un dualisme symptomatique vertical (psychanalyse) ou horizontal (néo-behaviorisme, Yates).

S. Freud et A. Freud ont étudié le complexe du Moi et les mécanismes de défense qui le « protègent » contre l'angoisse et les stimulus aversifs, régression, fixation, répression, projection, etc... De nombreux chercheurs behavioristes (Miller, Mowrer, Maier, Lundin, Dismoor, etc...) ont analysé ces mécanismes de défense et en proposent une interprétation selon la théorie moderne de l'apprentissage.

La peur fonctionne comme médiatrice de *généralisation secondaire*. La généralisation du stimulus et celle de l'anxiété permettent de comprendre que la généralisation du complexe est démontrée à l'échelle animale et humaine. L'expérience réalisée par Diven (1937), avec une épreuve associative et un contrôle de la résistance électrodermale, montre la généralisation de la réaction d'anxiété à partir du mot originaire qui précédait toujours le choc électrique. La généralisation se faisait en fonction du temps et de la signification. Diven signala aussi que la moitié des sujets soumis à l'expérience ne pouvaient pas se souvenir du mot simultané au choc.

Cela signifie que les sujets de l'expérience, après celle-ci, et dans une proportion élevée, étaient incapables d'évoquer le stimulus aversif primaire (S1) mais continuaient à réagir avec des signes d'anxiété à des stimulus conditionnés secondaires (S2, S3... Sn).

Ces résultats permettent de comprendre, appliqués à la psychopathologie, la généralisation dans les réactions phobiques, obsessionnelles, compulsives, etc...

La *persistance des réactions* dans le modèle animal et dans la clinique humaine est un fait signalé par tous les chercheurs. L'explication de la persistance est complexe. On peut distinguer plusieurs facteurs déterminants. La tendance à la répétition exclusive de certains mécanismes qui « protègent » le « Moi » ou évitent l'anxiété majeure déclenchée par la présence du stimulus aversif secondaire est évidente dans la conduite névrotique de l'animal comme dans celle de l'homme. Les rats, dans l'expérience de Sidman (1953), appuient, de plus en plus, sur le levier avec disparition progressive de toute autre forme de réaction instrumentale d'évitement. Chez l'homme, dans les névroses obsessionnelles et compulsives on voit, peu à peu, le malade devenir la victime impuissante de certains « rituels » qu'il répète indéfiniment. Il n'y a pas de contradiction entre la généralisation et la tendance à l'exclusivité car, dans les deux aspects, le névrosé reste fixé au connu et fuit l'altérité.

Nous avons signalé, à propos des névroses, plusieurs analogies entre le modèle animal expérimental (développé et utilisé par les théoriciens et les chercheurs de la théorie moderne de l'apprentissage) et le modèle humain clinique, étudié et décrit par les psychopathologistes. *On trouve aussi des différences certaines entre névroses animales et humaines.*

L'homme et l'animal possèdent, en commun, le premier système de signaux pavlovien, mais *seul l'homme, a le privilège de pouvoir utiliser un deuxième système de signaux : la parole*. Les signaux du premier système sont des stimulus naturels et concrets, qui représentent les propriétés des objets : couleur, odeur, saveur, etc...; Pavlov les dénomma « premiers conducteurs de la réalité ». Les paroles traductrices de ces propriétés sont les signaux du second système qui deviennent, ainsi, les « deuxièmes conducteurs de la réalité », c'est-à-dire, « signaux des premiers signaux ». (Vatsuro). La parole est, pour l'homme, un excitant conditionné qui rend possible la pensée abstraite et générale, une communication interhumaine incomparable et la conservation à échelle individuelle, d'une formidable expérience collective (« time-binding », Korzybski). La parole, chez l'homme, peut remplacer avec efficacité, comme excitant conditionné, le stimulus concret.

Avec la parole, l'homme s'éloigne de la réalité et il a plus de liberté pour la contrôler (« ...c'est précisément la parole qui nous a fait homme. » Pavlov). Mais l'éloignement peut devenir « aliénation » si l'homme remplace toujours les objets par les mots. Avantages et difficultés qu'apporte la conduite verbale dans la vie de l'homme, sont des caractéristiques qui se retrouvent quant à la formation et l'évolution des névroses et distinguent, certes, l'homme de l'animal.

L'homme adulte est plus détaché de la sensorialité. Il peut fonctionner à un niveau « psychique », à distance des impressions sensorielles « hic et nunc ». Loin de la réalité extérieure immédiate, il devient plus libre. Ses fantasmes, plus ou moins chargés d'affectivité, lui paraissent si réels, quelquefois, qu'il se trouve entouré d'un monde presque hallucinatoire. L'homme peut se désidentifier de l'objet sensoriel en s'appuyant sur les images et les émotions. Les complexes psychiques sont plus autonomes et peuvent plus facilement le dominer. Le danger est l'identification avec les images internes de la réalité. Les névroses de l'homme adulte sont plus « psychiques » et moins sensorielles que celles de l'animal.

Les expériences d'évitement montrent que l'animal a peu de ressources pour trouver des solutions alternatives à l'action des stimulus aversifs ou nocifs. S'ils ne réussissent pas l'apprentissage d'évitement, ce qui arrive fréquemment (jusqu'à 40 %), ils peuvent adopter une conduite antagoniste comme celle de se blottir. Dans certains cas, on peut retrouver le fait observé par Menzel (1962) chez des singes rhésus ou des réponses de fuite ont cédé la place, avec l'accoutumance, à des réactions d'approche. La *variation sémantique*, c'est-à-dire le changement de signe, de positif à négatif et vice versa, est toujours possible chez l'homme normal et en général, au moyen d'une action intrinsèque. L'être humain n'est pas aussi dépendant des pressions externes. Il a une capacité d'apprentissage ou de changement alternatif beaucoup plus élevée que celle de l'animal. L'homme peut apprendre, non seulement à échapper à l'excitant nociceptif, (changement spécifique de la relation conditionnelle) mais à affronter le stimulus d'une façon alternative et active (changement spécifique de l'excitant), à modifier son attitude personnelle jusqu'à rendre possible l'intégration totale (changement du sujet). Le névrosé possède une capacité d'apprentissage fortement limitée. Malgré ses limitations évidentes, si on l'aide par une psychothérapie adéquate, le névrosé peut développer des confrontations alternatives avec l'excitant, et des modifications de la personnalité qui sont les moyens d'obtenir des solutions plus courageuses et définitives.

IV. LE TROISIÈME MODÈLE : CONDITIONNEMENT ENDOGÈNE (FORMULE [E → O → R]). NÉVROSE AXIOLOGIQUE OU EXISTENTIELLE.

Nous avons vu que la conduite apparaît, au niveau sensoriel, comme une réaction directe à l'excitant, et qu'elle se produit, au niveau psychique, comme une réaction à l'image de l'excitant. Finalement, au niveau axiologique, niveau des finalités, l'homme s'éloigne plus encore de sa biologie et devient témoin de ce qu'il vivait auparavant directement. Pour réaliser ceci, il « s'appuie » sur des *complexes de l'inconscient collectif*. Toute sa personnalité devient, alors, un moyen pour exprimer des valeurs. Le Moi individuel est utilisé comme simple conducteur d'une réalité qui le dépasse et donne un sens plein et nouveau à toute la vie.

Ceci conduit à rappeler quelques données de l'expérience mystique, partie naturelle de la vie psychologique, d'une façon ou d'une autre. L'homme peut dire : « Je suis celui à travers lequel on dit : « Ceci est bon ou mauvais. » C'est ce que l'homme oriental appelle Atman, ou, d'une façon plus expressive, « ce qu'on respire à travers moi. » Mais non pas seulement à travers moi, mais à travers tous, ce n'est pas uniquement un atman individuel, mais un atman général, un pneuma qui est respiré à travers tous » (Jung).

Dans ce sens, la vie et la conduite d'un homme qui devient « transparent » à la valeur supra-individuelle, possèdent une signification symbolique. La figure visible et la conduite manifeste sont les clés qui ouvrent la porte et nous permettent l'accès à une expérience inaccessible d'autre façon. Toute expérience authentique est symbolique et révélatrice. La révélation n'est pas l'apanage de la religion.

De ce point de vue, H. Keyserling a raison quand il parle de la révélation comme expérience naturelle. *Tout créateur véritable exprime dans son œuvre un sens transcendant qui le dépasse et qui possède une valeur collective.*

« L'artiste, dans le sens le plus profond, est un instrument de son œuvre ». « Ce n'est pas Goethe qui a « fait » Faust, c'est la composante psychique Faust qui a fait Goethe. Qu'est d'ailleurs Faust? Faust est plus qu'une indication sémiotique et plus que l'allégorie d'une chose connue depuis longtemps; Faust est un symbole, l'expression d'une donnée agissante et vivante, depuis toujours, dans l'âme allemande, que Goethe à cet égard n'a fait qu'accoucher » (Jung).

La formule $E \rightarrow O \rightarrow R$, caractéristique du niveau psychique, apparaît, au niveau axiologique, comme la formule qui exprime uniquement les processus qui s'écoulent dans l'organisme donné. Nous la mettons entre parenthèses $[E \rightarrow O \rightarrow R]$ pour marquer sa relativité. La nature humaine, dans toute sa gamme de possibilités expressives, — « aucune nuance ne manque sur l'échelle qui s'étend de l'auguste et du solennel jusqu'aux images les plus grotesques et perverses » — sert d'instrument à l'homme pour la réalisation du sens.

L'homme peut accomplir ainsi ce qu'il appelle sa mission. Dans le « fond » du psychisme humain gisent les impulsions primaires qui sont la base de ces nécessités et désirs essentiels par lesquels un homme peut arriver à éprouver sa vie comme une mission. Ce sont les complexes liés à l'inconscient collectif (« archétypes », St Augustin) ou « représentations collectives » (Lévy-Bruhl), — décrits magistralement par C. G. Jung — qui deviennent les motivations collectives fondamentales et les sources de la création individuelle authentique.

Nous n'avons pas l'intention de développer ici les preuves de l'existence des *archétypes*. On peut s'adresser avec profit à l'œuvre extraordinaire de C. G. Jung. Il dit, en manière de résumé : « On déduit de l'observation répétée que, par exemple, les mythes et les contes de toutes les littératures contiennent toujours des motifs déterminés qui se répètent continuellement. Nous trouvons les mêmes motifs dans les fantaisies, les rêves, les délires et les hallucinations d'individus actuels. Ces images et situations typiques s'appellent représentations archétypiques. Plus elles sont claires plus elles s'accompagnent de charges sentimentales spécialement vives. Cette caractéristique leur donne un dynamisme spécial dans le cadre de la vie psychique. Elles impressionnent, influencent et fascinent. Elles procèdent de l'archétype invisible, d'une préformation inconsciente qui semble appartenir à la structure héritée de la psyché et qui peut se manifester, alors, partout, comme apparition spontanée. L'archétype, à cause de sa nature instinctive, repose sur certains complexes sentimentalement chargés et participe de leur relative autonomie. L'archétype est aussi la présupposition psychique des affirmations religieuses et conditionne l'anthropomorphisme des images de Dieu. Mais on ne peut fonder en lui aucun jugement métaphysique, positif ou négatif ».

Ainsi *les complexes de l'inconscient collectif proviennent d'une source bien différente de celle qui produit les complexes personnels* dont nous avons parlé dans le chapitre précédent. Ceux-ci accroissent l'énergie quand ils sont réintégrés au moi à la suite par exemple d'un traitement psychothérapique. Mais, *quand les complexes de l'inconscient collectif, doués d'une autonomie très grande, pénètrent dans le champ d'expérience du moi, ils produisent une impression profonde d'étrangeté et de fascination et deviennent positifs ou négatifs, selon les circonstances et l'attitude personnelle, comme le « numineux » de R. Otto.*

Tandis que les complexes personnels prennent naissance dans la vie extérieure individuelle. Les complexes de l'inconscient collectif ne correspondent pas à une réalité extérieure. Toutes les tentatives d'explication dans ce sens échouent l'une après l'autre. Ils sont conditionnés par une réalité intérieure et antérieure à toute expérience personnelle. Quand ils font irruption dans la vie de l'individu ils provoquent un état « d'aliénation » avec des contenus étrangers et mythologiques ou déterminent une « numinosité » positive.

Si les névroses complexuelles se caractérisent par la présence dynamique de complexes personnels, forgés dans l'expérience extérieure ontogénique, et des réactions instrumentales (de défense) unilatérales, rigides et persistantes, les *névroses axiologiques, par contre, se caractérisent par l'action étrange et puissante de complexes de l'inconscient collectif*, provenant d'une source ancestrale, irréductible à la causalité extérieure, et face auxquels les réactions instrumentales du sujet deviennent facilement pathologiques.

Les névroses complexuelles se retrouvent surtout chez les jeunes et les névroses axiologiques (ou existentielles) apparaissent chez l'homme adulte, qui s'éloigne progressivement de la réalité extérieure, se tourne vers son monde intérieur et éprouve d'autres besoins et responsabilités que ceux qu'il vivait dans sa jeunesse. « La découverte des valeurs de la personnalité appartient à l'âge mûr. Chez les adolescents, une recherche prématurée des valeurs précieuses de la personnalité n'est quelquefois qu'une fuite des devoirs biologiques. Inversement, la nostalgie rétrospective des êtres d'un certain âge pour les valeurs sexuelles de la jeunesse équivaut à éviter, par faiblesse ou paresse, les devoirs culturels : reconnaissance des valeurs de la personnalité et soumission à sa hiérarchie. L'adolescent névrotique a peur de l'ampleur de sa vie et de ses devoirs, et le névrotique d'âge mûr craint l'appauvrissement et la limitation des biens de ce monde. » (Jung). Les névrotiques jeunes éprouvent de la peur face aux exigences et aux ouvertures de la vie. Les adultes mûrs deviennent névrosés parce qu'ils n'assument pas, au moment donné, le sens personnel de la mort réelle ou symbolique.

Dans l'Analyse Existentielle de L. Binswanger et la Logothérapie de V. Frankl nous trouvons des observations analogues à celles déjà citées de la Psychologie Analytique de C. G. Jung, maître indiscutable à ce niveau. « Aujourd'hui on frustre trop fréquemment la volonté de sens... Il y a des patients qui vont au psychiatre parce qu'ils doutent de leur vie ou parce qu'ils désespèrent de trouver ce sens. Dans ce contexte, nous parlons en logothérapie d'une frustration existentielle... Quand la frustration existentielle conduit à des symptômes névrotiques, nous nous trouvons face à un nouveau type de névrose qui reçoit le nom en logothérapie de « névrose noogénique ». Des recherches de Werner à Londres, Langen et Vilhard à Tübingen, Pull à Würzburg, Niebauer à Vienne, Buckley à Worcester et Nina Toll à Middletown concordent, estimant à 20 % les cas de névroses noogéniques parmi les névroses étudiées. » (V. Frankl).

Il y a ainsi des différences certaines entre les types de névrose complexuelle et axiologique. Mais on trouve aussi des faits qui témoignent d'une ressemblance foncière et semblent vérifier l'hypothèse d'une similitude pathogénique. On rencontre, dans les deux cas, l'influence décisive des complexes (personnels ou collectifs) en fonction de leur relative autonomie, de leur dynamisme énergétique et de leur force constellante. La peur et l'angoisse figurent, aussi, comme élément central et général. On peut observer, également, un déficit de conduites alternatives qui s'accompagne de l'unilatéralité, de la rigidité et de la persistance des réactions utilisées par le sujet pour contrôler l'irruption complexuelle.

Pour ne pas devenir malade, l'individu aux prises avec les images archétypiques doit tenter la confrontation courageuse puis l'élaboration des expériences vivantes primordiales, c'est-à-dire leur traduction philosophique, religieuse, ou leur expression créatrice.

Dans le cas de névroses axiologiques comme dans celui de névroses complexuelles, la thérapeutique qui consiste, simplement, en une élimination des symptômes (solution efficace pour les névroses réflexes), ne fait qu'aggraver le problème. Les complexes de l'inconscient personnel et de l'inconscient collectif proposent une tâche qu'on ne peut pas ignorer ou refuser : leur compréhension et leur assimilation dialectique progressive. Pour les névroses axiologiques et une majorité des névroses psychiques ou complexuelles proprement dites, l'élimination symptomatique, pure et simple, est une utopie et une véritable amputation. Les facteurs endogènes du conditionnement névrotique (complexes dynamiques présents dans les symptômes) sont trop importants et exigent une traduction ou une forme expressive adéquates.

L'activation des complexes de l'inconscient collectif peut être produite par deux mécanismes bien définis : « lorsqu'un événement extérieur a ébranlé l'individu au point de provoquer l'écroulement de toute la conception de la vie qu'il avait eue jusqu'alors, ou encore lorsque, pour une raison quelconque, les contenus de l'inconscient ont acquis une intensité d'énergie qui leur donne le pouvoir d'influencer la conscience. » (Jung). Dans les deux cas, catastrophique ou progressif, l'irruption de l'inconscient collectif se fait suivant le mécanisme d'autorégulation et tend à compenser les limitations, unilatéralités et rigidités de la conduite manifeste des sujets.

V. LE DÉFICIT D'APPRENTISSAGE DANS LES NÉVROSES

Nous tenterons d'expliquer, maintenant, le « déficit d'apprentissage » (Mowrer) qui caractérise toute névrose. Nous l'étudierons dans les différents types de névrose.

a) *Dans les névroses réflexes*, l'expérience paradigmatique de Watson (1920) a été faite sur un enfant de onze mois. A cet âge, l'être humain se trouve dans des conditions évidentes d'infériorité. L'enfant se trouve soumis passivement à l'action des agents extérieurs qui l'obligent à réagir d'une façon préétablie, selon les lois du conditionnement classique. Le processus de maturation biologique et surtout nerveux n'est pas achevé. L'immaturité diminue les ressources de réactivité alternative de l'enfant. Le nombre de connexions S—R apprises est limité et le rend incapable de réagir d'une façon alternative à celles qu'on lui impose du dehors. Le déficit de conduites alternatives, chez l'enfant, est dû, principalement, à l'immaturité biologique et nerveuse de l'âge en question.

Les analogies que nous avons signalées avec le sujet hypnotisé et l'homme « massifié » deviennent plus compréhensibles. Dans les deux cas, on peut trouver un matériel suffisant de connexions S-R mais une incapacité à les utiliser d'une façon adéquate. Ils délèguent leurs pouvoirs d'utilisation à d'autres personnes (hypnotiseur, guide politique, speaker de télévision, ou simplement masse anonyme). D'autres pensent pour eux, leur disent ce qu'il faut penser et ce qu'il faut faire. Ils sont atteints d'une certaine immaturité partielle et acquise qui détermine un déficit de réactivité alternative. Ils suivent, comme l'enfant, des chemins établis du dehors. Toutefois les causes de cette situation sont différentes et multiples. S'identifier à la moyenne des humains, suivre les chemins communs et abandonner toute volonté de penser et de décider par soi-même est une motivation positive du sujet, qui n'est plus seul à vivre l'insécurité, l'angoisse et l'obligation de se forger des projets personnels. Il se trouve dans un groupe qui le dépasse, le protège, lui procure des idéaux et l'illusion d'une réalisation intime. La conscience individuelle malheureuse est remplacée par une participation collective satisfaite. Le déficit de sens critique ou l'excès de suggestibilité déterminent le déficit certain de l'apprentissage personnel.

Dans les névroses de guerre on a décrit toute une série de manifestations symptomatiques, plus ou moins focales ou diffuses, stéréotypées (tremblements, bégaiement, amnésies, paralysies, stupeur, collapsus, etc...) qui sont l'expression d'une réaction d'inhibition cérébrale à une stimulation extérieure excessivement prolongée et difficilement tolérable. Après un temps variable de stimulation transmarginale, qui dépasse la résistance ou la limite de tolérance du système nerveux et provoque la rupture, le combattant du front ou l'habitant de la ville bombardée réagit par une inhibition protectrice, accompagnée de conduites pathologiques, qui passe en général par les phases paradoxale et ultra-paradoxale décrites par Pavlov. On a observé dans ces circonstances, chez l'animal et chez l'homme, des états extrêmes de suggestibilité qui présentent des analogies certaines avec les états hypnotiques. « Dans des états violents de terreur ou d'excitation, des personnes apparemment normales peuvent accepter facilement les plus terribles et les plus absurdes suggestions. » (Sargant). Ce même auteur a montré les analogies qui existent entre les expériences de Pavlov avec le chien, les névroses de guerre, quelques conversions religieuses et politiques provoquées (« Brainwashing »).

b) *Dans les névroses complexuelles* le déficit d'apprentissage ou de conduites alternatives est dû à diverses causes. Les conduites d'évitement une fois installées sont renforcées par la protection qu'elles assurent contre l'angoisse. Le névrosé reste, alors, fixé à des solutions temporaires renouvelées périodiquement, constituant des mécanismes défensifs efficaces.

Un comportement d'évitement n'est pas synonyme de névrose. Fuir ou éviter peuvent être des conduites adaptées si, dans des circonstances précises, le sujet ne trouve pas d'autres solutions face à un danger certain. Ce même comportement d'évitement devient névrotique si le sujet le répète, sans discrimination. Un enfant qui « invente » un malaise avec des nausées et des vomissements et évite, ainsi, le fauteuil du dentiste ou la démonstration en classe de son ignorance, n'est pas forcément un névrosé. Mais, s'il ne peut pas se dégager de ces conduites d'évitement et s'il les répète, dans toute situation où il craint la douleur physique ou l'évidence de sa paresse, il devient un névrosé. Les comportements d'évitement déclenchés, subitement, par l'intensité de l'émotion négative et développés, d'une façon progressive, sont, d'une part, auto-renforçateurs et, d'autre part, inhibiteurs de toute activité d'apprentissage.

Les émotions négatives intenses (peur, angoisse, panique), et les conduites instrumentales qu'elles déclenchent, empêchent la production de comportements alternatifs « autour » de l'excitant aversif et la réalisation des possibilités nouvelles pour dépasser la situation stressante.

Si les émotions faibles, comme on sait depuis longtemps, sont stimulantes, les émotions intenses ont un effet inhibiteur sur les autres processus psychiques et sur la motricité. *La conception de l'« angoisse-inhibition » mérite beaucoup d'attention. L'intensité supramaximale de la peur ou de l'angoisse exerce un effet inhibiteur sur l'activité d'apprentis-*

sage. A côté des facteurs individuels, on trouve l'*action des causes liées à l'éducation et à la tradition* qui transmettent une philosophie de vie et des modèles définis de comportement.

Certains principes d'action et de perception du monde, transmis par l'éducation comme informations de base, canalisent la vision de l'enfant et plus tard celle de l'adulte d'une façon unilatérale et certainement fausse. Le vecteur de ces principes et de ces idées est le langage, dont la structure prédispose à certaines confusions et à des troubles de la « signification ». « Tout langage a comme fondement une certaine métaphysique qui donne au monde, d'une façon consciente ou inconsciente, un certain type de structure », « ...la structure qu'un langage possède et imprime en nous inconsciemment est automatiquement projetée sur le monde qui nous entoure » (Korzybski). Si à un niveau primaire d'abstraction nous observons que la signification dépend directement de la conduite individuelle et concrète d'évaluation (premier système de signaux), à un niveau plus élevé d'abstraction, elle est plus libre des contingences temporo-spatiales et se trouve liée au langage (deuxième système de signaux). Nous ne devons pas oublier que l'homme peut produire avec un mot ce que l'animal produit uniquement par une stimulation sensorielle à un niveau concret.

La neuro-sémantique insiste sur cet aspect. Korzybski a montré que certains éléments de la structure du langage actuellement utilisé sont inopérants et même dangereux, car ils perpétuent une façon de percevoir et de penser la réalité, aujourd'hui franchement inadéquate. Nous continuons à utiliser un langage qui ne tient pas compte du progrès scientifique et de la conception relativiste des phénomènes naturels. Nous continuons, par exemple, à dire que « le soleil se lève et se couche »; cette absurdité est sans conséquence dans la mesure où chacun sait bien que le soleil ne se lève pas; par contre l'opposition corps et âme continue à suggérer un dualisme auquel beaucoup ne croient plus. » (Guiraud).

C'est surtout sur une critique du principe d'identité et de l'emploi du verbe être — caractéristiques de la logique d'Aristote — que Korzybski a mis l'accent en montrant les perturbations qu'ils suscitent. Nous continuons à croire, par exemple, que « la rose est rouge », c'est-à-dire, que la rose possède, elle-même, un trait distinctif, la rougeur. Mais cette rose est vue comme verte par un daltonien, et grise, par un sujet qui souffre d'une cécité à la couleur. Tout ceci nous indique que la couleur est une réaction individuelle de notre système nerveux à différentes longueurs d'ondes vibratoires.

Hayakawa résume clairement certains traits caractéristiques de la structure du langage Indo-européen que Korzybski appelle aristotélicien. La structure traditionnelle du langage, utilisant le « est » d'identité, tend à obscurcir la différence entre les mots et les choses. « Un objet ou un sentiment... n'est pas verbal, il n'est pas des mots... » (Korzybski). La structure traditionnelle du langage (et des réactions sémantiques qui l'accompagnent) divise l'indivisible en « entités », en obscurcissant ou en cachant totalement les relations fonctionnelles. Korzybski désigne avec le mot « élémentalisme » les divisions de « substance » et « forme », de « corps » et « esprit », de « cause » et « effet », de « raison » et « émotion », « d'espace » et « temps », etc...

Ces faits ont des analogies avec ce qui se passe chez le névrosé. Quand celui-ci, dans la consultation, déclare avec angoisse : docteur, je suis un raté, ou je suis un impuissant sexuel, etc., il devient prisonnier d'une formule absurde et fausse. S'il est 100 % raté ou impuissant, selon sa formule, il ne serait pas angoissé ni conscient de ses troubles et ne viendrait pas solliciter l'aide du médecin.

Si les concepts de base deviennent plus adaptés aux faits, la redéfinition des mots et la création d'un métalangage représentent des tâches difficiles et lentes. Idées, vocabulaire et logique aristotéliciens déterminent une vision chosiste de la réalité, avec des objets au repos qui « possèdent » des propriétés distinctives objectives et fixes. Mais « la logique ne peut plus être chosiste; elle doit réintégrer les choses dans le mouvement du phénomène ». « L'objet stabilisable, l'objet immobile, la chose au repos formaient le domaine de vérification de la logique aristotélicienne. Devant la pensée humaine se présentent maintenant d'autres objets qui, eux, ne sont pas stabilisables, qui n'auraient au repos, aucune propriété et par conséquent aucune définition conceptuelle ». (Bachelard.)

Nous pouvons donc comprendre comment l'éducation traditionnelle favorise encore, malgré l'évolution scientifique, l'élaboration d'une vision mécaniciste et fixiste du monde. Le déficit croissant de conduites alternatives détermine un déficit de l'activité d'apprentissage qui repose sur le changement et le mouvement des phénomènes.

Cette attitude se trouve aussi chez le névrosé et dans certaines écoles de psychothérapie qui cherchent l'élimination de toute symptomatologie gênante. On recherche la liquidation du « mal ». *La conception figée du « mal » est une conception négative qui mène à une attitude trop naïve pour notre époque.*

Tout névrosé pose ce problème, d'une façon dramatique quelquefois, car il est aux prises avec « le mal ». S'il ne pense que mal du mal il ne peut que souhaiter son élimination. Si, toutefois, il apprend guidé, prudemment, à l'utiliser pour son bien, il s'enrichit affectivement.

Le défaut d'un intérêt pédagogique constant et systématique pour « l'autre côté » inconscient de la personnalité fait que ce que l'on connaît de l'inconscient à l'école, au lycée, à l'université et dans le milieu familial est bien peu, négatif, uniquement verbalisé. On identifie couramment le mal à l'inconscient, même dans certains milieux psychologiques spécialisés. Il suffit de se rappeler que, dans la psychanalyse freudienne classique, les processus inconscients « possèdent » les attributs suivants, « réprimés, instinctifs, infantiles, amoraux, illogiques, sexuels ». « On peut dire grosso modo que la folie représente l'image de l'inconscient normal » (Jones). Il est impossible de penser l'inconscient sous un angle plus négatif. L'inconscient devient, insensiblement, le mal actif.

On comprendra dans ces conditions que le nombre de personnes normales qui prêtent attention à leurs rêves nocturnes soit réduit, bien des années après les découvertes de la psychologie des profondeurs, et qu'il existe si peu de névrosés prêts à apprendre le message existentiel contenu dans leurs symptômes. La tendance prédominante en Occident, dans ces conditions, consiste à projeter l'inconscient, le mal ou « l'ombre » sur les autres et à ne pas l'assumer soi-même.

Le déficit d'apprentissage, dans les névroses complexuelles est dû, d'une part, à l'intensité supramaximale de la peur et de l'angoisse qui détermine des effets inhibiteurs et « paralysants » sur l'activité d'apprentissage. L'objectif urgent est l'atténuation de l'émotion négative et le soulagement du sujet. *D'autre part, ce déficit tient à des facteurs socioculturels et pédagogiques*, caractérisés par l'utilisation d'une philosophie, d'une logique et d'un langage périmés, transmettant *une conception statique et choisiste du monde*, facilitant l'identification pathologique, réduisant les options possibles et le choix libre, fixant des significations négatives non justifiables et actuellement dépassées.

c) *Dans les névroses axiologiques* les facteurs qui déterminent le déficit d'apprentissage sont les mêmes que ceux que nous avons décrits pour les névroses complexuelles, avec des variantes propres au niveau axiologique.

L'intensité de la peur et de l'angoisse est aussi, dans ces cas, une cause importante, d'autant qu'il s'agit de l'action des complexes inconscients collectifs. L'irruption de ces complexes provoque, dans l'individu, un état d'angoisse intense accompagné d'un sentiment d'étrangeté et de la sensation d'être possédé par quelque force venue du dehors.

Avec le sentiment de possession par l'altérité, l'individu se sent l'objet d'un pouvoir inconnu supérieur, qui peut agir pour le bien comme pour le mal. Quelque chose d'étrange et de dominateur le prend comme instrument et veut agir à travers lui. S'il résiste, la puissance du complexe collectif le domine. S'il l'accepte, c'est la métanoïa; sa vie change, tout en lui devient l'organe de l'expression d'une valeur supra-individuelle. L'acceptation difficile du complexe de l'inconscient collectif marque son destin d'un signe particulier.

On peut comprendre alors l'intensité de l'angoisse déclenchée par cette irruption. Elle peut avoir des effets inhibiteurs très forts sur la capacité d'apprentissage de l'homme. Celui-ci peut être incapable d'élaborer et de traduire en idées cette possession étrange et puissante.

Tout ce processus d'assimilation du complexe collectif est si perturbateur que l'homme a inventé, depuis toujours, des défenses et des symboles médiateurs plus tolérables. Les systèmes religieux travaillent dans cette voie. Les génies, les mystiques, les shamans, les visionnaires, les artistes et les créateurs, les enfants, quelques rêves nocturnes incompris de l'homme adulte et les psychoses nous montrent la possibilité comme le danger d'une confrontation directe avec les forces dynamiques des valeurs collectives.

La pédagogie ne s'intéresse pas beaucoup à tout ce processus. Tout ce qu'on peut apprendre officiellement sur le psychisme humain et son sous-sol animique est de nature intellectuelle et verbalisée. On n'enseigne aucune méthode prudente de confrontation vivante avec soi. Le silence à ce sujet est peuplé de confusion, de peur et de perplexité.

Alors l'inquiétude humaine va trouver deux chemins principaux. L'importation de solutions orientales, dangereuses ou inefficaces (système de méditation statique), va de pair avec une prolifération incroyable d'écoles ésotériques de tous types ou l'adoption de conduites de fuite ou d'évitement. Mais ces conduites ne sont pas des solutions effectives. On laisse pour plus tard ce qu'on devrait résoudre maintenant. On enseigne à l'homme à fuir ou à éviter l'action puissante des pulsions collectives qui jaillissent du sous-sol maternel de son âme.

Une alternative et une solution résident dans la confrontation avec les archétypes vivants. L'attitude correcte est celle-ci : « Je ne peux pas vaincre le numinosum, je peux seulement m'ouvrir à lui et me laisser vaincre en ayant confiance en son bon sens. Le principe est toujours devant moi; il est plus fort que moi » (Jung).

VI. LE PARADOXE DE LA NÉVROSE

Le paradoxe névrotique repose sur une observation clinique courante, la conduite symptomatique du névrosé persiste malgré son caractère frustrant (Mowrer). Le malade lui-même, a fréquemment une conscience claire de cette apparente contradiction.

Une jeune femme de 18 ans, névrosée, qui aime son mari et qu'angoisse la seule idée de séparation, vient consulter parce qu'elle a, de temps en temps, des relations sexuelles extraconjugales impulsives. Elle l'a avoué à son époux et veut clore cette situation angoissante. Dans son autobiographie elle écrit : « Je sais, depuis longtemps, que ma vie ne s'accorde pas avec mon « idée » de la vie, avec mes aspirations, mes besoins, ma sensibilité. Il y a une contradiction très claire entre mon idée de la vie et ma façon de vivre. Je suis pleinement consciente de cette contradiction et je ne peux rien faire. Je sais que je fais quelque chose de mal qui n'a rien à voir avec moi, mais je continue à le faire et, en même temps, je souffre, je me détruis... Pourquoi le faire si je souffre et si je me sens terriblement mal ? Pourquoi, si je hais avec toutes mes forces cette vie que je mène ! C'est totalement inexplicable pour moi ! Je ne comprends pas et je veux comprendre ! J'aime beaucoup Pierre et je veux être pleinement heureuse avec lui mais je me sens limitée car je ne lui donne pas tout ce que je voudrais. Je VEUX sortir de tout ça, et le mot est « sortir » car j'éprouve la sensation d'avoir été jetée dans un mécanisme absurde pour moi. C'est à cause de tout ça, parce que je veux être une femme libre et aimer pleinement, parce que je veux me trouver moi-même et que je ne peux pas le faire toute seule que je viens à votre consultation et que je suis disposée à suivre une psychothérapie. Seule, je me sens impuissante et profondément ignorante de tout ce problème et je veux votre aide. »

Nous trouvons clairement exprimées, dans cette page d'une jeune névrosée, les caractéristiques générales du paradoxe névrotique.

Celui-ci est, pour Mowrer, *le problème central des névroses et de leur thérapie : la conduite névrotique est paradoxale car elle est, simultanément, persistante (« self-perpetuating ») et frustrante (« self-defeating »).*

Lundin, en suivant les idées de Mowrer, a donné un schéma explicatif très clair de cette situation paradoxale. Le premier point est que le névrosé peut mal réaliser les conduites qui lui donnent des renforcements. Le névrosé est « empêtré », il ne peut pas utiliser la gamme de possibilités alternatives qui caractérisent l'homme normal et lui permettent de résoudre ses conflits et dépasser ses frustrations.

Il faut expliquer pourquoi il continue à réagir avec des conduites qui le punissent constamment. Lundin affirme que la conduite du névrosé est renforcée. Mais, quel est le renforcement des conduites compulsives et rituelles d'un obsessionnel qui se lave les mains 300 fois par jour, abandonne son travail et doit suivre un traitement dermatologique ? On constate qu'il évite l'excitant aversif, primaire ou secondaire, et réduit l'anxiété résultante. C'est ainsi que sa conduite névrotique est renforcée. Les effets renforçateurs de son comportement pathologique sont plus forts que les conséquences frustrantes.

Le psychothérapeute activateur doit tenir compte de ce fait capital. Il ne pourra remplacer la conduite névrotique unilatérale et rigide par une conduite plus ouverte et flexible, que s'il offre au névrosé des alternatives certaines de renforcements positifs.

CHAPITRE VIII

LES OBJECTIFS DE L'ACTIVATION PSYCHOTHÉRAPIQUE

« *La seule vraie preuve d'un changement en psychologie individuelle est le changement qui conduit à une évolution permanente* ».

LS. Kubie

« *Oublier le passé c'est en réalité changer de conduite dans le présent* ».

P. Janet

Nous avons vu, dans le chapitre précédent, que le névrosé est figé dans le cercle vicieux de son angoisse et de ses symptômes. Dès qu'il ressent la peur, il doit se « droguer », d'une façon ou d'une autre, pour éviter l'angoisse et la panique. Mais il est conscient de la précarité de ses ressources et sa fuite répétée le rend malheureux. Il « est » sa maladie. L'identification l'empêche de changer et s'accompagne d'une paralysie de sa capacité d'apprentissage. Le névrosé n'utilise pas de façon efficace sa capacité potentielle de changer et d'apprendre.

Se mettre en mouvement n'est pas facile pour le névrosé, car « l'homme angoissé n'ose bouger — ni son corps ni sa pensée, comme l'homme dans un bain sentirait le froid s'il remuait dans l'eau. Celui-là sentirait sa peur. Le mouvement rend la sensibilité plus vive » (P. Valery). La « mise en mouvement » caractérise l'activité d'apprentissage grâce à laquelle l'homme multiplie ses relations conditionnelles (défixation) et change ses réactions d'évaluation (polysémantisme) face aux excitants.

Un homme qui apprend adapte, avec une plasticité qualitative et quantitative, sa réactivité conditionnelle. L'activation psychothérapique cherche à dépasser la paralysie d'apprentissage qui empêche le névrosé de se libérer de la contrainte de ses symptômes végétatifs (angoisse) et moteurs (défenses). *Son objectif concret est la stimulation de la capacité d'apprentissage* (défixation — polysémantisme) *d'une façon rapide* (brièveté) et *suffisante* (autonomie).

I. LA STIMULATION DE LA CAPACITÉ D'APPRENTISSAGE

Le psychothérapeute activateur se propose d'aider le névrosé à reprendre une conduite d'apprentissage qui s'exprime par deux aspects prévalents : la défixation et le polysémantisme. La défixation est l'aspect moteur de l'activation ou du processus déclenché par l'activation. Le polysémantisme est l'aspect directionnel ou sémantique du même processus. L'activation n'est pas un mouvement anarchique. Elle possède une direction et un sens déterminés. Elle est fonctionnelle. Mouvement (défixation) et direction (polysémantisme) sont deux aspects complémentaires.

a) *Défixation*

Woodworth déclare que le mot : « activer » signifie, étymologiquement, « rendre actif » ou « augmenter la capacité de réagir ». Si la rigidité et la dépression caractérisent la conduite du névrosé et s'accompagnent d'un déficit d'apprentissage évident, la psychothérapie activatrice doit provoquer la variabilité et l'excitation de la réactivité normale pour faciliter le retour à une activité d'apprentissage suffisante.

Une métaphore va nous aider. Le névrosé est, quelquefois, comme un bateau ancré et fixé dans un port. Il n'a pas la force nécessaire de naviguer, car les chaudières sont éteintes, et il manque de guide car le capitaine est un alcoolique. On doit aider le bateau pour le faire démarrer. Après un entraînement prudent, dans les limites du port, il peut sortir pour naviguer librement en haute mer. Son destin futur est inconnu et ne nous concerne pas directement. Il peut atteindre des ports lointains, sombrer dans l'océan ou retourner à notre port pour une nouvelle réparation. Dans d'autres cas, le bateau se trouve à la dérive en plein océan, presque un bateau fantôme. On doit le guider au port et l'ancrer pour le réparer et le mettre en bonnes conditions de navigation. Un bateau « normal » navigue un certain temps, entre dans un port, jette son ancre, reste quelques jours et repart. Un bateau « malade » navigue tout le temps (il ne se fixe pas) ou reste ancré pour toujours dans un port quelconque. Le bateau fantôme n'est pas capable de se fixer; le bateau immobilisé n'est pas capable de naviguer. Ils sont « malades ».

Les opérations fondamentales de l'activation sont le « démarrage » et « l'ancrage », selon les cas et les circonstances, c'est-à-dire les opérations nécessaires pour provoquer un changement effectif de la situation (défixation). La mobilisation et l'immobilisation sont décisives. L'une comme l'autre peuvent exprimer le processus d'activation. Le psychothérapeute activateur cherche à produire ce qui est juste dans chaque cas. Il possède un port accueillant et bien équipé pour aider aux opérations décrites. Le port est le lieu où se produit — normalement — la fin et le commencement de tout mouvement maritime. C'est aussi le lieu symbolique de l'activation avec la même signification fonctionnelle : carrefour de chemins possibles où se produit la variation, c'est-à-dire, la défixation.

L'activation ne consiste pas à signaler pour l'individu la possibilité d'un autre rôle. Si un sujet hyperrationaliste exprime son côté émotif et sensible et se fixe dans son nouveau rôle, oubliant les vertus de la raison, il devient aussi névrosé qu'auparavant. L'adaptation exige de changer selon les circonstances. On s'éveille par une opposition rythmique : la dialectique des opposés.

Pratiquer l'alternance imagogique est une idée géniale (Desoille, Guillerey). Avec elle on peut arriver à cette concordance harmonieuse des voix opposées qui caractérise le contrepoint musical. Mais l'alternance est une abstraction. Il s'agit toujours de conduites alternatives concrètes, sur lesquelles repose l'apprentissage. C'est par une activité d'apprentissage que nous — anges déchus ou animaux rationnels — pouvons surmonter, inlassablement, l'opposition originelle que tout homme ressent.

Si nous stimulons le névrosé, ce n'est pas uniquement pour remplacer un sentiment « inférieur » par un sentiment « supérieur » ou une conduite « négative » par une conduite « positive », mais pour éveiller en lui activement la présence de la dualité ou de l'ambiguïté existentielles et sa capacité d'apprendre à l'utiliser à son profit en la transcendant sur un plan de plus haute tension (Janet). Le névrosé devient ainsi capable d'utiliser ce qu'auparavant il ne pouvait que souffrir ou supporter. L'activation psychothérapique transforme le « pathos » en « ethos ». Elle vise, uniquement, à déclencher la transformation.

La métaphore du bateau nous permet de comprendre aussi un autre aspect important de l'activation psychothérapique. Le passé lointain du bateau et son futur final ne sont pas, en général, l'affaire directe et immédiate du psychothérapeute. Celui-ci doit stimuler, actuellement, la capacité du bateau à naviguer au large ou à se reposer au port. L'activateur travaille dans le présent et doit éviter au malade toute confusion sur ce point. Le déficit d'apprentissage qui unilatéralise, sclérose et prolonge l'état névrotique est actuel et fonctionne « hic et nunc ».

Le névrosé néglige et même refuse, angoissé, la lourde responsabilité d'assumer *les antinomies existentielles* et de faire jouer *les alternatives créatrices* entre les termes opposés, situation qui le mène progressivement vers la « psycho-sclérose » et l'irruption irrationnelle de l'aspect alternatif négligé (symptômes). L'activation psychothérapique doit, alors, stimuler le névrosé à la réalisation de conduites alternatives, de plus en plus courageuses et responsables. Il apprend, par ce moyen, à éprouver, d'une façon expérimentale, les antinomies de la spatialité horizontale et verticale, de l'identité et de l'altérité, de la direction relationnelle et de la temporalité. Il élargit ainsi progressivement son monde de possibilités complémentaires et se trouve en condition de dialectiser les opposés et de produire des tensions créatrices. Si les cordes du violon ne sont pas tendues la mélodie ne se produit pas, — dit justement Keyserling.

Un exemple clinique va montrer clairement certains de ces aspects. Il s'agit d'un jeune homme de 20 ans, étudiant en 2e année de Médecine qui souffre d'une névrose d'angoisse avec phobies et obsessions : il craint, toutes les nuits, au moment de se coucher, qu'un assassin inconnu ne soit caché dans sa chambre, — sous le lit ou dans l'armoire — prêt à le tuer pendant son sommeil. Il fouille soigneusement la chambre, plusieurs fois, sans pouvoir chasser son angoisse. Il a aussi de grosses difficultés dans le cours d'anatomie pratique car la vision et la manipulation des cadavres lui est insupportable. Les cadavres sont, pour lui, l'anti-amour et lui rappellent le caractère transitoire de tout ce qui existe.

Il se trouve en psychothérapie individuelle à raison d'une séance hebdomadaire. A la 24e séance nous faisons avec lui « un rêve éveillé dirigé » suivant la technique de Desoille, lui proposant l'image suivante pour commencer l'imagogie : « Vous êtes couché dans votre lit, pendant la nuit. Vous entendez un bruit. Quelqu'un est caché dans votre chambre. » Il accepte la situation imagogique proposée et se trouve ainsi couché dans son lit, au milieu de la nuit. Il entend un bruit et sait qu'un homme se trouve là; il entend ses pas et distingue sa figure quand il passe devant la légère clarté qui filtre à travers la fenêtre. Il se replie rapidement en un coin de la chambre dans une attitude d'anxiété. Il éclaire la scène et voit l'homme dans le coin opposé de la chambre qui lui tourne le dos et semble occupé à manipuler quelque chose. Il l'immobilise à notre demande, avec un anneau magique, et le fait tourner pour le regarder en face : cheveux ébouriffés, yeux de dément, chemise déchirée, stature normale, avec un revolver à la main. Il lui enlève son revolver et lui rend son autonomie. Il lui demande fermement les motifs de sa présence dans sa chambre. « Je veux te tuer », lui répond-il. Il ne peut alors dominer sa rage, le frappe violemment de coups de Karaté (depuis 4 mois il s'entraîne à cette technique à notre demande). Puis, il commence avec l'homme, à notre demande, une ascension dans l'espace à travers le toit ouvert. Là-haut, l'homme lui dit qu'il existe une organisation pour le tuer. Comme l'homme ne veut pas l'y conduire, il l'y oblige. La réunion de l'organisation se fait dans une grande maison sombre, entourée d'un jardin avec une végétation pourrie qui intoxique l'air. Il regarde à travers une fenêtre et distingue plusieurs gangsters qui délibèrent autour d'une table. Il ligote fortement l'homme qu'il mène et s'approche, avec décision, du groupe d'assassins sans être vu. Il écoute la conversation et remarque des noms collés au mur d'en face. Apercevant son propre nom de condamné il ne peut plus se contrôler et se lance à l'attaque du groupe. Il les tue tous. En sortant, il tue aussi l'assassin ligoté et met le feu à la maison. De retour chez lui il s'approche de la glace et contemple, profondément bouleversé, son propre visage... cheveux ébouriffés, yeux de dément... « L'assassin c'est moi ! ».

Tout le « rêve éveillé dirigé » a été déclenché par une situation imagogique proposée par le psychothérapeute qui est, au commencement, une reproduction d'une situation habituelle du sujet, mais qui, peu après, dépasse la réalité de tous les jours, en déterminant la présence de l'assassin. Les conduites alternatives sont induites et stimulées par le psychothérapeute, dans une première étape, car le sujet n'a jamais eu le courage de les produire et les affronter tout seul. Plus tard, l'action dramatique est totalement spontanée. Les confrontations alternatives se réalisent, d'abord, sur un plan spatial horizontal et le mouvement de l'assassin est l'équivalent de « *tourner autour* » de lui (antinomie : partie — totalité). Ce qui était un danger inconnu, caché et très angoissant devient une figure visible et concrète qui s'enrichit, successivement de nouvelles discriminations dues aux conduites alternatives. La figure de l'assassin s'individualise de plus en plus. Grâce à cette confrontation alternative dramatique le malade découvre le visage concret de l'assassin, peut agir et dialoguer avec lui (dialectique existentielle). Les conduites alternatives de la verticalité ascensionnelle facilitent la découverte d'une organisation qui est au-delà de l'assassin. Celui-ci dit la vérité quand il se trouve en haut, emmené par notre sujet (antinomie : le bas — le haut). L'apparition, presque totalement spontanée, de conduites alternatives directionnelles exprime la capacité du sujet de réagir d'une façon active et violente en contraste évident avec ses réactions passives habituelles (antinomie : passivité — activité).

Les exercices de Karaté, pratiqués au préalable par le sujet, facilitèrent, sans aucun doute, la réalisation de ces conduites alternatives actives. Ces exercices appris par notre sujet, dans les mois antérieurs à la séance et parallèlement à la psychothérapie, ont été liés, pendant la séance et d'une façon conditionnelle, à l'excitant aversif, avec succès. Ils lui donnèrent des possibilités de réagir plus activement avec moins d'angoisse (inhibition réciproque de l'angoisse, Wolpe).

L'adoption d'une conduite active répétée, dans le « rêve éveillé dirigé », débouche, finalement, sur la vision de la glace qui représente le sommet de toute la situation imagogique car il devient capable d'assumer activement le fait brutal et décisif final : « L'assassin c'est moi ».

De victime passive, persécutée et traquée tous les jours dans sa chambre, il s'est transformé en agent actif qui prend l'initiative de l'agression mortelle. La mutation visible a eu lieu à la 24e séance de thérapie, quand le névrosé, plus sûr de soi-même et avec plus de courage, se trouve capable d'accepter le « Meurs et deviens », proposé par la psychothérapie activatrice.

Les conduites alternatives temporelles n'existent pas dans cet exemple clinique. Le fait montre, clairement, qu'on peut obtenir des résultats significatifs sans faire intervenir les traumatismes psychiques du passé. Les conduites alternatives, induites d'abord et spontanées après, sont le chemin vers la défixation totale et la transformation personnelle. Elles sont, aussi, le témoignage fidèle d'une capacité d'apprentissage « en mouvement » qui détermine le dépassement de l'état névrotique.

b) *Polysémantisme*

L'activation psychothérapique n'est pas un mouvement anarchique. Elle est une mobilisation avec une direction et un sens, c'est-à-dire *une mobilisation vectorielle.*

Le névrosé manifeste une unilatéralité et une rigidité sémantiques. Il prend toujours dans un sens fixe la relation qui le lie à l'excitant primaire ou secondaire, déterminant de sa névrose. Cet excitant est, pour lui, négatif ou aversif, d'une façon constante, c'est-à-dire que sa présentation déprime ou affaiblit la réactivité du sujet, qui l'éprouve subjectivement comme un danger vital.

A l'unilatéralité sémantique du névrosé l'activation psychothérapique oppose le polysémantisme. Elle se propose de *restituer à l'excitant direct ou symbolique sa valeur polyvalente* et de faire comprendre au névrosé que toute signification déterminée est relative à un contexte de références personnelles et temporo-spatiales. De ce point de vue, la tâche d'un psychothérapeute activateur est de retrouver chez le patient la bonne gymnastique des significations.

La signification est un concept qui exige une définition à différents niveaux d'abstraction. A un niveau d'abstraction inférieur, la signification est une conduite évaluative qui exprime la réaction individuelle face à l'excitant. A un niveau d'abstraction plus élevé la signification est un terme d'évaluation relativement indépendant de l'excitant primaire. La signification est ici facilement interchangeable quoique plus éloignée de l'éprouvé ou du vécu subjectif.

Dans l'exemple clinique du névrosé phobique, nous avons

vu l'importance des conduites sémantiques alternatives déclenchées par le dynamisme significatif et non verbal des conduites imagogiques. On voit bien, dans ce cas, que la transformation sémantique (on pourrait même dire : l'inversion) a eu lieu après une succession de conduites alternatives dramatiques. Le sujet est passé de persécuté à persécuteur, de réceptif à actif et de timide à agressif, lors de plusieurs confrontations actives réussies.

L'évaluation de l'excitant faite par le sujet au début était franchement négative et passive (assassin caché prêt à le tuer), mais elle devient, progressivement active et finit par une attitude positive maximale, quand le sujet assume dramatiquement sa propre agressivité.

Les techniques imagogiques (Desoille, Jung, etc.) nous permettent de bien comprendre l'importance des conduites alternatives actives qui transforment l'unilatéralité et la rigidité sémantiques du névrosé en un polysémantisme riche et flexible. Dans d'autres cas, de nouvelles évaluations de l'excitant sont produites par l'utilisation des termes sémantiques qui introduisent des significations différentes et, quelquefois, contrastantes avec celles du sujet. Le psychothérapeute utilise, alors, le phénomène même perçu par le malade (rêve, symptôme, situation, etc.) mais d'un autre point de vue et avec une direction sémantique différente. Un exemple, simple et clair, nous montre l'intérêt qu'on doit porter à ces moyens de changement sémantique des symptômes.

Il s'agit d'un homme de 51 ans qui souffre, depuis quelques mois, de crises irrationnelles d'émotivité : il pleure devant n'importe qui (clients, étrangers, etc.), à n'importe quel moment, pour des motifs superflus. Jamais auparavant il n'avait eu un déséquilibre aussi notable. L'analyse biographique minutieuse ne découvre aucun traumatisme psychique précis. Les traitements tranquillisants ont échoué. Un jour, nous comprenons, subitement, que nous avons été victime d'une certaine inertie mentale à son égard. Le malade pense que ses crises d'émotivité doivent être éliminées car il ne perçoit que leur aspect négatif évident : l'invalidité sociale résultante. Il vient demander au médecin « l'extirpation » radicale d'une symptomatologie franchement pénible. Nous avons été naïfs et nous avons accepté, d'emblée, son point de vue, sans critique. Nous décidons de concentrer le travail sur l'aspect sémantique et d'essayer de changer pour le malade la signification de sa maladie. Un examen dirigé sur son passé personnel révèle qu'il avait été un homme apparemment froid et rationaliste excluant de sa vie tout aspect sentimental et affectif. Il a traité toujours ses émotions « manu militari », en homme contrôlé et sûr de soi.

Nous lui expliquons qu'il a vécu sans rendre justice à une partie très importante de sa personnalité. Il doit accepter maintenant une émotivité ignorée et oubliée. Il ne s'agit plus de lutter contre elle ni d'apprendre à la « liquider », mais, tout au contraire, de l'assumer et d'apprendre de sa névrose la modification de l'attitude personnelle qui puisse intégrer l'aspect sentimental mis de côté. Il lui faut essayer de comprendre la fonction de ses symptômes. A ce moment, il se souvient d'une situation vécue récemment. Un de ses clients, spectateur involontaire d'une de ses crises de larmes, lui avait dit avant de partir « Vous êtes un autre homme, je vous vois bien changé, comptez sur moi maintenant non seulement comme client mais aussi comme ami. » L'altérité négligée, présente dans sa névrose, commençait à agir à travers ses symptômes. Nous lui avons donné avec succès une explication directe qui stimule une nouvelle évaluation positive et une sorte de courage, d'assurance.

La transformation de la signification de la maladie est, fréquemment, décisive et détermine ces points de charnière où le névrosé activé change de direction. La mutation vectorielle témoigne de la possibilité d'un changement de l'attitude personnelle du névrosé, habituellement fausse car rigide et monotone. L'absence totale de possibilités de transformation sémantique de la maladie est inconcevable. Si le névrosé vient consulter c'est parce qu'il a l'espoir, plus ou moins conscient et ambivalent, de pouvoir changer.

c) *La capacité d'apprendre à modifier une relation conditionnelle*

La capacité d'apprendre à modifier une relation conditionnelle peut se réduire à trois possibilités, liées aux trois membres de la relation : l'excitant, le sujet et la relation même. Le sujet apprend à modifier l'excitant : confrontation; il apprend à modifier la relation : fuite ou évitement ou il apprend de l'excitant la modification nécessaire de l'attitude personnelle : utilisation. Un sujet normal affronte, fuit, évite ou utilise. Il peut changer la direction du mouvement d'apprentissage pour obtenir une meilleure adaptation. Un névrosé ne peut pas employer, d'une façon souple, toutes ces possibilités de transformation qui restent latentes car il est unilatéral, rigide et fixé à une relation univoque dominante. Il ne peut pas changer la direction de sa relation conditionnelle avec l'excitant qui est perçu et vécu, uniquement, comme aversif et pour toujours. Un névrosé activé retrouve les possibilités d'un polysémantisme à trois directions fondamentales : confrontation, fuite, utilisation.

La modification de l'excitant exige beaucoup d'assurance et de courage car elle implique, en général, jugement et action sur l'excitant, et peut conduire même à son élimination. La modification de la relation laisse pour plus tard un problème et constitue, en général, un procédé d'efficacité transitoire. La modification de l'attitude personnelle est pénible car elle devient, presque toujours, une décision éthique qui violente l'amour-propre et l'égocentrisme.

Le névrosé sollicite, en général, une aide compétente. Ce fait explique *l'existence d'une première étape d'induction et de direction médicales, dans presque toutes les formes de psychothérapie*. Le mouvement de défixation trouve alors trois directions possibles et devient un mouvement vectoriel.

La simple mobilisation peut devenir nuisible si elle ne

repose pas sur une direction déterminée. Le psychothérapeute doit bien choisir la direction du mouvement. S'il exige une confrontation ou une utilisation qui déborde la capacité actuelle du malade, celui-ci peut devenir plus névrosé qu'avant.

Voilà une des limitations de l'activation : la tolérance du sujet face à une action qui sera forte car elle se veut brève. La confrontation exige de se mettre face (frons : front) à l'excitant aversif, primaire ou symbolique, pendant un certain temps. Le malade, sans guide, tourne le dos spontanément à son problème et cache sa tête dans le sable pour ne pas le voir. Si la politique de l'autruche appliquée par le malade n'est pas à conseiller, celle du héros, souhaitée par le psychothérapeute, peut être intolérable. Le jeune névrosé phobique de l'exemple cité n'a pu tolérer une confrontation directe avec l'assassin caché avant la 24e séance. Nous avons des exemples où une confrontation prématurée ou très révélatrice déclencha une réaction d'inhibition avec éloignement, transitoire ou définitif, du traitement. Le malade a besoin d'un certain temps pour « digérer » les vécus de la confrontation.

L'utilisation exige de son côté un changement quelquefois si radical de l'attitude éthique que le malade est incapable de faire, en général, cette mutation instantanée.

Dans le cas de l'homme de 51 ans, nous avons réussi un changement sémantique, en relation avec les symptômes, après avoir essayé, sans résultat, de « liquider » l'émotivité avec des anxiolytiques. Pendant ce temps apparemment perdu, le malade et le psychothérapeute se sont préparés pour une activation décisive. Ni l'un ni l'autre n'étaient mûrs, dans la première séance, pour l'engagement correspondant. Pour la confrontation et l'utilisation il faut choisir le bon moment et savoir les déclencher à un degré qui tienne compte de la tolérance du sujet.

d) *La stimulation de la capacité d'apprendre*

Ce type d'orientation sémantique du mouvement d'activation est d'une très grande importance en psychothérapie mais, curieusement, il est souvent négligé.

Le motif le plus clair de l'oubli fréquent de cette modalité se trouve dans le fait suivant : apprendre des symptômes ou de la maladie suppose une valorisation positive de celle-ci qui contraste avec la vision négative de l'âme humaine, dérivée de la psychanalyse freudienne.

Il y a, d'autre part, des résistances d'ordre affectif. Le « message » de la maladie nous signale une altérité négligée à intégrer à la personnalité. Ceci exige un changement quelquefois radical, éprouvé comme pénible. Accepter une affectivité riche n'est pas facile pour un homme qui a été toute sa vie un rationaliste à outrance.

Nous devons, ici encore, à C. G. Jung des pages lumineuses :
« ...les tendances curatives du système malade sont incluses dans les manifestations pathologiques... » « Ce que le malade doit apprendre, ce n'est pas comment on se débarrasse d'une névrose, mais comment on l'assume et la supporte. Car la maladie n'est pas un fardeau superflu et vide de sens, elle est nous-mêmes, nous-mêmes en tant que « l'autre » qu'on cherche à évincer, par exemple par désir infantile de commodité, ou par peur, ou pour tout autre motif ». « On ne doit pas chercher à annihiler une névrose; on doit s'efforcer d'apprendre ce à quoi elle vise, ce qu'elle enseigne, sa signification et son but... Une névrose n'est réellement « réduite » que lorsque l'évolution thérapeutique a liquidé la fausse attitude du Moi. Ce n'est pas la névrose qu'il s'agit de guérir, c'est elle qui nous guérit. Lorsque l'homme est malade, la maladie représente la tentative de la nature de le guérir. »

P. Sivadon a insisté sur l'importance de l'éprouvé émotionnel et, surtout, de la réaction de l'organisme à cet éprouvé. Si l'éprouvé a signification de danger, la solution active correspondante, décharge complète, est impossible. Pour des raisons multiples, cet éprouvé devient un véritable corps étranger psychosomatique rapprochant les troubles mentaux d'un phénomène de sensibilisation. On peut distinguer, d'une part, l'incapacité de l'organisme à intégrer un éprouvé émotionnel dangereux, et d'autre part la réaction d'autodéfense face à l'hétérogénéité du vécu.

Le trouble mental indique et répète toujours dans le présent la situation dangereuse inintégrée. Les symptômes imposent au malade une confrontation symbolique avec l'excitant hétérogène, à des doses tolérables. La maladie mentale possède alors une signification positive qui oriente même l'effort thérapeutique. La notion de *désensibilisation psychique par manipulation symbolique* (imagogique, ludique, psychodramatique, etc.) *en milieu sécurisant* (relation thérapique, sommeil, relaxation, etc.) est d'une importance capitale et d'une efficacité vérifiée (Sivadon, Wolpe, etc.). Il s'agit aussi de « rétablir, par des méthodes de rééducation, des circuits fonctionnels permettant un comportement aussi autonome que possible » (Sivadon).

Toute névrose représente une tentative de réintroduire dans la vie du sujet la dualité antinomique qui, seule, mène à la totalité. Si la psyché humaine fonctionne comme un système d'autorégulation, les membres de l'antinomie que le névrosé a voulu amputer, ingénument, seront réintroduits dans sa vie (symptômes) par un mécanisme de compensation régulatrice. Il s'agit de trouver chez chaque malade, l'antinomie axiale qu'il ignore et qui le détermine d'une façon névrotique.

L'analyse existentielle de L. Binswanger cherche la description phénoménologique des « directions existentielles » où chaque malade se déplace, sans le savoir. Dans le cas d'Ellen West, par exemple, les éléments antagoniques révélés par une analyse de l'existence sont l'air et la terre (la lumière et les ombres) qui symbolisent l'élévation et la dépression.

Nous avons essayé de schématiser, d'une façon plus rationnelle, les antinomies que l'expérience clinique nous indique comme les plus fréquentes. Les dimensions existentielles spatiales, horizontales et verticales, celles de l'identité, de la multiplicité et du sens directionnel, les dimensions existentielles temporelles et celle fondamentale où toutes les autres se rencontrent, partie-totalité, sont parmi les plus importantes. Ce schéma ne prétend pas épuiser le thème ni sa richesse phénoménologique. Il est simplement le résultat de l'expérience clinique, tentative pédagogique que nous croyons justifiée d'un point de vue pratique. Certaines directions induites par l'activation psychothérapique reposent sur la connaissance de la situation et la dynamique des antinomies.

Ce sont les conduites alternatives renforcées (spatiales, directionnelles, temporelles, etc.) qui permettent d'élargir le monde unilatéral et figé du névrosé (défixation sémantique) et reconquérir, inlassablement, la totalité souhaitée. Le psychothérapeute activateur essaye de discerner, le plus rapidement possible et par divers moyens cliniques et expérimentaux, la ou les antinomies qui jouent dans le cas concret. Les symptômes, les rêves nocturnes et les rêveries diurnes, les tests psychologiques, les imagogies dirigées, les conduites réelles, etc. sont les matériaux analysés dans ce but. Quand le clinicien a bien compris les éléments antagonistes ou opposés il peut commencer une action thérapeutique plus décisive.

Si le névrosé méconnaît la valeur instrumentale de sa maladie ou de ses symptômes, il s'agit de la lui faire apprendre en lui révélant l'efficacité vivante des antinomies existentielles qu'elle cache.

Une dialectique des opposés, menée prudemment à plusieurs niveaux, en stimulant la capacité d'apprentissage du malade, est la formule de base.

II. LA RAPIDITÉ (BRIÈVETÉ)

Le premier aspect des objectifs de l'activation psychothérapique est la stimulation de la capacité d'apprentissage du névrosé. Le deuxième est la rapidité (brièveté) avec laquelle on doit procéder. Le psychothérapeute activateur se propose d'aider le névrosé à reprendre une conduite d'apprentissage le plus rapidement possible. Ceci signifie : penser et agir, médecin et malade, en fonction d'un principe de rapidité ou de brièveté de la cure.

Nous pouvons citer ici quelques phrases très précises d'Alexander : « C'est une erreur de commencer la cure en disant au malade qu'il doit faire abstraction du temps, comme pour l'inciter à prolonger celle-ci. Nous devons lui dire, tout au contraire, que nous voulons accélérer le traitement le plus possible. Naturellement nous ne sommes pas des magiciens mais nous prétendons raccourcir la cure. Il est possible qu'elle se prolonge au-delà de nos prévisions mais nous nous efforçons de la rendre plus courte. »

Freud, lui-même, a dit : « Il n'y a aucun doute que le raccourcissement de la durée du traitement psychanalytique est souhaitable ». Il n'a pas hésité, non plus, à utiliser dans des cas déterminés et avec succès ce « moyen héroïque de fixer une limite de temps pour l'analyse ». La grande majorité des psychanalystes orthodoxes, appliquent dogmatiquement des principes qui les éloignent de l'activation psychothérapique avec ce résultat connu, les cures analytiques durent des années. La psychothérapie activatrice, tout au contraire, cherche, dès le commencement, une stimulation rapide.

III. L'AUTONOMIE

Le psychothérapeute activateur ne doit jamais oublier qu'il se propose uniquement, un changement effectif de la situation actuelle du névrosé, briser l'unilatéralité et la rigidité de son comportement.

Il s'agit, en suivant la métaphore du bateau, d'améliorer les conditions de navigation de celui-ci en déclenchant un changement, pendant sa présence dans le port. Le bateau, plus tard, devient autonome, navigue en haute mer et éprouve tout seul les alternatives « vitales » de son comportement libre. L'activation psychothérapique se pose un objectif limité mais concret : « déclencher un changement renforcé et renforçateur, c'est-à-dire un changement inducteur de changement » (Kubie). « Il est vrai que tout changement peut être transitoire, limité, météorique, mais on ne doit pas oublier que là se trouve la mesure de l'efficacité et non dans la durée du traitement ». (Masserman)

La limite temporelle d'action activatrice est mesurée par le malade et le psychothérapeute. Si le névrosé, après un certain temps d'activation psychothérapique et avec un niveau de tension mentale plus élevé (Janet), éprouve le besoin et le désir d'expérimenter tout seul sa capacité d'apprentissage ou s'il veut jouir de sa liberté pour prendre des initiatives et assumer ses responsabilités, il est souhaitable qu'il le fasse car il réalise l'objectif cherché par l'activation. Si le névrosé revient au psychothérapeute, après une période d'autonomie, pour solliciter une nouvelle collaboration thérapeutique, on doit l'accepter et l'aider, sur la base de l'expérience positive acquise dans l'intervalle. Mais alors, le malade est-il guéri ? Pour répondre à cette question il faut savoir ce que c'est que la guérison.

Pour les behavioristes la guérison est l'élimination des symptômes, définition précise mais limitée. Pour les psychanalystes la guérison est l'élimination de la maladie névrotique, définition moins mécaniste mais plus obscure. Nous ne croyons pas à une maladie sous-jacente car on « ne peut pas imaginer la personnalité comme quelque chose de différent de ce que fait une personne » (Masserman). Et nous trouvons un peu étroite et rigide la formule behavioriste qui repose uniquement sur les éléments pathologiques (symptômes) et ignore le « reste sain », le fond derrière la forme qui cependant est la base de la récupération. La psychothérapie activatrice ne se propose pas directement « la guérison des symptômes » (moteurs et végétatifs) (behaviour therapy) ni la « guérison de la névrose » (psychanalyse). Elle veut aider le malade à reprendre une conduite d'apprentissage, d'une façon rapide et suffisante.

Ceci dit, nous devons reconnaître que, quelquefois, l'intensité des symptômes (de l'angoisse surtout) est si grande qu'elle fige et empêche le malade de changer et d'essayer de nouveaux schèmes réactifs.

Dans ces cas la réduction symptomatique préalable produit un soulagement et peut libérer suffisamment le malade de la contrainte angoissante, en le conduisant plus facilement à l'activité d'apprentissage. La réduction symptomatique ainsi envisagée est une technique limitée, parmi beaucoup d'autres, que le psychothérapeute activateur utilise, dans certains cas précis et à un certain moment de la thérapie, pour aboutir à l'induction active de l'apprentissage.

Nous ne devons pas exagérer, non plus, l'importance d'autres méthodes comme l'interprétation. De ce point de vue, nous pouvons dire, en paraphrasant Marx, « qu'il ne s'agit pas seulement d'interpréter les faits du malade, mais de le changer ». La connaissance de la personnalité est recherchée si elle est utile pour la modification du comportement.

Nous ne devons pas oublier que la notion d'autonomie, malgré sa clarté, est relative, comme toute notion de valeur bipolaire, quand à sa signification positive ou négative, au cas en question et à la phase évolutive dans chaque cas. Dans certains cas l'autonomie est un objectif positif cherché par le psychothérapeute pour en finir avec le cramponnement névrotique. Mais dans d'autres cas l'autonomie est une valeur négative comme dans les cas des psychopathes instables. Dans ces cas on doit stimuler la dépendance et la liaison affective pour permettre la structuration de la personnalité.

La notion d'autonomie peut changer totalement de signification selon les différents moments de l'évolution thérapeutique. On accepte la dépendance dans une névrose d'abandon, au début. Plus tard, on cherche la libération. Malgré cette relativité, le sentiment d'autonomie conserve une importance certaine parmi les grands sentiments de la phénoménologie clinique.

L'obtention d'un degré suffisant d'autonomie du malade, face au thérapeute et en relation avec les symptômes, est un objectif précis de l'activation psychothérapique. Il est pleinement justifié par des faits cliniques qui montrent l'existence d'une variété de cas différents d'activation, en fonction du degré d'autonomie vécue et acceptée. Il suffit, quelquefois, de déclencher le mouvement de défixation et le névrosé se trouve satisfait avec une « dose minime » de changement. « J'ai appris à vivre avec ma maladie » nous dit une malade. Faut-il être plus royaliste que le roi et poursuivre la psychothérapie au-delà de la volonté du malade, pour atteindre la « guérison » complète ?

Il y a aussi des névrosés qui continuent la psychothérapie jusqu'à élimination des symptômes. Ils se trouvent alors libérés. On trouve aussi des sujets qui s'engagent dans une longue « cure » ou une exploration « profonde », pendant des années, au-delà de la symptomatologie. Si le sujet, après l'activation, décide librement de continuer l'exploration de son monde intérieur avec son thérapeute ou un autre guide, il peut le faire de bon droit. C'est une autre tâche, qui n'est pas recherchée par tout le monde et qu'on ne doit pas élever au rang d'objectif général, dès le début de toute action psychothérapique. L'activation ouvre la porte à de nouveaux chemins individuels, parmi lesquels se trouve celui de la connaissance de soi.

On peut concevoir, alors, l'activation psychothérapique comme une démarche initiale, nécessaire et plutôt brève qui, chez certains sujets, peut être suivie d'une exploration systématique du monde intérieur ayant pour but « l'individuation ». Mais commencer un traitement par une psychothérapie « profonde », longue et méthodique, ne tient pas compte du fait que « chaque malade ne poussera pas les choses jusqu'aux questions de principe » (Jung).

Voilà pourquoi *l'activation psychothérapique est une méthode réaliste qui vise un objectif concret et actuel jusqu'à l'obtention d'un degré suffisant d'autonomie.* Face à l'activation la notion de guérison oscille, quant à sa signification, entre le pôle mécaniciste et le pôle magique. Si on l'utilise avec toute sa multiplicité sémantique il devient trop général et peu précis (psychanalyse). Si on lui assigne une seule signification on réduit, dangereusement, sa richesse interne et son polysémantisme (behaviour therapy).

CHAPITRE IX

LES PRINCIPES D'APPLICATION DE L'ACTIVATION PSYCHOTHÉRAPIQUE

Pour appliquer, avec efficacité, la notion d'activation en psychothérapie il faut tenir compte des deux types d'abord, phénoménologique et rationnel. Il s'agit de comprendre qu'ils sont complémentaires. Si, par la suite, nous développons un système formel et logique pour bien comprendre l'application des lois du comportement, cela ne signifie pas l'oubli de l'intérêt pour un abord phénoménologique. Les deux points de vue ne sont pas contradictoires mais se complètent et mènent ainsi à une psychothérapie activatrice souple et efficace, qui profite des avantages doubles de l'intuition et de la raison.

L'activation psychothérapique exige intuition et appréhension phénoménologique sur la base d'une structure rationnelle qui lui sert de point d'appui et d'élaboration. L'importance que nous donnons, dans ce chapitre, à l'exposition du système rationnel et expérimental, se fond à une importance équivalente de l'approximation clinique-phénoménologique.

I. LA THÉORIE FORMELLE DE HULL

Nous avons choisi dans ce travail de nous appuyer sur la théorie formelle de Hull. Cette méthodologie scientifique utilise trois types de variables : les variables dépendantes, les indépendantes et les intermédiaires (« intervening variables » ou « hypothetical constructs »). Les premières sont — dans notre cas — *les aspects observables et contrôlables du comportement*. Les deuxièmes sont les *événements directement contrôlables par l'expérimentateur* (privation dosée, stimulation, etc.). Les troisièmes sont des *constructions théoriques* qui interviennent comme des anneaux intermédiaires de la chaîne causale entre les variables indépendantes et les dépendantes. Les différents types de variables sont reliés et constituent un système formel avec lequel on peut prédire les variables du comportement lors des modifications induites des variables indépendantes.

La formule la plus générale dans la théorie de Hull est la suivante :

$$ {}_{S}E_{R} = {}_{S}H_{R} \times D \text{ (postulat n° VIII)} $$

E exprime le potentiel excitatif, excitabilité, ou potentiel de réaction (« Réaction Potential »), c'est-à-dire la possibilité de réagir à un stimulus donné à un moment donné. H exprime la « capacité apprise » ou la « force de l'habitude » (« Habit strength ») c'est-à-dire la force des liaisons S — R. Le système de Hull admet que toute réponse est une réaction à un stimulus donné. Dans toute conduite il y a des connexions S — R et tout processus d'apprentissage mène à la formation et consolidation de ces connexions. D exprime la motivation primaire (« drive »), nécessité, émotion. Il est clair que la réactivité est une fonction multiplicative de l'habitude ($_{S}H_{R}$) et de la motivation (D). Dans notre métaphore du bateau, celui-ci a besoin pour naviguer de la présence d'un capitaine, là-haut ($_{S}H_{R}$) et de la pression des chaudières, en bas, pour avoir la force de propulsion ou motivation suffisante (D).

L'équation complète du postulat VIII qui détermine le potentiel de réaction est la suivante :

$$_{S}E_{R} = {_{S}H_{R}} \times D \times K \times V$$

Les deux variables nouvelles, introduites dans la formule, sont K et V. K est la « motivation incitatrice ou secondaire », ou récompense, différente de D (« motivation primaire »). V est le « dynamisme de l'intensité de la stimulation ».

Toutes ces variables sont des variables intermédiaires qui ne sont pas observables directement mais qu'on peut contrôler en manipulant les variables indépendantes. Ces dernières se caractérisent par les opérations expérimentales qui produisent les variables intermédiaires. Pour $_{S}H_{R}$ c'est la pratique de renforcement (surtout le nombre de renforcements). Pour D c'est la privation d'un besoin et la stimulation douloureuse. Pour K c'est la grandeur de la récompense ou ampleur du renforcement. Pour V c'est l'intensité du stimulus.

Si nous modifions $_{S}H_{R}$, D, K et V (variables intermédiaires) par des opérations spécifiques pour chacune d'elles, nous déterminons la modification $_{S}E_{R}$ (variable intermédiaire) qui s'exprime dans les variables dépendantes, aspects observables et mesurables du comportement.

Hull distingue trois variables dépendantes en relation avec le potentiel de réaction ou réactivité ($_{S}E_{R}$). 1) La rapidité de la réponse ou latence de la réaction ($_{S}t_{R}$). Si $_{S}E_{R}$ est élevé, la valeur de $_{S}t_{R}$ est basse (Postulat XIV). 2) L'ampleur de la réponse (A) (Postulat XV). 3) Le nombre de réponses massives (n) non renforcées, nécessaires pour produire l'extinction expérimentale (Postulat XVI).

Hull organisa tout son système de variables (indépendantes, intermédiaires, et dépendantes) dans un diagramme présentant les 4 ou 5 étapes nécessaires pour la prévision et le contrôle du comportement.

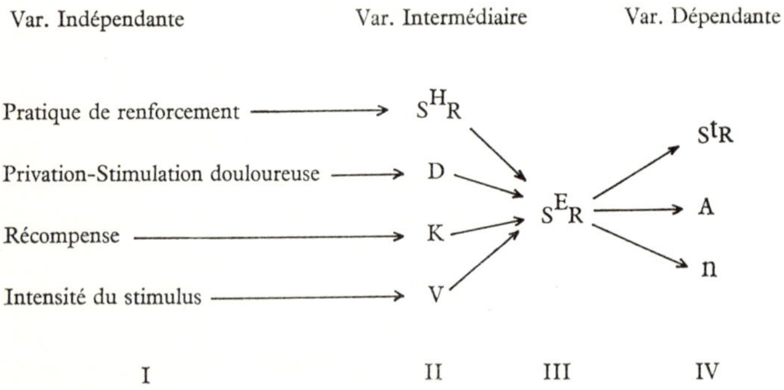

Ce diagramme est incomplet et nous avons laissé de côté plusieurs facteurs. Par exemple, les concepts d'inhibition réactive (I_R) et d'inhibition conditionnelle ($_SI_R$), deseuil (U), d'oscillation de la conduite ($_SO_R$), de trace du stimulus (s), de potentiel de réaction net ($_S\bar{E}_R$), etc. ont une importance théorique et pratique.

II. LA TENSION PSYCHOLOGIQUE ET LES DEGRÉS D'ACTIVATION DE P. JANET

Nous devons à P. Janet des idées très importantes sur certaines variables psychologiques du comportement. Janet a étudié longuement le problème des tendances, leur hiérarchie et leur degré d'activation, qui s'expriment dans la notion de tension psychologique.

« En un mot, il y a des actions et des tendances à l'action impliquées dans toutes les notions, et la psychologie doit commencer par l'étude de ces tendances, en les considérant non comme la conséquence mais comme le point de départ de toutes les idées et de toutes les notions ». « La même tendance peut entrer en activité de diverses manières et à divers degrés ». « ...il faut rappeler les stades d'activation d'une tendance, dont les principaux sont la latence, l'érection, le désir, l'effort, la consommation, le triomphe. » « La tendance elle-même présente donc, suivant les circonstances, une disposition plus ou moins grande au développement, à la réalisation » « ...après un jeûne, la tendance à s'alimenter s'active fortement dès que la nourriture est aperçue même de loin et en petite quantité : il en est de même pour la plupart des tendances. » « Nous sommes donc obligés d'ajouter une conception nouvelle, celle de la différence que présentent les diverses tendances au point de vue de la facilité de leur activation. Il y a à ce point de vue une véritable hiérarchie des tendances ». « Il y a des actions de haute tension qui réclament la mise en jeu de tendances élevées dans la hiérarchie et leur activation complète au plus haut degré de la réalisation. Il y a des actions de basse tension dans lesquelles des tendances inférieures ne sont activées qu'à un degré moyen, sans avoir besoin de parvenir complètement à la fonction du réel. Un esprit aura une forte tension quand il exécutera facilement et fréquemment des actions du premier genre. Il y aura d'ailleurs entre ces deux extrêmes d'innombrables intermédiaires. D'une manière générale, le degré de la tension psychologique ou l'élévation du niveau mental d'un individu dépend du degré qu'occupent dans la hiérarchie les tendances qui fonctionnent en lui et du degré d'activation auquel il peut porter les plus élevées de ces tendances. »

Les idées de P. Janet sur les tendances nous situent directement dans une conception dynamique ou énergétique de l'émotion — conation que nous appelons aujourd'hui motivation et que nous trouvons représentée par D (« drive ») dans la formule de Hull. L'apport le plus original est l'idée de

P. Janet sur *le niveau de tension psychologique*. Il signale, à ce sujet, que les névrosés souffrent d'un abaissement du niveau mental qui s'accompagne de symptômes variés et de sentiments d'incomplétude. Si le thérapeute peut relever le niveau de tension psychologique du malade, celui-ci voit disparaître grand nombre de ses symptômes névrotiques, reprend confiance en lui-même et trouve plus de courage personnel pour réaliser des conduites audacieuses et nouvelles.

Ce sont, surtout, les actes réussis, accomplis avec succès, d'une manière complète et achevée, qui favorisent la plus haute tension mentale. Les « actions excitantes » élèvent la tension et rétablissent l'équilibre psychologique car elles excitent l'émotion et éveillent les tendances actives : « Le meilleur éducateur est celui qui sait exciter. »

Les « traitements par l'action » compensent les « insuffisances de l'action » qui caractérisent la plupart des névrosés et mobilisent les énergies considérables qu'ils tiennent en réserve immobilisées (principe de mobilisation des forces). « Le médecin doit aider cette femme à cesser toutes ces actions absurdes, lui apprendre à en faire d'autres, lui donner une autre attitude. » « Quand elle est arrivée à cette nouvelle conduite, peu importe qu'elle ait encore conservé le souvenir verbal de son aventure, elle est guérie de ses troubles névropathiques. »

Ce langage et ces idées de P. Janet sont ceux de l'activation psychothérapique et ils montrent combien nous lui sommes redevables.

III. APPLICATIONS À LA PSYCHOTHÉRAPIE

Si le mot : « activer » signifie, étymologiquement, « augmenter la capacité de réagir » *on peut concevoir les changements de* ${}_SE_R$, *dans l'équation de Hull, comme l'expression formelle de l'activation du comportement.* Nous pensons que l'élévation variable de ${}_SE_R$ ou « potentiel de réaction » exprime le degré variable d'activation.

Les réactions d'un sujet activé sont plus intenses, plus rapides et plus nombreuses. Ces caractéristiques sont les variables dépendantes de la « réactivité » (${}_SE_R$) dans la formule de Hull. Il y a une tendance, chez certains auteurs, à restreindre l'activation à D (motivation, émotion). L'importance de l'émotion, dans la plupart des cas, comme facteur très important d'activation, est indiscutable. La conception de l'émotion comme simple réaction (Watson) a été franchement dépassée. Elle possède d'autres fonctions d'une grande signification : médiationnelle (Mowrer), motivationnelle et activatrice (Duffy, Leeper, Lindsley, Young, Woodworth, etc.). Nous avons vu la fonction énergétique et dynamique que lui attribue Janet.

Restreindre l'activation uniquement à D (« drive », motivation, émotion) nous semble injustifié. La formation de nouvelles discriminations et connexions S-R est aussi indubitablement un facteur d'activation. Ceci vaut pour les facteurs K et V de l'équation.

Le « potentiel de réaction » (${}_SE_R$) (Hull) trouve des équivalents dans d'autres formulations : « energy level » or degree of reactivity (Duffy), « niveau de tension mentale » (Janet), et aussi : « potentiel d'activation ».

Nous pouvons agir sur ${}_SE_R$ en modifiant les variables intermédiaires : ${}_SH_R$, D, K et V, qui sont accessibles au psychothérapeute à travers les variables indépendantes. On peut activer la conduite d'un malade par une augmentation, partielle ou totale, du renforcement, de la motivation, de la récompense ou de l'intensité du stimulus. L'équation de Hull permet ainsi de donner une expression à la fois concrète et formelle du concept d'activation.

La pratique de renforcement (variable indépendante), avec laquelle on contrôle ${}_{S}H_{R}$ ou « capacité apprise » (variable intermédiaire) peut être définie, en psychothérapie, comme confrontation alternative renforcée. Le terme confrontation implique trois éléments constitutifs : la figure, la confrontation proprement dite et la dialectique temporelle.

La figure est « ce à quoi on se confronte ». Elle peut être primaire ou symbolique (le père ou le sorcier, par exemple). On peut faire apparaître la figure à un niveau sensoriel, imagogique ou ludique. Le niveau qui donne plus de liberté thérapeutique est le niveau imagogique et symbolique car le patient peut « tout imaginer » d'autant plus qu'il ignore la signification réelle des symboles utilisés (Desoille). Si la figure n'existe pas, il faut provoquer son apparition (principe de figuration) en déclenchant, par induction, le changement d'un état affectif (émotion, angoisse, etc.), d'une sensation corporelle (douleur, crampe, etc.) en une image ou une situation imagogique.

Ces conversions ou transformations somato ou affectivo-imagogiques sont d'une très grande valeur en psychothérapie. Elles facilitent l'apparition de figures concrètes et visibles avec lesquelles le névrosé peut dialectiser, et réaliser des actes libérateurs. Si la confrontation et le travail avec la figure sont d'une importance thérapeutique certaine, on ne doit jamais oublier que la figure émerge toujours sur un fond.

Un petit exemple peut suffire pour montrer l'intérêt de ce moyen technique : un névrosé rencontre la figure symbolique d'un nain acromégale dans une grotte. La figure est fort angoissante et malgré tous les efforts du thérapeute le sujet ne peut changer la situation. Il veut ouvrir les yeux et interrompre la séance. A ce moment, on le déplace, avec le nain, dans un désert où il se sent toujours très à l'aise. Dans ce nouveau milieu (fond) il réagit facilement au nain, le maîtrise et l'identifie.

Les confrontations alternatives pour être acquises et fixées, c'est-à-dire résistantes à l'extinction, doivent être renforcées. Ceci nous mène directement *au problème de la motivation.* S'il n'y a pas de conduite sans H (capacité acquise — expérience passée) on peut dire aussi qu'il n'y a pas de conduite sans motivation (« drive », D, émotion). Des valeurs au-dessus de zéro, pour H et D, sont nécessaires si on veut déclencher l'action, selon la formule : $E = H \times D$. Pour Hull une réaction conditionnelle est renforcée quand elle produit ou s'accompagne d'une diminution de la motivation. La réduction de la tension apparaît ainsi comme la loi de tout apprentissage.

Nous avons vu, à propos du paradoxe névrotique, que la plupart des réactions instrumentales d'évitement (symptômes) chez les névrosés durent parce qu'elles sont renforcées. La valeur renforçatrice provient du fait qu'elles réduisent la peur ou l'angoisse (motivations secondaires) déclenchées par les stimulus aversifs, primaire ou conditionnel.

Mowrer a insisté sur l'existence de deux types de renforcements : ceux qui diminuent et ceux qui augmentent la motivation ou impulsion. Pour Hull tout renforcement est « decremental ». Mais les recherches expérimentales ont vérifié l'hypothèse que certaines augmentations de motivation ont les caractéristiques de renforcement (« incremental reinforcements »).

Nous pouvons utiliser en psychothérapie les deux types de renforcements décrits. Pour le montrer nous choisissons comme modèle d'une confrontation alternative renforcée ce qui se passe dans une séance complète et réussie de « rêve éveillé dirigé ». La séance se développe sur trois niveaux : la surface (de laquelle on part et à laquelle on revient toujours), la descente et l'ascension.

A la surface nous avons la possibilité d'un premier degré

de confrontation alternative angoissante avec des excitants directs ou symboliques. A la descente la confrontation devient, progressivement, angoissante et dramatique. Quand l'intensification de l'angoisse arrive au maximum avec la découverte de l'excitant anxiogène, par exemple, le sujet commence à remonter vers la surface et il se sent immédiatement soulagé, par réduction de l'anxiété. Avec l'ascension dans l'espace ouvert le soulagement cède la place à un sentiment de profonde satisfaction intime, située dans le pôle opposé de l'angoisse.

Les facteurs renforçateurs sont multiples et variés : renforcements verbaux, utilisant quelquefois la curiosité (« vous pouvez », « vous avez du courage », « faites-le pour voir ce qui se passe », etc.), procédés magiques (immobilisation, docilité induites, etc.), réduction de l'angoisse par soulagement ou élimination par inhibition réciproque avec le sentiment de plénitude à l'ascension, etc. Nous pouvons varier à l'infini les modalités de confrontation imagogique du « rêve éveillé » en manipulant, parmi plusieurs, ces cinq variables : thème, dose, durée, répétition et renforcements.

La désensibilisation systématique imagogique décrite par Wolpe et Lazarus n'est qu'une confrontation à la surface, avec des excitants aversifs directs et des doses tolérables et croissantes d'angoisse. On ajoute, quelquefois, l'induction d'une réaction antagoniste de l'angoisse pour provoquer son inhibition réciproque (relaxation, etc.). La séance d'« implosive therapy » (Stampel, Hogan, etc.) apparaît comme une confrontation imagogique intensifiée au maximum, sans renforcement (abréaction — extinction). C'est l'équivalent d'une confrontation angoissante pendant la descente du « rêve éveillé » sans soulagement de retour et sans inhibition réciproque par l'émotion positive de l'ascension.

Dans certains cas et à certains moments de la psychothérapie, une émotion « négative » peut avoir un effet activateur certain. Quelquefois le malade doit plonger plus profondément dans sa dépression ou son angoisse pour éveiller ses ressources latentes de récupération. Sifneos (1966) et Siprelle (1967) ont décrit une technique d'induction d'anxiété (longs silences, questions sur des thèmes que le malade évite, etc.) au cours de laquelle le malade devient plus conscient du stimulus anxiogène et le verbalise plus facilement.

Nous utilisons l'induction d'anxiété au début de la séance, dans les cas où la rigidité du malade est très grande et, aussi, quand la stimulation positive échoue. Nous sommes partisans, en général, de développer la séance avec la séquence évolutive suivante : émotion négative ——→ soulagement ——→ émotion positive.

La frustration, plus ou moins systématique, utilisée par la psychanalyse, provoque aussi l'angoisse, stimule les projections et le rapport transférentiel et facilite alors l'analyse des résistances. Nous ne provoquons pas les rapports transférentiels. Mais quand ils se présentent, spontanément, nous essayons de les résoudre, rapidement, en utilisant, d'une façon isolée ou conjointe, ces trois moyens : interprétation, psychodramatisation et transposition imagogique (Desoille).

Nous avons vu comment les motivations « négatives » sont excitées par des privations, plus ou moins dosées. Nous essayons aussi de stimuler, au cours de l'activation psychothérapique, et par tous les moyens possibles, les motivations et les émotions « positives ».

Tout névrosé est, en général, un sujet déprimé, angoissé, qui manque d'assurance. Il se sent lâche, infériorisé et plus ou moins coupable. Pour le motiver convenablement il faut l'exciter, lui donner des points d'appui pour l'action, lui faire reprendre confiance en soi, éveiller ses initiatives actives en lui faisant percevoir des possibilités de changement prospectif, relever sa tension psychologique (Janet). Le psychothérapeute activateur doit être vigilant pendant toute la séance, pour détecter et renforcer les aspects positifs de la personnalité.

L'expérience nous indique que ceci est possible même quand l'événement semble totalement négatif. Un exemple bref nous permettra de montrer le sens pratique de notre attitude. Un névrosé, impuissant sexuel, en traitement depuis des mois, ressent des nausées et des céphalées, au milieu d'une séance de sub-narcose amphétaminée, et il dit, angoissé et rebelle à la situation créée par son malaise corporel : « Ça n'a pas de sens : mon corps me domine et c'est l'esprit qui doit contrôler le corps. La séance échoue parce que mon corps est malade ». Nous l'écoutons et pensons : « Mauvaise séance pour un impuissant. Que pouvons-nous faire ? » Subitement nous comprenons et nous lui disons : « Vous voyez comme votre corps est vivant ! Ne le repoussez-pas et acceptez-le votre corps vivant, tel qu'il est !! « Ce fut la foudre ! Il s'en alla en nous disant : « Je reconnais maintenant que mon corps est vivant et sain ! » Nouvelle étape pour cet impuissant sexuel. L'induction opportune d'une perspective neuve face à son corps lui fait comprendre que sa manière de l'éprouver est une perspective relative, parmi d'autres également valables.

Le psychothérapeute activateur se souvient toujours que le névrosé qui commence une psychothérapie est, malgré sa dépression, un malade courageux par rapport à celui qui s'abstient et n'ose pas le faire. Raconter sa vie, avec toutes ses alternatives, n'est facile pour personne. Entreprendre l'exploration dramatique du monde intérieur exige des qualités morales spéciales.

Le thérapeute activateur essaie toujours de nouvelles possibilités de développer l'espoir et le courage du névrosé. Si la stimulation de ces émotions positives se développe suffisamment, le névrosé relève sa tension psychique et commence à vivre à un niveau plus haut. Beaucoup de ses symptômes deviennent inutiles et disparaissent. Sa conduite est plus autonome.

Le psychothérapeute activateur pense que chaque séance avec le malade offre une possibilité éminente d'agir dans le sens signalé. Il peut le faire s'il est vigilant et actif et s'il pense, — à l'inverse de la psychanalyse — que dans chaque symptôme, existe une vertu déguisée. Sa fonction est, alors, de la détecter, la signaler et la renforcer d'une façon positive et adéquate.

Quand le plan d'action verbal est épuisé on peut recourir à d'autres procédés pour stimuler les motivations positives. Dans ce sens, l'action de certains médicaments nous a donné des résultats efficaces et pleins d'intérêt. Les amphétamines et les psycholytiques ont été utilisés en combinaison avec des techniques imagogiques. Des séances d'imagogie dirigée peuvent être réalisées, au cours d'une séance de sub-narcose amphétaminée ou de psycholyse avec tous les bénéfices de l'imagogie dirigée et ceux qui correspondent à un état motivationnel très favorable. La méthédrine apparaît, utilisée ainsi, comme le « médicament-courage » qui permet au sujet inhibé, timide ou lâche de développer, sur le scénario imagogique, des conduites audacieuses. Le malade ignore le produit employé et il n'y a aucun danger d'habituation à des doses convenables. La « participation » imagogique positive déclenchée par les psycholytiques, en séance dirigée, est différente mais très utile aussi. L'expérience accumulée en 10 ans de recherche clinique et expérimentale nous permet d'affirmer que l'ignorance ou la négation des données de la psychopharmacothérapie ne sont plus justifiées à l'heure actuelle. Son utilisation est, tout au contraire, pleinement indiquée, comme une des techniques activatrices des plus efficaces pour la stimulation de certaines motivations de valeur thérapeutique.

H. Silvera a montré l'intérêt d'utiliser le stimulus musical, pendant la séance de « rêve éveillé dirigé » et suivant les principes du conditionnement, pour déclencher et mieux diriger des états émotionnels nouveaux. Il signale ainsi la fonction activatrice de la musique dans la psychothérapie imagogique.

IV. LES PRINCIPES TECHNIQUES DE L'ACTIVATION PSYCHOTHÉRAPIQUE

L'activation psychothérapique n'est pas liée à une technique : elle utilise toutes les techniques valables pour produire l'effet activateur cherché. On peut dire, avec Kunkel, *qu'aujourd'hui l'utilisation d'une seule technique est une erreur technique.*

Et nous sommes aussi d'accord avec l'affirmation de M. S. Lebedinski : « La limitation des moyens techniques de la psychothérapie est inadmissible. »

L'utilisation d'une seule technique détermine, en général, la prolongation de la durée de la cure. C'est ce qui se passe avec l'application orthodoxe de la psychanalyse où le traitement exige des années. Dans des cas traités par « behaviour therapy » on trouve, par contre, une réduction significative dans la durée de la cure. Le « behaviour-therapiste » utilise une multiplicité de techniques. Nous pouvons citer un cas de névrose avec inhibitions et compulsions traité et publié par Lazarus, en 1958, où il employa cette diversité technique : dialogues avec une attitude renforçatrice positive du psychothérapeute, entraînement à des réponses assertives, relaxation hypnotique, psychodrame, relaxation progressive (Jacobson), désensibilisation imaginative en état d'hypnose profonde (Wolpe). Le traitement complet se réalisa en 19 séances, avec 16 heures de traitement en 10 semaines. Le résultat final fut qualifié « très amélioré » selon les 5 critères de Knight utilisés par la psychanalyse.

Des psychanalystes lucides, comme Alexander et French, connaissent les inconvénients qui existent dans tout procédé routinier : « ... les mécanismes névrotiques s'adaptent, très souvent, à une technique standardisée et suppriment ainsi son efficacité thérapeutique. Le résultat peut être une névrose transférentielle « interminable » ...»

L'activation psychothérapique reprend les faits vérifiés par l'expérience, issue de différentes sources. Elle utilise tous les moyens techniques légitimés par son efficacité activatrice. Au lieu de centrer l'action thérapique sur la technique, elle le fait sur le patient. La perspective utilisée est moins mécaniste et certainement plus humaniste que celle des doctrines qui exigent le monopole d'une seule technique.

Dans tout diagnostic et dans toute thérapeutique authentique le médecin adapte les techniques au malade et non l'inverse. C'est Alexander qui a proposé ce point de vue : « le principe de flexibilité dans le traitement c'est : l'application de la technique la plus adéquate au cas en question ». Il préconise aussi comme objectif psychanalytique : l'intégration du moi et l'application des critères généraux de psychodynamique.

L'attitude critique d'Alexander nous semble très importante. Il a compris que sa tentative était seulement le début d'une ouverture souhaitable vers un « esprit plus libre et expérimental » en psychothérapie. Devenant plus flexible la psychanalyse a dû renoncer à l'utilisation systématique de certains principes spécifiques qui la légitiment comme telle et par exemple à la névrose de transfert. Son projet psychothérapeutique est plus flexible mais il est aussi moins psychanalytique.

Nous croyons à *la nécessité et à la possibilité d'un développement plus audacieux qui utilise des notions objectives et expérimentales* (capacité d'apprendre à apprendre, au lieu d'intégration du MOI), *des techniques multiples et variées* (non seulement les variétés d'une technique) *et des critères de flexibilité totale* (adaptation de la technique aux différents cas individuels et aux différents moments évolutifs dans chaque cas). Avec ce principe de flexibilité totale le respect de la personnalité du malade devient, aussi, total.

La peur, la commodité et les préjugés poussent le psychothérapeute vers le monothéisme technologique qui repose sur la croyance en la technique et son efficacité totale dans tous les cas et à tout moment. *Cette croyance en une technique omnipotente est une foi irrationnelle* qui se défend subtilement de toute tentative de critique ouverte et novatrice, en projetant sa propre résistance intérieure sur l'homme libre qui la critique. C'est lui qu'elle accuse de « résister » à la « vérité ».

Quand toute critique est vécue comme résistance, les possibilités de progrès et de développement sont bloquées. L'unilatéralité et la rigidité (caractéristiques de la névrose en général) prennent dans ce cas la forme d'une véritable névrose technologique. Le psychothérapeute se limite mais est gratifié par la sensation illusoire de posséder la clef psychothérapique universelle pour toute les portes de l'âme. Ce « névrosé technologique » pour devenir activateur doit prouver qu'il est capable d'apprendre à liquider sa propre névrose technologique.

Dans l'activation psychothérapique on stimule le névrosé à développer une conduite indépendante où il reprend l'initiative. La conduite d'apprentissage doit être active. Mais on doit distinguer *les différentes étapes évolutives. Au début*, le névrosé se trouve déprimé, impuissant, délaissé et il a un grand besoin d'aide extérieure. A ce moment, *la psychothérapie doit être directive et inductrice.* Dès que la dépression diminue et avec l'élévation de la tension psychique, dès que *la confiance et l'assurance en soi-même augmentent, la psychothérapie pourra devenir moins directive et laisser la place, progressivement, à l'initiative personnelle du malade.* La controverse direction-spontanéité en psychothérapie n'a pas de sens, posée sur un plan général. On doit choisir les moyens selon les circonstances et l'étape de la cure. De ce point de vue, il n'y a pas, par exemple, une incompatibilité foncière, entre un « rêve éveillé dirigé » de Desoille et une séance d'imagination active de Jung.

Notre expérience personnelle nous indique que la technique de Desoille convient dans la première moitié d'une cure psychothérapique car ses procédés d'induction et de direction imagogiques facilitent beaucoup la tâche, au début d'un traitement, quand le malade ignore presque tout et se trouve très peu sûr de soi-même.

La technique de Jung, au contraire, se montre très efficace à la fin d'un traitement, pour consolider l'autonomie du sujet et terminer la cure (Von Franz) car elle exige du malade une certaine connaissance psychologique et un degré suffisant d'initiative personnelle.

Le problème ne se pose pas, alors, sous forme d'une alternative absolue : direction ou non-direction. Nous préférons parler de degrés de direction et d'opportunité de leur application.

Trois faits, particulièrement significatifs, parmi d'autres d'importance certaine, marquent l'évolution de la psychothérapie, dans ce siècle, et les possibilités d'une attitude activatrice :

1) l'apparition des techniques imagogiques (Desoille-Jung, etc.);

2) le progrès considérable réalisé avec la théorie et les données expérimentales sur l'apprentissage et le conditionnement (Pavlov, Thorndike, Hull, Skinner, etc.);

3) l'application de la théorie moderne de l'apprentissage au monde imagogique (Desoille, Wolpe, Stampel, etc.).

La valeur de l'image comme telle, et non uniquement comme un matériel à interpréter, et les méthodes pour « plonger » et travailler en milieu imagogique sont des faits d'une importance considérable, encore insuffisamment comprise.

L'activation psychothérapique se caractérise donc par les faits suivants :

— multiplicité et variété de techniques utilisées : verbales, imagogiques, ludiques, psychodramatiques, axiologiques;

— application de la théorie moderne de l'apprentissage : scientifique, expérimentale, neurophysiologique et, simultanément, humaniste, car on peut dire que l'homme devient vraiment homme s'il développe sa capacité d'apprendre et d'apprendre à apprendre, c'est-à-dire sa capacité de changer selon sa propre expérience et de se plier aux changements du monde qui l'environne;

— objectif concret et réaliste :

produire un changement significatif (mobilisation vectorielle) dans la structure fonctionnelle psychique du névrosé sans négliger une action directe sur les contenus symptomatiques,

déterminé par le névrosé lui-même, en utilisant sa capacité d'apprentissage,

stimulée par des confrontations alternatives renforcées et des excitations motivationnelles,

lesquelles reposent sur les antinomies existentielles individualisées et caractéristiques;

— attitude de vigilance opportuniste (« Hic et nunc ») pour agir d'une façon décisive (« Meurs et deviens »), rapide (brièveté) et suffisante (autonomie) dans le présent prospectif et sur la conduite du malade.

L'activation psychothérapique, ainsi formulée, présente des différences importantes avec la psychanalyse et la « behaviour therapy », malgré de nombreux points de contact.

Le caractère activateur n'est pas lié, nécessairement, à une technique déterminée. Le « rêve éveillé dirigé », la psychanalyse, la méthode de Rogers, l'autogène training, etc., peuvent être ou non des techniques activatrices selon la façon dont on les applique. *L'activation est une technique de techniques, une façon de manier les techniques pour qu'elles soient efficaces ici, maintenant, avec cette personne, en profitant de l'opportunité unique de la rencontre psychothérapique.* Aucune psychothérapie n'a l'apanage du caractère activateur pour toujours, n'importe où et avec tous les patients. La nouveauté n'est pas dans les techniques mais dans leur maniement. Les techniques sont les mêmes, la méthodologie est différente.

Les différentes techniques sont ainsi démystifiées et possèdent seulement une valeur instrumentale relative au cas en question et au moment évolutif.

L'activation psychothérapique est une perspective, parmi d'autres, qui essaye d'intégrer, en psychothérapie, les faits cliniques et les données expérimentales, le point de vue phénoménologique et la méthode scientifique, la raison et l'intuition, les exigences sociales actuelles et le respect de l'âme individuelle.

TROISIÈME PARTIE

PRINCIPES DES CURES ACTIVATRICES ET DE LEURS VOIES MODERNES

MOI

Le Moi est ce qui transforme en Toi et en Lui, toute chose à chaque instant. On peut donc le considérer comme une opération. *Cette opération étant automatique, on peut le considérer comme un réflexe, qui serait de tous le plus général — c'est-à-dire celui qui répond identiquement à toute excitation possible perçue. Un même acte répond à tout. Et cet acte est hypostasié en Moi.*

Toutefois,...

Le mot agir peut toujours se remplacer par : réagir.

Relativité = réciprocité.

Chacun de nous est le seul être au monde qui ne soit pas une mécanique.

Le rêve, ô Socrate, fait-il partie de la nature ?

P. VALERY. (Cahiers)

La complexité des phénomènes psychologiques, les particularités personnelles des individus soignés, la nécessité d'une formation affective des psychothérapeutes s'associent pour donner aux actes psychothérapiques une allure étrangère aux autres réalités thérapeutiques. Des obstacles inattendus peuvent naître à chaque détour de l'aventure que représente une cure psychothérapique. Ceci permet de comprendre le double mouvement qui tire chaque thérapeute, d'une part le besoin d'une orthodoxie assurant les connaissances de base et la sécurité de l'action thérapeutique, d'autre part la nécessaire souplesse adaptant autant qu'il est possible les principes aux réalités.

Du côté des malades se manifeste un certain désarroi. L'intérêt porté aux connaissances psychologiques se double d'un attrait pour des moyens de soulagement de l'angoisse existentielle ou de promotion de la personnalité : le patient demande à la fois le soulagement de ses symptômes et... des éclaircissements sur la voie thérapeutique.

On ne s'adresse pas au psychothérapeute comme à un généraliste susceptible de trouver la bonne voie parmi tant d'autres. Très souvent, le psychothérapeute apparaît comme ne disposant que d'un seul mode thérapeutique. De plus, le traitement psychothérapique s'accompagne d'une relation interpersonnelle étroite qui n'est pas sans retentissement sur la personnalité, fait dont le malade prend assez rapidement conscience. Cette rencontre avec la psychothérapie comporte des risques éventuels lorsqu'elle ne peut s'engager très clairement sur un mode ouvert.

Il apparaît donc nécessaire de réfléchir à des questions caractérisant globalement la psychothérapie, abord méthodologique qui ne va pas sans dépasser les aspects proprement techniques caractérisant telle ou telle méthode, plus ou moins de mode actuelle. La diversité des moyens de traitement en psychothérapie doit être reconnue en tant que telle.

Cette diversité s'impose à chaque thérapeute, conscient de ne pas toujours pouvoir traiter au mieux chaque cas individuel et chaque problème particulier posé par des patients si divers. La réalité de cette multiplicité de techniques et de méthodes entraîne une perplexité notable. Que peut-on attendre de cette situation sans cesse plus évidente? La ligne de réflexion que constitue la notion d'activation montre, en réalité, les éléments positifs d'une telle évolution. Cette perspective identifie — ou tente d'identifier — les dangers ou les raisons d'une certaine stagnation de la situation soignante en psychothérapie. Elle cherche tous les modes possibles de lutte contre l'inertie, contre l'accoutumance à la relation thérapeutique, contre le manque d'imagination du thérapeute ou de volonté de guérison du patient. L'activation psychothérapique existe comme forme de confiance dans la possibilité de progrès à partir de voies psychologiques diverses ou renouvelées et aptes actuellement au traitement valable de nombreux états psychiatriques. Dans les chapitres qui suivent, la démonstration de cette thèse est tentée à partir des notions empiriques et concrètes de cure et de processus de cure en psychothérapie.

CHAPITRE X

LA DIVERSITÉ DES CURES PSYCHOTHÉRAPIQUES ET L'ACTIVATION

La notion de cure est utilisée de façon habituelle en psychothérapie. Ce terme indique tout d'abord l'importance donnée au but curatif de la prise en charge. Il implique l'existence de moyens, utilisés pendant un certain temps, en fonction d'un certain programme. A l'opposé d'une unicité supposée fondamentale, *l'idée de cure entraîne vers la diversité des soins possibles, leur multiplicité et leur hétérogénéité.* Malgré l'image bien fixée de la cure « orthodoxe », modèle idéal, en fait les réalités concrètes de la pratique sont multiples. Cette absence d'unicité de la notion et des faits de cure psychothérapique sera l'objet du présent chapitre. Dans le chapitre suivant seront plus particulièrement envisagés les aspects temporels des traitements psychothérapiques dans le contexte si utile d'un programme de soins plus ou moins élaboré avec la participation du patient.

L'hétérogénéité des moyens psychothérapiques présente

un intérêt notable pour la *réflexion* des thérapeutes intéressés par une orientation activatrice. Il existe là, pour eux, des possibilités d'études méthodologiques et une voie de libération vis-à-vis d'un schématisme contraignant.

I. LES LIMITES D'EMPLOI DE LA NÉVROSE DE TRANSFERT

La cure analytique a offert certes un modèle. Son axe, tel qu'il a été identifié par FREUD, est constitué par le transfert, ou plus précisément par le développement de la névrose de transfert puis sa liquidation. Une telle pratique est très lente. Le temps utile à son déroulement peut atteindre 3 ou 4 ans très couramment, avec un très grand nombre de séances. Cette longue cure implique une véritable mutation des intérêts affectifs et, éventuellement, intellectuels du patient. Dans de tels soins, l'importance que prend la relation avec le thérapeute dans l'existence quotidienne du patient, la fréquence des séances, leur répétition sur plusieurs années tendent à substituer l'expérience de la cure à l'expérience de la réalité, comme le montrait ALEXANDER. Cet ensemble donne le sentiment d'une perfection idéale. Une telle prise en charge semble approfondie et particulièrement étroite. Ceci est en fait une illusion; la névrose de transfert se constitue en fait grâce aux abstentions du thérapeute et sur le rythme du procédé modeste de l'association libre des idées. On ne saurait élever ici, a priori, une critique de principe contre la méthode freudienne. Celle-ci au contraire a fait ses preuves dans de nombreux cas. Elle a su montrer l'importance de la relation interpersonnelle au cours des soins psychologiques. Mais il est discutable de partir de cet acquis important pour placer une équivalence une fois pour toutes entre action psychothérapique et névrose de transfert. Le ritualisme, la rigidité, la maladresse volontaire et frustrante qui caractérisent la constitution de la névrose de transfert créent des obstacles inutiles quand d'autres moyens d'intervention psychologique sont disponibles. Tout se passe comme si les résultats scientifiques remarquables issus de la pensée freudienne imposaient à toutes les psychothérapies le parcours d'un chemin similaire. Ceci n'a pas toujours été souhaité par FREUD qui a décrit des cures plus brèves. Par ailleurs, de même que les dissidents jungiens ou adleriens ont admis des positions techniques plus souples et les emploient couramment, de même se sont révélés des esprits indépendants qui tels FROMM, ALEXANDER et FRENCH ou encore KAREN HORNEY ont su éviter l'application d'impératifs excessifs.

Certes de nouvelles possibilités thérapeutiques se sont révélées durant ces dernières décennies. Leur position demeure souvent confuse ou difficile devant les principes orthodoxes, création d'une névrose de transfert, emploi permanent de l'interprétation. En effet, névrose de transfert et interprétation ont des liens étroits. L'interprétation — communiquée ou non au patient — porte le plus souvent sur les fantasmes relationnels et les attitudes supposées du malade, qui « fait l'enfant » face au « thérapeute-parent ». L'interprétation, chargée de ramener cette attitude vers des racines personnelles enfoncées dans le passé, privilégie ce dernier de façon écrasante. Un couple « enfant-parent » définit la névrose de transfert. Il existe, certes, véritablement mais sa valeur thérapeutique et les possibilités de réapprentissage de son contexte sont à discuter. Le « psychanalyste-miroir » ne devient pas nécessairement ni facilement un modèle, ni un moyen de cure. L'intensité de la relation créée ne laisse au thérapeute qu'une mince liberté de mouvement et la situation transférentielle se maintient souvent bien au-delà du temps légitime ou disponible pour l'action thérapeutique.

Des moyens inappropriés ne peuvent se défendre en pratique si d'autres existent, plus souples, plus rapides, plus manifestement efficaces. On peut abandonner la terminologie et les pratiques d'une école, devenue scolastique dépassée. Le terme de transfert apparaît aujourd'hui marqué d'un tel sceau. La névrose de transfert proprement dite se situe à la limite des moyens utilisables pour les soins psychologiques habituels. En effet ces soins sont de plus en plus fréquemment appliqués à des patients pour qui cette névrose est impossible, tels les psychotiques ou à d'autres chez qui la névrose de transfert est inutilisable, tels les caractéropathies ou les états anxieux rapidement évolutifs. Il en ira de même pour l'interprétation, qui s'applique en général aux symptômes de cette névrose de transfert. Indispensable à l'analyse même de la névrose de transfert, son emploi tend en effet à se limiter à cet ordre de fait relationnel. Bien d'autres exceptions pourraient être signalées, telles celles constituées par la plupart des cas suivis en milieu institutionnel où la relation est franchement différente de celle de la cure privée individuelle. Enfin l'application systématique des hypothèses issues de la cure classique à des situations qui ne lui ressemblent guère aboutit à des discussions imprécises et jamais conclues. Il en va ainsi, entre autres exemples, de l'application des formulations freudiennes à des situations thérapeutiques originales tels les groupes ou les séances cathartiques.

Rappelons, en effet, que la psychothérapie contemporaine utilise de multiples procédés d'intervention. A. Berge estime à plusieurs centaines le nombre des techniques actuellement employées. De nouvelles possibilités se manifestent et nombre de thérapeutes sont conscients d'un choix possible. D'ailleurs les patients présentent, pour leur part, des demandes nouvelles et plus diverses aux thérapeutes. Née face aux mutations du monde social, la psychothérapie accueille les enrichissements techniques et bénéficie de demandes stimulantes. Progrès et besoins voisinent dans une commune croissance.

II. PRÉCURSEURS DE L'ACTIVATION PSYCHOTHÉRAPIQUE

Le danger des faits de mode est considérable pour la psychothérapie. L'histoire de son développement — lié à celui des sciences humaines — est marquée de changements soudains qui vont contre l'idée de la progression régulière d'un même règne théorique. A ce titre le passé mérite d'être pris en considération *dans son entier*. Il suffit de revenir au début du siècle pour retrouver, par exemple au niveau de l'emploi de l'hypnose, des modes originaux d'intervention au niveau des structures subconscientes ou inconscientes du psychisme. Des leçons utiles seront tirées de l'étape historique « pré-freudienne » ou des écoles « para-freudiennes » de la psychothérapie. En fonction de l'évolution socioculturelle, les patients ne sont plus tout à fait les mêmes mais les modes d'intervention utilisés gardent une valeur didactique.

L'œuvre de JANET, à qui nous nous référons une fois encore, conserve une grande importance à ce point de vue. Ce thérapeute qui enseigna beaucoup mais qui n'eut que peu d'élèves directs conserve une place notable au sein d'un behaviorisme psychothérapique. Ses qualités d'adresse thérapeutique et d'imagination efficace donnent une vie très durable aux exemples qu'il emploie dans son œuvre écrite. Précédant FREUD de quelques années dans la voie de l'hypnose cathartique, JANET dans sa thèse « L'Automatisme psychologique » a ouvert aux études scientifiques le champ du subconscient. S'intéressant plus aux cauchemars et aux personnalités multiples des hystériques qu'au rêve nocturne, JANET se préoccupait d'un résultat thérapeutique positif, de son mode d'obtention et des aperçus psychologiques apportés par cette « expérimentation » clinique. Une psychologie des conduites morbides peut naître ainsi dans un cadre d'objectivité, rare à l'époque, système où le théoricien a respecté les apports et les incertitudes du clinicien. A propos de similitudes entre la transe hystérique et l'hypnose, JANET démontre la réalité du niveau subconscient des automatismes psychologiques animant des conduites morbides hors de l'intervention de la conscience claire. Il montre qu'il est possible d'agir à ce niveau. Dans un ouvrage tel « Névroses et idées fixes », JANET consacre un long chapitre à l'observation d'une malade hystérique, « Justine », traitée par l'hypnose avec un succès net quant aux symptômes les plus évidents. Le thérapeute, grâce à une remarquable ingéniosité, livre un combat difficile et prolongé au sein même du psychisme. Il conduit ainsi une « cure de désinfection mentale », forme de déconditionnement, image après image, souvenir après souvenir.

Justine est une jeune femme, de milieu simple, mariée, qui présente entre autres de grandes crises d'agitation au cours desquelles, au milieu d'actes et de propos désordonnés, revient souvent le terme de « choléra ». L'anamnèse montre qu'à 18 ans, elle accompagnait sa mère, garde-malades, auprès de patients atteints de cette maladie, dont les épidémies étaient assez fréquentes en Europe à cette date. JANET transforme progressivement les crises de Justine en états somnambuliques. Puis, grâce à divers procédés hypnotiques, il entre en contact avec le vécu sub-conscient, hallucinations polysensorielles proches d'un état confuso-onirique transitoire. La patiente au cours de ces épisodes se retrouve plongée dans l'ambiance de l'épidémie, les cloches sonnent pour les morts, des cadavres sont présents un peu partout avec leur odeur nauséabonde, les drames, les enterrements. Deux morts, étendus devant elle, impressionnent particulièrement Justine. Par d'adroites suggestions sous hypnose, JANET modifie chacun des éléments des scènes imaginaires; il « dissocie l'idée fixe » du choléra de Justine. Il transforme les images impressionnantes et substitue des détails bénins aux spectacles dramatiques. A tel cadavre il redonne vie et mouvement. Il l'habille de façon pittoresque avec l'aide de la patiente et le mort s'anime, sort et disparaît définitivement du cauchemar qui perd ainsi au fil des séances tout son contenu. L'angoisse s'atténue et la fréquence des crises diminue. Il ne reste finalement que le mot « choléra », lui-même bientôt déchargé de toute signification. « La malade ne s'y retrouve plus » dit JANET, à tel point qu'elle doute avoir jamais su de quoi il s'agissait lorsqu'on prononce devant elle le mot « choléra » qui autrefois la plongeait pour plusieurs heures dans une crise intense. Le talent inventif du thérapeute apparaît dans d'autres observations similaires. Peu développées, il est vrai, elles semblent s'appuyer sur des moyens que l'auteur lui-même hésite à dévoiler tant l'utilisation de l'imaginaire heurte toujours un académisme latent. De telles pratiques ont été largement employées et décrites par les hypnotiseurs psychothérapeutes contemporains, ERICKSON, BRENMAN, WOLBERG et bien d'autres encore.

Restons encore au début de ce siècle pour un second exemple, avec l'américain Boris SIDIS. Celui-ci traçait alors la voie générale de tentatives psychothérapiques conduites dans un esprit d'empirisme actif, fondé sur l'expérimentation psychologique. Ainsi conseillait-il l'induction d'un état « sub-waking hypnoïdal » chez le sujet couché, les yeux fermés, détendu grâce à l'audition d'un stimulus monotone. Le niveau de conscience obtenu ainsi est flottant, des expériences vécues, des fragments du passé, des faits oubliés depuis longtemps réapparaissent. Dans cet « état de repos, de relaxation physique et mentale », on peut faire retracer le développement des troubles dans un but diagnostic. On peut également « conduire une entreprise systématique de suggestion directe et indirecte, de substitution, de désintégration, de synthèse, à la fois dans l'état éveillé et dans l'état hypnoïde, et ainsi aider à la transformation des modes associatifs et du tonus émotionnel de la vie mentale des malades ». Par cet état hypnoïde induit, on atteint le « niveau des réserves d'énergie potentielle subconsciente en dépassant et en détruisant les systèmes qui sous-tendent les symptômes ». Il est indispensable de relever ici toute l'importance que pouvait avoir, parmi les moyens d'action psychologique, ceux qui utilisent une modification du niveau de conscience, et en particulier lorsque cette modification se situe au cours même de la séance. Certes chacun admet le génial mérite de FREUD qui a placé le psychothérapeute sur la « voie royale », mais celle-ci se limite-t-elle au rêve nocturne et à son analyse a posteriori ? L'expérimentation psychologique telle que la concevait JANET est également une voie, sans doute artificielle mais techniquement abordable et par diverses méthodes.

Hypnose ou états hypnoïdes, ces « modifications du niveau de la conscience » permettent de véritables explorations psychologiques. On dispose de médicaments susceptibles de faciliter leur obtention et la subnarcose barbiturique, ou la narco-analyse amphétaminée sont capables à la fois d'apporter ce type de matériel psychologique et de permettre sa modification directe au niveau d'un psychisme en quelque sorte anesthésié. Ces moyens sont évidemment utiles dans les cas de structurations défensives mais excessives de la personnalité et apportent l'appui de mouvements émotionnels malgré la cuirasse due à des symptômes figés ou à des habitudes névrotiques. Cette mobilisation affective et l'emploi de manipulations diverses du fond psychologique trouvent d'assez fréquents usages en particulier dans les névroses anxieuses et phobo-obsessionnelles. D'autres méthodes, comme le rêve éveillé dirigé ou la relaxation de SCHULTZ, peuvent apporter des résultats similaires et ceci d'une façon purement psychologique — retrouvant là cette « déesse-mère » des psychothérapies, l'hypnose mais avec toute la précision d'une méthodologie moderne.

Il existe de plus, dans ce type « d'expériences psychologiques », un contact du patient avec l'éprouvé de ses propres manifestations profondes. L'intérêt pour soi-même et la découverte d'une certaine part cachée ou méconnue de la personnalité s'accompagne souvent d'une certaine impression, sinon libidinale, du moins particulière et souvent puissante. L'*exaltation affective,* même dans les formes modérées qu'elle peut accepter de prendre, est assez souvent nette. Sa portée ne doit pas être sous-estimée mais au contraire être étudiée avec le patient. *Cet élément d'excitation est bien évident dans les nombreuses méthodes fondées sur la catharsis et la créativité et rejoint sans doute la valeur d'activation étudiée ici.* Il y aurait sans doute beaucoup à dire sur les liens existants entre ces expériences intimes et l'état de sommeil avec rêve, ou parfois de « rêve sans sommeil » (MOREAU de TOURS) observés au cours de l'hypnagogie naturelle ou artificielle, toxique.

III. LES POSSIBILITÉS ACTUELLES DE DIVERSIFICATION DES CURES

Le principe général de la psychothérapie d'activation réside dans l'emploi d'une multiplicité de techniques. Le thérapeute doit savoir — et pouvoir — utiliser pour chaque patient la thérapeutique efficace au moment opportun. Une école dite de « psychosynthèse » s'est d'ailleurs développée en ce sens (ASSAGIOLI, GUILHOT, GÉRARD). Dans le même sens, l'emploi des psychothérapies dans les institutions psychiatriques, communautaires ou privées, comporte par définition l'association de relations soignantes et de techniques multiples (BERTA, BENOIT, STEVENIN). L'absence de prise en considération de tels facteurs nouveaux est pour une part l'origine de la crise du mouvement psychanalytique. Cette crise tient tant aux difficultés dues à une action thérapeutique trop parcellaire qu'aux nécessités d'adaptation de la psychothérapie à l'évolution de la nature et du contexte général des soins psychiatriques. Dans les perspectives de l'école d'ALEXANDER, en France, HELD a décrit les « psychothérapies d'inspiration psychanalytique » et la souplesse fondamentale des moyens proposés dans nombre de cures actuelles.

La pratique hospitalière de la psychiatrie a rendu d'un emploi courant les procédés d'investigation psycho-affective tels les tests projectifs ou les séances avec appoint pharmacologique, telle la narco-analyse, simple ou amphétaminée. De l'exploration aux soins, la distance est vite franchie. Nombre de modalités psychothérapiques manifestent leur utilité et leur maniabilité. La relaxation, autogène training de SCHULTZ, très largement utilisée aujourd'hui, s'associe à d'autres procédés soignants d'abord corporel, kinésithérapiques par exemple. L'ergothérapie artisanale, productive ou projective et créatrice, le dessin, la peinture, le modelage prennent aisément la valeur de techniques psychothérapiques d'appoint ou de dynamisation. A l'hôpital les réunions de patients deviennent habituelles, en particulier sous l'angle d'une sociothérapie courante et ceci se développe beaucoup dans les hospitalisations à temps partiel (hôpitaux de jour). Les cures ambulatoires comportent une combinaison étroite de soins biologiques, psychologiques et socio-professionnels. Un grand nombre de patients évitent l'internement et l'hospitalisation prolongée, bénéficiant de soins plus complexes et bien plus efficaces. Des techniques projectives et un climat général psychothérapique, s'associent aux procédures de réadaptation et aux techniques sociothérapiques dans le contexte sécurisant de « milieux protégés » d'utilisation transitoire (SIVADON).

Dans le traitement des névroses, des associations de soins diversifiés sont aujourd'hui d'emploi courant. Ainsi tel patient placé pendant un temps en cure analytique, peut être confié pour une période à un groupe utilisant le psychodrame, ceci dans le but de mobiliser des énergies nouvelles avec des stimuli autres que strictement duels. Des techniques d'apparition récente se combinent aisément entre elles pour répondre à ces buts activateurs. Tel est le cas des méthodes où les projections psychologiques s'effectuent sur un mode imaginaire. L'une d'elles, fréquemment employée aujourd'hui et très bien structurée, est celle présentée par R. DESOILLE, sous le nom de « Rêve éveillé dirigé ». La recherche de l'imaginaire individuel, en état de relaxation, permet l'obtention d'un matériel très riche et immédiatement utilisable par un thérapeute bien formé apte à aider le déroulement du scénario imaginaire. Certains ont combiné de telles séances avec une cure analytique (FAVEZ-BOUTONIER, DELATTRE, MAUCO) ou avec l'autogène training (THOMAS), d'autres laissent plus de liberté à l'imaginaire personnel, ou encore utilisent l'appoint de médications pour l'obtention de séances cathartiques (BERTA). Parmi les thérapies psychodramatiques favorisant une animation de la situation thérapeutique, on peut utiliser les connaissances techniques d'un professeur d'art dramatique (méthode d'Expression scénique de DARS). Se confirment également chez les névrosés, les possibilités dynamisantes, pour la cure, de moyens d'animation corporelle ou d'expression plastique, picturale, rythmique, musicale, etc..., au cours de traitements individuels ou en groupe.

L'importance de l'effort demandé au patient dans l'intervalle des séances, jouera également un rôle, transcription de rêves, travail d'auto-analyse, consolidation des apprentissages réalisés au cours des séances thérapeutiques. Ainsi, plutôt qu'aux méthodes elles-mêmes, c'est au sens de leur maniement que se réfèrent les tenants d'une animation psychothérapique. Un appui dans cette recherche de la dynamisation des cures existe dans l'intégration de différentes possibilités techniques. Dans le domaine des relations du patient et de son milieu, la participation du conjoint du névrosé à l'une des séances ou encore l'implication des proches dans les psychothérapies familiales des psychotiques sont utilisables comme éléments d'évolution de la situation thérapeutique et de la modification des symptômes du malade. La participation coordonnée, successive ou parfois simultanée de plusieurs thérapeutes est susceptible d'éclairer et d'animer la relation psychothérapique d'une façon telle que s'efface la stagnation due à un ritualisme toujours menaçant. L'utilisation de moyens d'enregistrement peut également permettre des confrontations répétées et originales dans leur effet avec une séance particulièrement productive.

Ainsi par de multiples moyens, la situation thérapeutique peut-elle échapper aux risques que la névrose de transfert comporte. Cette vérité intéressante se manifeste bien lors d'un travail thérapeutique conduit en équipe. La collaboration de plusieurs thérapeutes, plus précisément formés chacun à une technique, tout en connaissant parfaitement telle autre et conscient du sens général de l'action psychothérapique dans le cas en cause, multiplie l'efficacité thérapeutique de chacun. De telles équipes existent surtout dans la psychiatrie communautaire, réunissant, pour une part des soins, plusieurs de ses membres psychothérapeutes, psychiatres, psychologues, personnel infirmier, assistantes sociales, moniteurs thérapeutes en animation corporelle, expression verbale, picturale, musicale, etc... Dans un tel contexte, il est aisé d'orienter une part des cures vers des soins collectifs. Des groupes thérapeutiques, par l'influence positive réciproque de malades affrontés, atténuent souvent les difficultés individuelles, fixent les progrès, élargissent la portée des prises de conscience personnelles, diminuent les bénéfices dus à la position de malade. A la limite, des clubs de sujets guéris, en marge des soins, peuvent faciliter les étapes nécessaires à la socialisation, en apportant une aide matérielle ou affective.

Ainsi décrite dans ses aspects généraux, une psychothérapie à visée activatrice réclame une formation très ouverte. L'activation facilite l'obtention du maximum d'effet avec le maximum d'économie, mais impose un rythme d'intervention thérapeutique particulier. A ce titre elle s'appuie sur des techniques diverses et se fixe des buts concrets précis. Elle s'oppose donc à des formations proposées par les tenants d'une stricte orthodoxie d'école.

IV. PRINCIPAUX TRAITS DES PROGRÈS DES SOINS PSYCHOTHÉRAPIQUES

Il existe certainement un sens précis aux progrès en cours de la psychothérapie. Si nous ignorons ce que demain l'histoire nous dira de ces faits d'aujourd'hui, nous devons toutefois tenter de nous maintenir dans une voie ouverte et pour cela identifier les traits principaux de cette croissance. Un exemple peut être apporté dans le fait de l'introduction des chimiothérapies en psychiatrie. Les médicaments ont transformé l'abord des états psychotiques et modifié l'évolution de nombre de syndromes névrotiques. Souvent leur emploi isolé, c'est-à-dire sans psychothérapie complémentaire, est insuffisant. Par contre, il est aisé de conduire des traitements mixtes. On ne traite plus une névrose obsessionnelle de la même façon depuis l'introduction de l'Imipramine. L'effet anti-dépresseur ou l'effet tranquillisant, l'action hypnogène, sont autant d'éléments d'importance dans l'emploi de ces médications en complément des psychothérapies. Les chimiothérapies, malgré les inconvénients de dépendance souvent soulignés, jouent certainement dans de nombreux cas un rôle de prévention vis-à-vis des invalidités névrotiques les plus graves. Freinant les poussées évolutives, les médicaments limitent et contrôlent l'action déréalisante et destructurante de l'angoisse. Ils apportent également l'appui de leur artifice pour la consolidation des progrès effectués par ailleurs.

Un autre trait issu de la psychiatrie moderne joue un rôle déterminant égal dans la psychothérapie actuelle. Il s'agit de la croissance des modes d'assistance médicale. Assurances sociales, Sécurité Sociale, Service National de Santé constituent dans la plupart des pays occidentaux les bases de soins peu dispendieux pour le patient, largement disponibles, donnés dans un domaine où leur poids était considéré habituellement comme élevé. Toujours plus nombreux sont les aspects psychothérapiques de cette psychiatrie sociale et toujours croissant le nombre des patients pris en charge dans ces institutions thérapeutiques modernes. Il y a là, pour la psychothérapie, un fait très particulier, dans la mesure également où longtemps la rétribution du thérapeute a tenu la place d'élément dynamisant des processus de cure. Il sera nécessaire d'étudier rapidement les aspects théoriques et pratiques de telles situations. Des rencontres récentes montrent l'importance de telles réflexions.

Dans une certaine mesure, tout en développant ses formes techniques multiples, la psychothérapie reste étroitement liée à la pratique psychiatrique dans son ensemble. Il en va ainsi pour l'esprit dans lequel est menée la lutte contre l'idée d'irréversibilité dans le domaine de la médecine mentale. Cette idée qui reste même présente chez nombre de psychiatres se fonde sur la lenteur et la fragilité des améliorations obtenues en psychiatrie et sur la difficulté de définition de la guérison des patients. Il semble bien que la façon dont se pose la question des évolutions positives soit assez voisine en psychiatrie et en psychothérapie. Il s'agira d'éviter une vision idéalisée du développement optimum de la personnalité du patient et de conserver, par contre, présente à l'esprit la grande diversité des facteurs pathologiques et invalidants qu'il s'agit de combattre, affectifs, professionnels, familiaux, sociaux, etc... Ceci va de pair avec la notion professionnelle-éthique par laquelle *le psychiatre, comme tout autre médecin, accepte une certaine obligation de réussite vis-à-vis de son patient*. Il ne peut se réfugier derrière l'écran d'une recherche désintéressée ni de cures dont le résultat soit par trop incertain. Si le psychiatre, particulièrement lors d'actes psychothérapiques, est seul exécutant et seul responsable, il lui faut malgré cet isolement garder conscience de cette responsabilité acceptée. Souvent maintenant, la participation à des soins donnés en équipe tend à objectiver la situation psychothérapique et à la rendre en quelque sorte publique.

Grâce à un élargissement constant de ses connaissances et de ses formes d'intervention, le « psychothérapeute moderne » saura peut-être échapper à un des risques de l'époque, l'esprit d'école et pourra s'appuyer sur sa connaissance de la situation thérapeutique concrète pour avancer tout en mobilisant celle-ci.

Existent là, en effet, quelques traits caractéristiques du domaine psychothérapique actuel. Ils ont bien été identifiés par M. STEIN. En tête, cet auteur place l'esprit d'école. La notion d'école de psychothérapie et d'un groupe d'élèves fidèles à la pensée d'un maître comme à son influence personnelle est d'emblée liée au nom de FREUD. Le maître groupait autour de lui de nombreux fidèles et sut en exclure quelques autres. Ainsi naquirent... d'autres écoles, en particulier autour de JUNG et d'ADLER. STEIN emploie à ce propos l'expression de « leader charismatique » pour souligner la force quasi religieuse de ceux qui créent des « chapelles ». Il existe là une tendance qui s'est développée nettement dans des milieux psychothérapiques, avec les kleiniens, les moréniens, les rogériens, les lacaniens, etc... Cette diversité des écoles a sans doute un aspect positif. Elle correspond peut-être à une multiplicité interne propre à l'humaine nature. On l'a dit, en tout cas. Certains patients font des rêves plutôt freudiens, d'autres plutôt jungiens, certains ont des tendances kleiniennes, d'autres penchent pour le culturalisme. Cette hétérogénéité manifeste le particularisme étonnant de la situation psychothérapique et peut y répondre.

Un autre fait tient à une caractéristique professionnelle du psychothérapeute. Ce dernier offre des services que l'on peut dire, avec STEIN, « ésotériques ». Le client n'a aucun pouvoir reconnu de juger lui-même les résultats et la qualité de l'action thérapeutique. Lors d'une cure psychothérapique, le patient ne possède qu'une très vague idée du résultat désiré et une vue plus étroite encore des moyens et des possibilités de l'atteindre. Les moyens d'information de masse cultivent cette confusion. Ils dotent le thérapeute de certitudes techniques qui sont loin d'être les siennes et caricaturent une illusoire toute-puissance de la psychothérapie. Peut-être, la phase initiale de toute situation à visée psychothérapique peut-elle comporter une mise en condition progressive du patient, véritable « préparation à la psychothérapie » où la personne humaine du thérapeute serait précisée et non pas effacée.

Ceci conduit au troisième point de STEIN dont l'importance semble capitale. Le diagnostic, au cours de toute psychothérapie, est un processus continu. Cette formule montre que la fonction diagnostique du thérapeute est incluse dans sa fonction soignante. La richesse concrète de cette idée rend compte de la dimension évolutive et du dynamisme interne de toute situation psychothérapique. L'attention du thérapeute doit se fixer sur la progression du malade et déceler les tableaux successifs de ses changements. Cette reconnaissance précise des changements est un facteur considérable de consolidation des progrès du patient.

La mobilité des structures psycho-pathologiques est d'ailleurs un des résultats, les plus intéressants sur un plan théorique et les plus utiles en pratique, de l'association de différentes techniques et du travail conduit par différents thérapeutes chez le même malade, manifestant le chemin parcouru vers la réussite psychothérapique.

V. LA PERSONNALITÉ DU PSYCHOTHÉRAPEUTE

Dans cette diversification et cette croissance continue, le psychothérapeute gagne en liberté et en technicité. Pour les théoriciens de la communication la situation psychothérapique se définit comme une lutte entre le patient et le thérapeute, laquelle doit être conduite comme telle. La lutte pour le contrôle de la situation doit nécessairement être gagnée par le thérapeute. A l'extrême, les symptômes peuvent être considérés comme des manœuvres morbides de la part du patient auxquelles doivent répondre des actions ne lui laissant d'autre issue que la correction de ses troubles. Le malade devrait pouvoir se conduire pour une part en fonction des projets du thérapeute.

Généralement, toute forme de cure psychothérapique est plus ou moins fondée sur une tentative contractuelle médecin-malade. La psychanalyse n'échappe point à cette obligation puisque FREUD lui-même a préconisé des règles fondamentales, divan, sincérité, etc... Mais, il faut aller plus loin. Les messages échangés sont des tentatives de contrainte réciproque et la situation thérapeutique doit être également considérée comme le lieu d'une lutte que le thérapeute doit remporter, si possible avec l'aide du patient.

Ceci revient à faire du psychothérapeute un personnage doué de qualités définies et susceptible d'utiliser avec une suffisante liberté ces qualités. Ceci trouve un écho, même au sein d'écoles sujettes à un certain conformisme. Nombre de psychanalystes, comme le rappelle A. BERGE, reconnaissent que la rencontre avec le malade donne à la psychothérapie plutôt les caractères d'un art que d'une science véritable. Ceci fut exprimé par S. NACHT, dans la formule suivante : « ce que le psychanalyste est, importe autant que ce qu'il fait ». L'étude de BERGE est donc consacrée directement à la question de l' « équation personnelle et de l'art en psychanalyse ». FREUD décrivait, dans « Médecine et psychanalyse », « une certaine finesse d'oreille » « nécessaire pour entendre le langage du refoulé inconscient; ...chacun ne la possède pas au même degré ». L'instrument de l'analyse est évidemment la personnalité de l'analyste. L'impératif de la cure didactique manifeste d'ailleurs une certaine suspicion à l'égard des éléments de cette personnalité qui peut aller jusqu'au « moralisme technique » évoqué par GLOVER, attitude qui veut effacer toute particularité personnelle chez le thérapeute. Des appréciations plus positives apparaissent avec les notions d' « élasticité de la technique » de FERENCZI et de « tact » de LOEWENSTEIN. BERGE donne à cette question toute son importance. Le thérapeute aussi « normal » soit-il, n'en possède pas moins « un passé, une expérience, une vie privée, un tempérament, un caractère ». Ajoutons que ces éléments particuliers ont également un sens variable en fonction des données de même type existantes et différentes chez chaque patient. Non seulement la personnalité du thérapeute peut jouer un rôle dans la relation, mais évidemment, bien d'autres traits tels l'âge, le sexe, le cadre d'exercice, la notoriété, éléments qui ne prennent une signification qu'en fonction de la rencontre, c'est-à-dire d'une dynamique originale, particulière finalement à chaque situation thérapeutique.

BERGE pense que l'art du thérapeute est la voie nécessaire à l'emploi de ses connaissances scientifiques. Cet art, difficile à définir avec précision, nous ramène à la notion de style individuel et « ce n'est pas un hasard si certains analystes mettent à jour par priorité qui les conflits prégénitaux, qui le complexe d'Œdipe, qui les tendances homosexuelles, qui l'érotisme, qui l'agressivité ». On peut observer que « les plus beaux rêves sont pour les meilleurs interprètes des rêves ». Le travail de l'artisan et de l'artiste comporte adresse et goût, sens de la réussite. Le psychothérapeute, comme le peintre, doit prendre de temps en temps du recul pour une perception plus globale, il utilise en cela un jugement intuitif plus que rationnel. Peu à peu BERGE s'éloigne du schématisme habituel face aux questions de transfert et de contre-transfert. L'objectivité classiquement reconnue s'effrite dans la réalité affective de la relation entre deux personnalités, deux personnes, le thérapeute et le malade.

Chaque thérapeute choisit une « échelle » d'étude des faits. Tel utilise un microscope, tel autre préfère une loupe. L'un est bref, l'autre explicite; l'un frustre, l'autre gratifie. Conscient de cette diversité des styles et des rencontres thérapeutiques, BERGE fait bon accueil à la diversité des méthodes psychothérapiques.

Telle semble être en effet la solution. Le thérapeute doit répondre à une multiplicité de personnalités malades par une souplesse d'adaptation fondamentale. Il reconnaît la diversité des besoins et lui fait face par une nécessaire hétérogénéité de sa pratique. Dynamique de la cure et dynamisme du thérapeute sont liés. La pratique et la réflexion conduites dans le sens d'une activation des cures psychothérapiques mènent directement à de tels points de vue.

CHAPITRE XI

L'OBTENTION D'UN PROCESSUS DE CURE EN PSYCHOTHÉRAPIE

La notion d'activation est étroitement liée à la diversité croissante des moyens disponibles. Surplombant en quelque sorte ce polymorphisme de la pratique, apparaissent quelques données générales qui constituent les éléments et l'axe individualisables d'un phénomène thérapeutique général, le *processus de cure*. Sur un autre plan que les cures elles-mêmes, l'étude la plus attentive doit certainement être consacrée aux forces déterminantes de l'évolution favorable des multiples cas traités avec des moyens de plus en plus variés. Cette tâche est évidemment d'une amplitude impressionnante. Au stade actuel, cependant, une notion telle que processus de cure est encore, en psychothérapie, mal identifiée et peut bénéficier d'apports même parcellaires. Il existe certainement dans toute réussite thérapeutique, une action déterminante qui s'oppose à un certain processus morbide. La médecine somatique nous a accoutumé à prévoir et à rechercher les forces des maladies, leurs points d'agression, leur évolution. En psychothérapie, l'incertitude et la grande variété des facteurs étio-pathogéniques en cause compromettent une telle attitude et la rendent délicate.

La description d'un processus thérapeutique en psychothérapie a pour originalité de compléter la description du processus morbide. En effet, le traitement peut être une véritable intervention expérimentale qui, en raison de l'importance même des réactions psychologiques et de la place des mécanismes de la personnalité dans le déterminisme des troubles, est à même — et lui seul sans doute avec cette précision — d'apporter des renseignements du plus haut intérêt sur le processus morbide et le milieu psychique dans lequel il se développe. Cette originalité diagnostique de la notion de processus thérapeutique ou de cure en psychothérapie est une donnée déterminante des progrès du traitement et sera ici située à sa place et à son rang, les premiers nous semble-t-il. Le processus de cure en psychothérapie a en effet affaire avec la personnalité tout entière et avec l'un des aspects essentiels du fonctionnement de celle-ci, disons le « dynamisme vital ». Cette dernière expression signifie simplement qu'une machinerie infiniment complexe, pour chaque individu, se trouve au foyer de son existence et comporte les éléments essentiels de cette dernière, animation vivante et coordination. Le caractère dynamique propre à la notion de processus, développement et sens de celui-ci, aura ici l'acception la plus forte et la plus large possible.

I. DYNAMISME DU THÉRAPEUTE ET DYNAMIQUE DE LA CURE

Les dernières pages du précédent chapitre montraient l'importance de la personnalité du psychothérapeute. Le fait est que toute situation psychothérapique a pour organisateur un individu nommément désigné. Même chez les tenants du respect de normes rigides, l'attention se porte vers l'art personnel de chaque thérapeute, donnée indiscutable sur le plan de la réalité. Un pas fut franchi par exemple par les initiateurs des psychothérapies « d'inspiration psychanalytique », laissant une marge notable à l'initiative du psychanalyste.

Compte tenu également de la diversité des techniques, on peut aboutir à ce que chaque cure possède son style et que chaque traitement soit individualisé. Cette tendance se constate dans divers secteurs des techniques psychothérapiques et paraît soutenue par des besoins certains. L'individualisation des traitements les adapte à la multiplicité des situations et des demandes thérapeutiques et s'accompagne, en cela, d'une économie précise. Les soins sont parfois considérés alors comme « plus superficiels », « moins profonds », « symptomatiques ». L'important réside toutefois dans le résultat observé et il serait absurde d'écarter a priori comme douteuse une évolution positive obtenue par ces voies individualisées. Lorsque le modèle idéal est de façon certaine coûteux en temps, en échanges, en éléments explorés, il est opportun d'étudier l'efficacité d'une forme thérapeutique mieux adaptée, en quelque sorte « sur mesure ».

La particularité du champ psychothérapique concret a pour trait essentiel cette présence humaine — simultanée à la compétence technique — du psychothérapeute. L'école psychanalytique a vu là le fait essentiel des forces du «contre-transfert ». L'individu sur lequel se projettent les fantasmes œdipiens a un rôle propre et des réactions face à la névrose de transfert. Avec des termes tels que liberté, dynamisme, activation, d'autres dimensions sont évoquées. En effet, la neutralité du contre-transfert est réclamée par la cure freudienne, neutralité fondée sur des frustrations définies et acceptées par le patient, silence du thérapeute, rituels des séances, durée prolongée, non-intervention dans la vie réelle du patient, etc... Mais de même que la névrose de transfert se trouve omise très souvent dans les descriptions de la relation psychanalytique, de même la neutralité du contre-transfert est habituellement passée sous silence, au profit d'expressions du type contre-transfert positif ou négatif. De façon évidente, ces dernières expressions comportent des jugements de valeur arbitraires, fondés sur le fantasme d'un gardien invisible de l'orthodoxie de l'attitude du thérapeute vis-à-vis du patient. Ces contraintes — à la limite purement verbales — risquent de figer a priori la situation thérapeutique en maintenant le thérapeute dans cette insécurité propre au climat d'un éternel contrôle.

Par contre *à partir de la liberté relative et du dynamisme du psychothérapeute on aborde naturellement la notion de dynamique de la cure*. Cette dernière expression peut être explicitée dans le concret des faits, rythme et intensité émotionnelle des séances, évolution symptomatologique, déroulement de la relation, aboutissements. L'identification de buts possibles et la réalisation de ceux-ci, au-delà parfois des résultats attendus, permet de s'attacher à l'identification d'une évolution positive et de valeurs de progrès et de réussite. On retrouve ici les développements de la lutte entre un processus morbide et un processus de cure, d'autant plus visibles que leurs débats se résolvent dans des résultats correspondant à une maturation et à une autonomie objectives.

Sont source de difficultés similaires, les mots de résistance ou de conflit lorsqu'ils acquièrent une extension excessive dans le langage psychothérapique. L'aspect conflictuel de la relation thérapeutique est, pour une part, une manifestation du retour du passé infantile. Est-ce un élément très utilisable dans les psychothérapies où la volonté du thérapeute d'activer la cure est l'élément capital? Dans un tel contexte tout conflit ou toute résistance est un élément qui peut être un indice, une aide mais aussi une gêne, un obstacle à contourner, plutôt qu'à renforcer et plutôt qu'à analyser, en l'individualisant systématiquement. Une perspective dynamique anticipe. Elle s'appuie sur une attitude a priori prévisionnelle. Elle cherche, au-delà des difficultés immédiates du « hic et nunc », les réalités sous-jacentes à venir. Cette attitude est donc active et pour cela s'appuie nécessairement sur l'adresse et l'intuition. Elle espère toujours un « bond en avant » apporté par la perception de possibilités latentes du patient, de chances favorables, internes ou externes, de points de moindre difficulté. L'agressivité du patient ou son amour apparaissent alors comme incidents plutôt que comme éléments de l'entreprise. Éviter la névrose de transfert conduit à abandonner la neutralité du contre-transfert et à laisser de côté les réactions passionnelles du malade tant qu'elles ne peuvent ni nuire ni profiter au développement du processus de cure.

En fait, les conflits et les difficultés de la réalité font lever autant de résistance à l'évolution positive que l'attitude du thérapeute. Les difficultés créées par le traitement lui-même retentissent sur l'adaptation du patient à son milieu. Plus le traitement sera de longue durée et les séances fréquentes, plus il est certain que la cure débordera son seul rôle thérapeutique pour retentir sur l'organisation de la vie des patients. Certains manqueront de disponibilité personnelle, d'autres de temps ou d'argent, d'autres à l'opposé auront trop de temps et d'argent, trop de disponibilité. La limite d'action des « frustrations » contre-transférentielles a été justement critiquée.

L'utilisation de frustrations choque l'esprit médical et cultive l'idée d'une originalité absolue des soins psychothérapiques. Il existe là une question mal résolue dont la médecine contemporaine prend progressivement conscience par le biais des affections dites « psychosomatiques ». Il est certain que le médecin accoutumé aux soins rapidement efficaces a déjà quelque peine à concevoir les conséquences psychophysiologiques de l'angoisse. Plus de difficultés encore se manifestent face à la compréhension du déterminisme de celle-ci. Les moyens utilisés pour l'apaisement du grand nombre de malades qui présentent des troubles d'origine émotionnelle sont chimiothérapiques et, sur ce plan, en partie efficaces. Mais manque en général l'attitude de compréhension complémentaire. Le psychothérapeute, de son côté, pense essentiellement aux aspects psychologiques des soins. Il ne peut non plus réussir en oubliant tout le reste, substrat psychophysiologique de l'angoisse et de la dépression, éléments de terrain, potentiels de décompensation psycho-sociaux. S'il prétend, à juste titre, que le névrosé est un « vrai » malade, il a le difficile devoir de *tenir compte de la diversité des facteurs étiopathogéniques propres à l'ensemble des maladies psychiatriques*. Il est évident qu'une attitude d'entreprise active permet cette polyvalence beaucoup plus certainement que la neutralité classique. La notion de contre-transfert se situe sur un plan idéal et abstrait comme celle de résistance ou de conflit. La neutralité peut apparaître dans certains cas, pour le patient, comme un refus d'engagement soignant, comme une attitude d'esthétisme ou d'attrait pour le morbide.

Il semble important que le thérapeute conçoive l'obtention du résultat comme sa tâche la plus immédiate. A ce titre l'allégation systématique d'un conflit et de résistances ou d'une neutralité de principe se fonde sur une vision pessimiste a priori des potentialités évolutives du psychisme du patient.

II. LE DÉVELOPPEMENT DE LA CURE PAR L'EFFORT DE PLANIFICATION

Les questions techniques en psychothérapie conduisent à des problèmes méthodologiques. Le plein éclaircissement de ceux-ci nécessite un effort constant, parallèle aux progrès de cette branche thérapeutique. Cet effort existe lors de l'organisation et du développement de chaque cure, en particulier dans le contexte de « flexibilité » si remarquablement proposé par Franz Alexander.

Les « modifications de la technique psychanalytique standard », utilisées par Alexander, dotent le thérapeute d'un rôle actif et ouvrent la situation psychothérapique à la réalité, entretiens d'un caractère direct, maniement de leur fréquence, planification de leur déroulement, importance pour les patients des expériences à vivre dans le monde social, etc... On retrouve, en France, un même effort dans la conduite de psychothérapies d'inspiration psychanalytique (R. R. Held).

Alexander s'intéresse aux patients que la cure orthodoxe ne peut satisfaire et dont le nombre est certainement croissant. Il adopte aisément une attitude pragmatique qui montre dans les névroses « le résultat de l'interruption d'un processus d'apprentissage » face à quoi le rôle thérapeutique est de reprendre et de compléter « un processus d'éducation interrompue ». Une part croissante de la demande psychothérapique est constituée par les nombreux cas de névroses chroniques légères, de névroses aiguës, de troubles émotionnels à leur début. Il s'agit de répondre efficacement et avec des procédures appropriées à ces besoins assez différents de ceux auxquels la cure classique s'applique. L'évaluation diagnostique s'impose également dans la mesure où il existe un nombre important de procédures thérapeutiques, appelées encore à se diversifier et parmi lesquelles l'analyse traditionnelle trouve sa place. Comme on peut s'y attendre en fonction de l'ouverture de la situation thérapeutique sur la réalité, cette flexiiblité se manifeste également dans l'expression du but thérapeutique. Pour Alexander, elle vise à « accroître la capacité du malade à trouver la gratification de ses besoins subjectifs, suivant des modes acceptables à la fois par lui-même et par le monde dans lequel il vit, et lui permettre ainsi de développer ses aptitudes ».

Ceci réclame nécessairement la participation psychologique du patient à sa cure et à la recherche de la guérison. Il s'agit pour cela, d'éviter tout particulièrement que le patient ne substitue les expériences de l'analyse à celles de la vie. La situation thérapeutique est, à l'inverse, un champ préparatoire des progrès qui, en fait, se manifesteront dans la vie réelle. Alexander donne une grande importance à la « réalité », externe ou interne, hors ou dans la cure.

Les expériences réussies dans la vie réelle ont une valeur de facteur thérapeutique puissant, d'autant plus qu'elles furent antérieurement altérées ou inhibées névrotiquement. Le parallèle est évident avec la thèse de Janet sur l'importance psychothérapique de l'action complète, du succès et de la réaction de triomphe. Bien d'autres similitudes frappent. Alexander pense qu'il faut encourager les expériences favorables dans la vie réelle, *au bon moment*, pousser le malade à faire des actes qu'il évite, voire les exiger de lui et l'exposer dans des *conditions favorables* à des situations émotionnelles qu'il n'a pas pu maîtriser dans le passé.

La flexibilité thérapeutique comporte donc une critique des comportements impersonnels du thérapeute et se fonde sur la valeur thérapeutique de « l'expérience émotionnelle corrective ».

Les progrès de la cure dépendent de ces appels à la « force du MOI » et des élucidations intégrées grâce à celle-ci. Espacer les entretiens, dans d'autres cas les rapprocher sont des pratiques qui permettent de maintenir le niveau émotionnel souhaitable. L'autre avantage de cette modification du rythme des rencontres psychothérapiques est de laisser la liberté au thérapeute du choix entre la cure et la réalité. Il s'agit, en particulier, d'éviter le retour à un but névrotique que constituerait le retrait de la participation réelle à la vie.

A travers ces derniers éléments se manifeste *l'importance de la donnée temporelle de la cure*. Le développement de celle-ci est autre chose qu'un simple déroulement standardisé et a priori défini. En fait le développement du traitement comporte une attention active de la part du thérapeute. Les notions d'économie, d'intensité et de progression thérapeutiques ont pour promoteur direct le thérapeute : « le simple fait que l'analyste prévoit un long traitement exerce souvent sur lui une influence insidieuse, avec la tentation d'écouter trop passivement tout le matériel du malade et de remettre à plus tard la mesure préliminaire de la formulation des dynamiques impliquées ». Alexander montre donc la nécessité d'une planification active du traitement qui se fonde sur un bilan diagnostic initial aussi pénétrant que possible et le maintien d'un rythme thérapeutique efficace.

Les collaborateurs d'Alexander, I. M. French, R. R. Gringer, E. Weiss, participent directement à ses réflexions. Dans une même ligne se situe l'œuvre de Wolberg, qui réunit une masse notable de documents. Au centre de ses ouvrages, est placée également la préoccupation du « plan thérapeutique » nécessaire à chaque cure. Les notions de « working relationship » ou de « working process » indiquent l'esprit d'interrelation active qui préside pour Wolberg à la psychothérapie.

La période initiale comporte des investigations diverses et en particulier celles qui permettront la prise de conscience des éléments caractéristiques des traitements psychothérapiques. Les premières tentatives de réadaptation émotionnelle iront de pair avec l'identification des forces émotionnelles engagées dans les tensions pathologiques dont souffre le patient, « force du MOI », et des pulsions, sentiments morbides latents de culpabilité, d'agressivité, d'inhibition, éléments de la situation réelle, affective et sociale, etc... Pour Wolberg, à ce premier stade le patient se trouve confronté avec ses symptômes, leurs liens avec la personnalité, leur interférence avec le développement passé de celle-ci. Le patient doit donc manifester ou atteindre le désir de traitement. Pour ceci, il faut également l'éclairer quand à la nature de ce traitement, en éliminant nombre d'idées fausses ou abstraites fréquemment rencontrées. Le patient sera conduit à constater qu'il peut, pour une part, comprendre le déterminisme de ses troubles et ceci tout particulièrement dans le climat favorable de la relation thérapeutique. Il est nécessaire de l'impliquer dans la vision du développement du traitement et de prévoir avec lui que cette progression connaîtra des étapes ou des résultats peut-être seulement partiels.

La deuxième partie du plan thérapeutique sera donc la phase centrale de la cure. Alexander décrivait des psychothérapies longues et brèves, ou de soutien et de prise de conscience. Wolberg identifie trois types d'abord psychothérapique qu'il paraît détacher des techniques proprement dites : abords de soutien, rééducatif, reconstructif. Au cours de cette seconde phase sont découverts ou proposés de nouveaux modèles de relations interpersonnelles. La modification de la personnalité est permise par la prise de conscience progressive des difficultés subjectives et par les étapes successives de nouvelles adaptations réussies. De façon très systématique, Wolberg passe en revue les moyens disponibles pour cette prise de conscience. L'association libre, les rêves et fantasmes, les attitudes vis-à-vis du thérapeute, l'exploration des tendances latentes, la découverte du matériel inconscient, l'action des interprétations et celle des résistances, sont des moyens qui s'accompagnent de transformation des prises de conscience en actions réelles et de modification de la personnalité grâce à l'appui du climat positif de la relation thérapeutique.

La phase terminale de la cure est considérée par Alexander et par Wolberg avec une attention particulière dans la mesure où l'ensemble du plan de cure vise à cette conclusion, obtenue dans les meilleures conditions.

Le trait dominant des relations entre le développement de la cure et l'effort de planification des faits concrets qui la constituent apparaît comme lié au principe de flexibilité associé à une volonté d'aboutissement et de conduite réfléchie de chaque cure particulière. Les traitements individuels se plient à des plans particularisés avec le mobile d'une économie de moyens et de temps. Le thérapeute se trouve incité à des attitudes actives de réflexion, d'intervention et d'assistance, le patient peut participer de son côté — et même entre les rencontres et les séances — à une situation ouverte à la réalité, attentive à la multiplicité de ses intérêts humains. Le dynamisme du thérapeute trouve donc l'écho des réactions positives du patient dans la mesure où l'organisation de la situation psychothérapique place la demande de soins dans le monde des réalités, des possibilités et de l'efficacité.

III. LE PROCESSUS THÉRAPEUTIQUE DES CURES PSYCHOTHÉRAPIQUES

La notion de *processus thérapeutique* permet l'abord de l'élément central de toute cure et de toute situation psychothérapique s'organisant pour soigner et peut-être guérir. Il existe, en psychiatrie et en psychothérapie, une originalité et une spécificité de cette situation qui ont déjà fait couler beaucoup d'encre. Il faut cependant revenir constamment sur les points fondamentaux autour desquels, encore bien longtemps sans doute, d'autres débats et d'autres tentatives de progression se manifesteront.

La relation originale qui compose la base de la situation psychothérapique a été définie dans ses descriptions initiales comme médicale et coutumière puis, par Freud, comme passionnée par l'intervention des projections transférentielles; c'est pour les behavioristes un champ de communication et pour les phénoménologues, une rencontre. On insiste également beaucoup sur le moyen qui fonde cette relation, le langage, avec ses formes diverses. Langage du corps ou des organes, langages symboliques ou communications non verbales, ces voies et ces moyens sont multiples. Il faut encore rappeler ici la multiplicité des techniques permettant cette médiation et ces échanges entre les deux protagonistes de la relation psychothérapique. Mais cette relation mérite d'être mieux définie. Le malade qui la demande ou la découvre se rend compte que le thérapeute en cause est différent des autres personnages définis par des situations certes voisines, mais toutefois bien distinctes. Il ne s'agit ni du médecin du corps, ni du confesseur de l'âme, ni de l'amical conseiller, ni non plus du technicien d'une psychologie qui aurait ses lettres de noblesse scientifiques.

A ce vide descriptif il semble que Carl Rogers soit venu répondre avec les notions de guidance, de conseil ou *d'aide psychologique*. Cette notion d'aide est vague, banale même. Par ce sens général des actions qu'elle inclue ou résume — une aide — la relation psychothérapique possède une direction soignante et d'assistance qui prime toute considération technique dans les visées qu'elle peut se donner. Les deux individus engagés dans cette relation fondent en quelque sorte leur contrat sur ce sens global et développent leurs échanges dans cette perspective d'assistance.

Ainsi, chaque « réalité relationnelle » concrète trouve ses

caractéristiques dans cette dimension d'assistance et de guidance. Cette « réalité relationnelle », d'une part, est définie par la technique utilisée et d'autre part, dépend des attitudes des deux sujets engagés en elle. Si la demande d'aide du malade mérite souvent d'être approfondie, canalisée ou mûrie, l'offre faite par le thérapeute nécessite aussi la recherche assidue d'une authenticité et d'une attention aussi fidèles que possible aux intérêts du patient. Cette authenticité de l'attitude d'assistance du thérapeute a fait l'objet de discussions, souvent obscurcies. Les excès de l'esprit d'assistance sont parfois invoqués dans ces débats. Il est nécessaire en effet de les citer tout en rappelant que leurs risques sont tempérés, comme l'a montré Rogers, par les possibilités évolutives positives éveillées chez le patient.

Certes, la dépendance du patient vis-à-vis du thérapeute est le résultat habituel d'un intérêt exprimé de façon excessive par lui vis-à-vis du patient. On a pu nommer « patientisme » (Cavanagh) ce travers où la relation devient unilatérale, au profit du seul malade. Il faut donc mettre en garde le thérapeute. S'il oublie trop son rôle soignant et ne porte attention qu'aux faits vécus immédiatement dans la relation, il peut négliger les autres éléments de la situation thérapeutique. Des attitudes de « confortable complaisance » ou « d'humble gentillesse » peuvent satisfaire les deux protagonistes pendant un temps mais non pas faire évoluer cette situation thérapeutique trop parcellaire. Le thérapeute doit donc se garder de perdre toute liberté de manœuvre et d'oublier tout savoir et toute expérience. L'esprit d'assistance certes raccourcit la distance mais doit éviter la fusion. D'une façon très similaire, Balint décrit les dangers d'une situation thérapeutique s'organisant sur le mode de la « séduction réciproque ».

Ceci dit, le patient possède, dans la réalité de la relation thérapeutique, certains éléments essentiels pour une évolution favorable de celle-ci. On ne saurait nier qu'il recèle le terrain de développement de l'éventuel processus de cure. L'œuvre de Rogers, parmi d'autres bien entendu, peut être un exemple et un apport susceptible de justifier l'hypothèse d'action que recouvrent ces termes de « processus de cure ». A une phrase de Janet précisant que les névroses « sont des troubles de diverses fonctions de l'organisme, caractérisées par l'arrêt du développement sans détérioration de la fonction elle-même », Rogers répond par un corollaire, « tout organisme est animé d'une tendance inhérente à développer toutes ses potentialités et à les développer de manière à favoriser sa conservation et son enrichissement ». Cette vision vitaliste ou « organo-dynamique » (H. Ey) des fonctions mentales est trop évidemment utile pour rester négligée. Les phénomènes de croissance et d'adaptation créatrice sont à la base d'un certain optimisme thérapeutique dont bien des résultats seuls fondent finalement la légitimité. La recherche de processus internes curatifs, vieux principe médical, prend une particulière importance lorsque l'organe fonctionnellement atteint est le système nerveux lui-même et lorsqu'il apparaît que le trouble existe au sein de ses potentiels adaptatifs les plus élevés.

Les recherches de Rogers concernent la séance et l'entretien psychologiques, en face à face, d'une durée et d'un rythme capables de faire évoluer positivement les difficultés du patient. La relation de conseil ou d'aide psychologique répond à nombre des besoins rencontrés en psychothérapie courante et les résultats de Rogers possèdent à cet égard une signification certaine. Les principes qui guident les entretiens rogériens sont nombreux. L'un des plus importants consiste en la recherche d'une verbalisation — « symbolisation » — totale des éprouvés subjectifs du patient au cours de la séance. Cette *verbalisation totale* est d'autant plus fructueuse que le soignant facilite le développement des thèmes subjectifs, en clair ou confusément présents à la conscience actuelle du patient. Le résultat est obtenu par une structuration paradoxale de l'entretien. Il existe en effet, à la fois un climat totalement permissif et une attitude active permanente du thérapeute. La communication peut être entièrement verbalisée par le patient et ceci durant toute la séance. L'absence de directivité — notion bien connue de l'œuvre rogérienne — est seulement un des éléments. Comme le précise Rogers, est surtout caractéristique la présence chez le thérapeute de la conscience que « le client est le meilleur guide » et que « *tout l'entretien doit être centré sur le client.* » La notion de non-directivité est là pour rappeler la tendance naturelle du patient à la dépendance et celle, non moins spontanée, du thérapeute à la domination. L'attitude nouvelle qui est le vrai moyen de cette non-directivité, réside dans l'effort d'« *empathie* » lucide, maintenu par le thérapeute tout au long de la relation. En s'éloignant autant du « laissez-faire » que de l'analyse, en évitant si possible l'interprétation, le soignant s'appuie sur les expressions du patient. Il identifie les attitudes subjectives, aide au processus de clarification des sentiments qui les sous-tendent et facilite l'expression libre. A titre d'exemple, de première importance, l'étude des « attitudes du sujet vis-à-vis de son MOI » révèle que l'idée ou « *l'image du MOI* » sont les vrais régulateurs de l'organisme psychologique plongé dans l'expérience et désireux de sélectionner sa part. Dans un mouvement phénoménologique essentiel, Rogers passe ainsi d'une entité abstraite, le MOI, à l'image du MOI, force psychologique concrète, sentiment vécu et actif au sein même de la situation thérapeutique et qu'il s'agit pour le thérapeute de percevoir clairement. Le thérapeute doit donc vivre vis-à-vis du patient une « attitude d'appréciation », de « *considération positive inconditionnelle* », *seule possibilité d'abord de l'image du MOI du patient au moment même de l'entretien.* Dans le dialogue ainsi ouvert se perçoit « le cadre de référence interne » du sujet, ensemble des expériences disponibles à la conscience. Pour sa part le thérapeute, dans ses réactions aux dires du patient, doit par un « accord interne » laisser venir à sa conscience les sentiments et attitudes éprouvés en fonction du présent.

Un « *certain processus* », dit Rogers, se met en marche lorsque la relation thérapeutique est construite selon ces principes. Cette relation acquiert le caractère d'une expérience de maturation. Ce processus concerne l'ensemble de la situation et le thérapeute le vit également — point notable — sous forme du développement « d'une relation affective plus profonde » avec le patient. Ce processus possède son point de départ, sa pleine extension et sa conclusion qui comporte, en un accord commun, la fin de la relation, provisoire ou définitive. L'expression des sentiments du patient, peu à peu facilitée, corrige et diversifie la « symbolisation », mise en forme cohérente des expériences personnelles. La diminution de l'angoisse et de l'inhibition fait régresser le désaccord entre l'éprouvé subjectif et l'image du MOI ou, en tout cas, le rend conscient. Des sentiments jusque-là désavoués ou déformés sont désormais vécus tels que. La considération positive manifestée par le thérapeute devient une attitude du patient vis-à-vis de soi-même. Rogers peut écrire : « lorsque certaines conditions d'interaction humaine sont données, certains phénomènes appelés résultats thérapeutiques, amélioration, changement de la personnalité, croissance humaine, s'ensuivent ». Le processus thérapeutique est donc analogue à « un chemin où le sujet évolue vers un état d'accord interne plus complet ». Finalement il n'y a pas de différence pour Rogers entre le processus et les résultats de la thérapie lors du développement progressif où chaque séance joue son rôle, où à chaque effort du thérapeute répond en fait un apport nouveau du patient et réciproquement.

La réapparition des capacités affectives d'autonomie personnelle va de pair avec la progression de l'information du thérapeute. Les moyens utilisés par celui-ci sont d'ailleurs simples et donc parfaitement adaptés à suivre un développement processuel. Une reformulation des dires du patient, des réponses en écho, des encouragements suivent pas à pas les modifications subjectives éprouvées par le patient. Cette attention portée au sentiment lui-même est un des piliers, on peut le rappeler, de l'œuvre de Janet qui n'a pas manqué également de s'intéresser à la question de la structure des entretiens psychologiques. Au passage, relevons une observation curieusement commune aux deux auteurs, le patient a besoin très souvent de la première partie de la séance pour l'expression de ses sentiments négatifs, les sentiments positifs apparaissent ensuite. Plus qu'un détail technique, on relève ici une donnée relationnelle qui témoigne parmi d'autres de la spécificité de la situation psychothérapique considérée sous l'angle de la réciprocité des échanges.

Une raison de réussite de telles procédures techniques réside dans un fait facilement sous-estimé. Nombre d'états névrotiques sont pour une part réactionnels à des difficultés existentielles réelles. Apparues sur des personnalités dont elles révèlent les fragilités ou à des stades délicats de l'évolution personnelle, ces manifestations névrotiques constituent des éléments relativement superficiels ou transitoires, éventuellement contrôlables par des interventions psychologiques modérées. Ces manifestations pathologiques sont en compétition avec des conduites adaptées et solidement acquises. L'économie des moyens thérapeutiques appliqués garantit le maintien de ces acquisitions antérieures, défenses si l'on veut, mais défenses précieuses.

Les possibilités d'expression offertes aux forces réelles de la personnalité, par des modalités d'abord de type rogérien, peuvent donc rencontrer le besoin véritable du sujet de retrouver une adaptation plus aisée. Ainsi peut-on compter sur l'intervention de forces évolutives et de guérison dont il s'agit avant tout de mettre en route le processus et de l'amener au succès.

Un des éléments de ce processus thérapeutique réside dans ce qui pourrait être l'inverse du cercle vicieux pathologique. L'énergie rendue à des conduites claires et adaptées entraîne l'ensemble de la personnalité. A ces bénéfices du retour de l'homéostasie intérieure et à ce mouvement vital retrouvé se joignent des bénéfices sociaux. L'adaptation favorise l'adaptation et le succès entraîne le succès (P. Janet). Tout hasard positif est alors porté au compte créditeur et, en effet, comme le disait Alexander, il existe dans la réalité des événements favorables qui sont l'inverse des traumatismes psychologiques.

L'action du thérapeute, tout bien considéré, se situera pour une part dans ce contexte. La relation d'aide rogérienne ravive le lien interhumain (Hesnard). Participant à l'efficacité de celui-ci, elle comporte un aspect soignant et donc oblatif ou généreux dont la sous-estimation serait une erreur foncière. La notion de processus thérapeutique engage la conscience soignante du thérapeute, ses qualités d'intuition, de compréhension active et sa volonté d'assistance. Hypothèse d'action, le processus thérapeutique peut se révéler source de connaissance interhumaine. Sa réalisation et son succès comportent d'intéressantes acquisitions auxquelles le thérapeute doit certainement maintes satisfactions et résultats positifs.

IV. LES PSYCHOTHÉRAPIES BRÈVES MONTRENT LA NÉCESSITÉ D'UN PROJET THÉRAPEUTIQUE

A l'ère chimiothérapique et institutionnelle actuelle, la rénovation des soins psychiatriques exerce une pression puissante pour le développement de la psychothérapie. Celle-ci doit à son tour progresser et manifester une volonté de réussite thérapeutique à travers des résultats objectivables. Ceci s'exprime dans ce que l'on peut dénommer « le mouvement pour les psychothérapies brèves ». De divers côtés, en effet, des psychothérapeutes viennent montrer la possibilité d'obtenir des améliorations ou des guérisons dans des délais définis et prochains. Psychothérapies à court terme, de durée brève ou abrégée, ces titres font référence à une opposition aux durées si prolongées propres à la cure psychanalytique classique. Les modèles temporels proposés sont à la fois plus brefs et plus précis. Dans les pages précédentes ces tendances ont déjà été évoquées. Alexander montrait qu'il fallait tenir compte de l'action du facteur temps sur le fonctionnement interne de la cure. Rogers, pour sa part, apporte la notion qu'une certaine intensité relationnelle est nécessaire pour transformer en processus de cure l'offre et la demande de soins propres à la situation thérapeutique.

A la lumière de ces apports, la valeur « temps » de la cure psychothérapique complète ses implications quantitatives par d'autres, qualitatives. Le temps humain, temps vécu, ressenti et social, est animateur des conduites. Son rôle positif dans la vie psychologique est rappelé par des notions telles que développement, maturation, destin. Pour le malade et pour le thérapeute, il est capital de savoir si l'entreprise psychothérapeutique devra durer environ 6 mois ou 4 ans, et ceci sur un rythme rigide ou souple, mais aussi et surtout de quoi ce rythme sera fait.

La diversité des moyens disponibles favorise certainement la naissance de telles recherches et leur application sur une grande échelle aux soins psychothérapiques. Tel est le premier élément de la situation actuelle. Des méthodes comme la narco-analyse, l'autogène training, les thérapies expressives permettent l'organisation de nombre de situations psychothérapiques efficaces dans une durée de temps limitée. Cette réalité porte en soi la leçon de la diversité souhaitable des moyens et des méthodes psychothérapiques développant leurs effets avec une durée et une intensité variées et susceptibles de se situer dans le cadre d'un plan thérapeutique, projet ou programme de soins.

Des psychothérapies de durée limitée peuvent très bien répondre aux besoins présentés par les manifestations névrotiques post-traumatiques, les syndromes anxieux déterminés par des difficultés existentielles, les réactions affectives greffées sur un terrain organique, etc., etc... Il peut être très efficace de répondre rapidement et de façon définie à des organisations pathologiques encore récentes ou labiles. A la notion d'urgence est étroitement liée celle de la prévention d'aggravations morbides, si fréquentes en psychiatrie. Les interventions souples, rapides et de durée définie, tiennent compte des facteurs d'individualisation de la situation thérapeutique, sexe et âge du patient, structures psychosociales, insertion sociale actuelle, comme de la possibilité d'emploi de soins complémentaires, chimiothérapiques, institutionnels, socio-thérapiques.

Le mouvement des psychothérapies de brève durée tire ses meilleures thèses de la psychopathologie clinique et de théories souvent behavioristes. Ces deux supports sont utiles en pratique et permettent des jugements empiriques par une conjonction qui acquiert finalement d'intéressantes significations. De formation ou de pratique quelque peu divergentes, les cliniciens de ce mouvement s'apportent mutuellement les bénéfices de leurs réflexions. On peut présenter en quelques paragraphes certains de ces apports ; il en est peu qui laissent indifférent.

La recherche dans chaque traitement de buts précis et d'un programme de soins, la mise au point d'un projet s'accompagnent de l'intérêt porté à des moyens nouveaux d'intervention. Certains symptômes peuvent stimuler cette recherche. Par exemple, chez un patient relativement bien adapté avant le début des troubles, l'anxiété morbide peut être utilisée comme point d'appui de l'analyse psychologique (Sifneos). La tension du malade aide, sur un plan diagnostic, à découvrir les stimuli pathogènes et les difficultés subjectives correspondantes. Cette tension peut être maintenue volontairement à un niveau précis, contrôlable par les attitudes de soutien du thérapeute mais suffisant pour éviter les réactions de dépendance ou de renoncement.

Le maintien d'une vision concrète de la situation thérapeutique chez le malade peut être facilité par une « alliance thérapeutique » e ntre les deux protagonistes (Zavitzianos). Le thérapeute devient alors pour le patient un « objet réel » et la situation thérapeutique est une part seulement de la réalité et de l'ensemble vécu. Le thérapeute évite de mettre en cause l'ensemble des structures psychologiques et des systèmes de défense de son patient. Les identifications du thérapeute s'effectuent autant que possible sur un plan de réalité et évitent les fantasmes transférentiels. Par exemple certains comportements agressifs ou sexuels exprimés vis-à-vis de lui peuvent être considérés comme extérieurs à la cure et respectés dans la mesure où un tel besoin d'affirmation du MOI mérite d'être perçu avec un sens positif de la part du thérapeute. Le type dynamique de conduite des soins modifie la perception globale de la psychothérapie (Mc Guire). Un mode d'abord « pédagogique » se manifeste. Les psychothérapies de brève durée visent à l'apprentissage par le patient d'attitudes et de modes de résolution de ses conflits affectifs. La préoccupation initiale d'un soulagement est guidée vers un désir plus global d'évolution et de maturation. Le thérapeute a intérêt à commencer par l'abord de problèmes psychologiques marginaux. Ceux-ci offrent la possibilité d'un apprentissage relativement aisé de la connaissance et du contrôle de soi. Le déterminisme des troubles du comportement à partir des conflits et des traits de l'organisation défensive de la personnalité peuvent être éclairés sans soulever d'angoisse gênante. Le contrôle de l'évolution de la relation dépend des manifestations du thérapeute. Comme au cours de la relation pédagogique, l'acceptation ou le refus des expressions émotionnelles du patient sont assimilables dans une certaine mesure à des récompenses ou des sanctions négatives.

Ces quelques points de vue témoignent de l'importance reconnue aujourd'hui aux formes et procédés de communication qui constituent la situation psychothérapique. L'effort d'objectivation manifesté par ces réflexions montre que ce « commerce de l'amitié », la psychothérapie, dépend pour une bonne part des possibilités de communication du patient, selon les termes de Schoffield. On doit à cet auteur la description du « bon malade », Mr Yavis (Young, attractive, verbal, intelligent and successfull). Accepté sans difficulté en psychothérapie, Mr Yavis noue de très bonnes relations avec son thérapeute. On a décrit, tout à l'opposé, le triste Mr Hound, homely, old, insuccessfull, non verbal or dumb, qui correspond évidemment à une réalité assez fréquente, fruste, âgé, dépressif, muet ou sourd (Goldstein). Une bonne part du début de l'entreprise thérapeutique consiste à transformer Mr Hound en Mr Yavis ou à éviter que celui-ci se transforme en celui-là. Un impératif du projet thérapeutique consiste en effet à faciliter les échanges et à multiplier les modes de rencontre autant que le nécessitera la complexité pathologique du cas traité et ceci avec le sens du temps utile à ces évolutions.

Les notions de plan, de programme ou de projet thérapeutique se fondent sur le maintien d'une communication entre soignant et soigné telle que se trouvent libérées et utilisées les énergies du processus thérapeutique. Autant il est aisé de bien préciser les modes d'approche et le stade initial de ces programmes thérapeutiques, autant demeure incertaine dans son contenu cette phase intermédiaire ou moyenne, bien identifiée par Wolberg. Les moyens utilisables ont été présentés de façon systématique. Compte tenu de l'inter-relation permanente de différents facteurs, on peut voir agir les associations libres, l'utilisation des rêves, l'examen de l'attitude des thérapeutes vis-à-vis du malade, la manipulation des résistances au traitement, le passage de la prise de conscience à l'action adaptée, le travail d'éclaircissement, les interventions de soutien et de consolidation. Il apparaîtra nécessaire, dans chaque cas particulier, de mettre bien en balance les buts précis du traitement et les moyens ainsi employés. Cette phase « moyenne » du traitement demeure ainsi liée dans sa définition aux questions essentielles posées au psychothérapeute, jusqu'où faut-il aller et par quelle voie ?

Un appoint solide est constitué par l'apport rogérien. Dans la relation empathique et expressive souhaitée par cet auteur, le guide du déroulement relationnel est toujours le patient. Tant que les sentiments de celui-ci demeurent confus et que la part essentielle de son affectivité reste incertaine devant les possibilités ou les impératifs de la situation, la maturation demeure nécessaire, possible grâce à la relation d'aide offerte par le thérapeute. La durée devient dans ce contexte la composante temporelle du développement processuel de la cure. *L'essentiel est le maintien de la manifestation de cette force réorganisatrice* que Rogers a montré en action. De même, sans aucun doute, le thérapeute percevra ces modifications chez son patient. Ses attitudes ou ses modes d'intervention, les techniques auxquelles il fera appel suivront bien l'évolution du patient. Cette modification progressive de la situation thérapeutique, de vitesse et de rythme variables, vise la maturation fondée sur les prises de conscience, les apprentissages et les adaptations nouvelles.

V. ÉVOLUTION VERS LES PSYCHOTHÉRAPIES PLURALES

Dans la recherche et le maintien du processus de cure, il existe donc, en réalité, autant de situations thérapeutiques que d'étapes dans la cure. Si les mieux définis de ces stades se situent au début et à la fin du traitement, il est probable que souvent des stades intermédiaires multiples se distinguent. Une preuve et une réponse sont constituées ici par l'emploi successif de plusieurs techniques thérapeutiques chez un même patient. Il apparaît que l'application d'un *principe de pluralité*, complémentaire du principe de flexibilité, s'avère nécessaire dans le traitement de nombre de cas et en particulier des plus difficiles. Étonnante dans une vision classique axée sur les projections transférentielles, cette pluralité des soins, des modes d'abord et même des matériels psychologiques est en fait une expérience bien banale. Nombreux sont les patients qui passent, pour leur plus grand bien, des mains du généraliste à celles du psychiatre ou du psychothérapeute, de là parfois en soins hospitaliers ou vice versa. Chez l'enfant bien souvent, les soins sont pratiqués à la fois par un médecin, par un technicien, orthophoniste par exemple et un psychothérapeute. *Les psychothérapies plurales* ou cothérapies tendent à devenir une expérience courante. Elles se généralisent dans les institutions psychiatriques. Différentes techniques sont utilisées, simultanément ou successivement. Des thérapeutes de sexe différent conduisent avec le même patient des entretiens dont le ton et le contenu distincts élargissent ses acquisitions affectives. Une coordination thérapeutique nécessaire s'acquiert chez les soignants accoutumés à ce travail combiné où les modalités évolutives permises aux patients s'associent, se succèdent, se superposent.

CHAPITRE XII

LES SITUATIONS PSYCHOTHÉRAPIQUES ET L'ACTIVATION DES CURES

Les cures psychothérapiques concrètes, et plus généralement les éléments psychothérapiques des traitements psychiatriques, ont de multiples coordonnées qui semblent aujourd'hui individualiser ces cures à l'extrême. Sur le plan théorique, on trouve de solides défenseurs de l'orthodoxie qui soulignent les impératifs méthodologiques dans ce domaine. Ils ont tendance à fonder cette exigence sur le modèle, certainement abstrait, de cures didactiques pratiquées à la limite des soins. Par contre, le plan de la pratique montre que la diversité des façons de faire est une donnée d'aujourd'hui, pour la simple raison que la multiplicité des expériences, des écoles et des points de vue va croissante.

A notre sens, se place au premier plan la notion de cure, volonté de soins et d'organisation de ceux-ci, allant de pair avec l'identification recherchée d'un processus de cure. Il reste à donner un avis plus étroitement lié à la volonté de recherche de l'activation. Les cures psychothérapiques concrètes — celles que nous trouverions ce jour même en mille lieux — ont pour éléments de base la demande de soins ou d'aide de très nombreux patients et la réponse aussi adaptée et rapide que possible des soignants, organisateurs de situations relationnelles à visée curative. Il est donc indispensable de tenter de mieux définir les structures de telles situations et de faire apparaître, sans trop de schématisme, les principaux éléments habituellement présents.

I. LES RÈGLES DU JEU DE LA SITUATION PSYCHOTHÉRAPIQUE

Certes, le thérapeute qui se situe dans la ligne de l'activation psychothérapique perd le loisir de rédiger ses réflexions théoriques au cours des séances de ses patients. Il acquiert un savoir aux limites et aux axes principaux longtemps flous, mais encouragé par le souvenir de succès — souvent difficiles, parfois remarquables — il aborde chaque cas comme une aventure en soi nouvelle, où l'originalité du patient individuel existe toujours derrière un tableau clinique déjà rencontré et défini. L'engagement dans la psychothérapie comporte une entreprise le plus souvent difficile et sérieuse, caractérisée par des luttes relationnelles.

D'emblée se trouve distribué un certain jeu à chacun (Ornet et Wender). Le début de la partie, si l'on peut dire, sachant combien l'angoisse et le drame constamment menaçant, nécessite que les premiers gestes thérapeutiques se combinent avec une évaluation rapide — et qui se prolongera — des forces pathologiques et des éléments alliés du thérapeute présents chez le patient. Ainsi se noue une relation où l'engagement du thérapeute doit faire l'objet d'une constante lucidité de sa part.

Le problème est posé au thérapeute dans des termes paradoxaux; il doit nécessairement l'emporter sans pour autant que le malade soit « vaincu », bien au contraire. Toute la cure se déroulera sous la marque de cette ambiguïté. Un diagnostic doit être posé sans que le patient ressente le caractère objectivant de ces examens. L'observation suivra les schémas classiques et sûrs d'un *curriculum vitae* et d'une étude du fonctionnement mental, en évitant que le malade puise là des raisons nouvelles de pessimisme, d'angoisse ou de réticence. Un plan thérapeutique sera prévu dont les premières étapes sont à imposer d'emblée au patient qui peut souhaiter bien autre chose ou n'avoir qu'une idée imprécise concernant les soins. Voilà qui vaut pour le début, en sachant bien que plus la relation se prolongera dans le temps, moins le patient saura accepter les erreurs du thérapeute. *Se sentir « compris »*, telle sera la plus profonde appétence du malade, sentiment au mécanisme délicat et puissant à la fois dont l'emploi, toujours adroit, s'impose nécessairement.

La rencontre thérapeute-malade possède un nombre infini de variables tant dans sa constitution que dans son développement. *Identifier la demande réelle du patient face à la psychothérapie* nécessite la distinction de plusieurs niveaux. Au premier de ceux-ci se situe la naissance des symptômes morbides. Celle-ci est un phénomène le plus souvent inopiné ou brutal lors même que bien souvent un fond de difficultés s'est constitué antérieurement. L'apparition des symptômes va de pair avec la naissance de l'idée de maladie, c'est-à-dire avec un sentiment variable du besoin d'aide médicale. Un autre niveau se situe face au problème d'aliénation. La reconnaissance d'une pathologie d'origine mentale — qu'elle soit ou non facile de la part du malade — entraîne en soi des réactions affectives secondaires, soit internes, soit externes par réaction du milieu.

Un autre niveau réside dans la conscience de l'efficacité possible des soins de nature psychologique. Enfin, seulement, apparaît la relation avec le thérapeute qui elle-même recèle très rapidement une certaine complexité apte à inhiber, à dévier ou à favoriser au contraire la demande de soins. La multiplicité des facteurs de la rencontre peut se fondre en cette seule réalité qu'une rencontre est intervenue. La volonté soignante du thérapeute, évidente ou cachée, existe comme principe premier d'organisation de la situation psychothérapique. Identifier la demande réelle du patient revient à suivre l'hypothèse qu'un désir de soin et qu'un besoin de guérison existent et à faire apparaître tous les éléments qui se situent dans cette rubrique, enfin, de les opposer à ceux qui figurent dans la rubrique des symptômes et des solutions morbides du patient. A tout moment de la cure, la rencontre thérapeute-malade peut être considérée sous cet angle. Il est donc nécessaire de faire une place importante dans la cure à cette force, capable d'apporter à la situation thérapeutique des éléments frais et mobilisateurs.

Face aux incertitudes fréquentes du patient, se manifestent la valeur et la nécessité des actions réfléchies du thérapeute. *La liberté d'action du thérapeute est un impératif de premier plan.* Dans la fable de l'aveugle et du paralytique, le thérapeute étant celui qui voit, doit rester celui qui guide et dirige. Toujours menacé dans la réalisation de ses projets, il doit conserver le maximum de disponibilités et éviter la paralysie des rituels ou celle de l'anarchie. Il se fonde sur l'aide du patient, en sachant combien celle-ci demeure précaire ou coûteuse. Le principe de la cure est que l'aide psychologique s'arrête d'ailleurs à proximité de la vie personnelle du patient. Quelle que soit l'importance de cette aide, la voie thérapeutique doit se distinguer de la voie existentielle du patient. Le but de la cure est l'autonomie de celui-ci. Ceci constitue en fait les aspects négatifs et les limites des interventions actives, lesquelles seront toujours conduites le plus loin possible. L'individualisation des cures est le résultat d'une attitude active face aux besoins des patients. Un éventail notable de moyens peut être nécessité par cette diversité des situations psychothérapiques assumées. Il appartient au thérapeute de fixer son choix librement et de définir, dans l'actuel, la voie la meilleure. Dans ce contexte, le procédé l'emporte souvent sur le principe et l'invention sur l'orthodoxie. Les valeurs prévalentes seront le geste ou l'intention efficaces.

L'emploi de cette liberté par le thérapeute est justifiée par le contrat qui, finalement, structure la situation thérapeutique. Le contrat se fonde sur des possibilités bilatérales d'action et trouve en elles sa définition. Les attitudes d'activation psychothérapique révèlent que la cure est le fait conjoint du thérapeute et du patient. *La réciprocité au cours du développement de la situation thérapeutique* est un des axes de la psychothérapie. Chacun des protagonistes dispose d'une part des moyens de la cure et les échanges, mobilisant l'ensemble, animent le processus thérapeutique. Une idée, assez répandue, place au sein des personnalités morbides une part intacte qu'il s'agit de faire renaître ou se développer. Il paraît intéressant d'utiliser une hypothèse différente. La part malade de la personnalité est une part mineure de celle-ci. L'organisme inclut la maladie et non l'inverse. Le dynamisme de la personnalité est l'élément central et subsiste dans ses potentiels et ses capacités d'organisation, tandis que la maladie, lors même qu'elle paralyse les conduites, est une part seulement marginale de l'individu. Ainsi la relation entre soignant et soigné demeure-t-elle possible, voie de passage entre des personnalités qui, par ailleurs, conservent des possibilités relationnelles fondamentales. Les capacités d'identification font partie de ces dernières. Il appartient au thérapeute de faciliter chez le patient la conscience des échanges possibles. Il faut encore citer ici l'œuvre de Rogers. Les attitudes de considération du thérapeute vis-à-vis du malade font naître en celui-ci des réponses mobilisatrices. Ceci est valable dans nombre de techniques psychothérapiques, lorsque les voies d'expression diverses des patients sont abordées ou utilisées.

La réciprocité entre thérapeute et malade offre toutefois une situation fragile et certainement relative. *Les contraintes de la réalité obligent toujours le thérapeute à diriger les soins.* Le mot de suggestion est souvent associé à tort à celui de direction. Il s'agit sans doute de notions présentant des liens notables en psychothérapie. A la limite, la suggestion directe et volontaire comporte une négation des valeurs de connaissance, de compréhension et d'acquisition propres à la psychothérapie. Par contre, la direction des soins et le rôle de guide du traitement appartient par définition au thérapeute. Lors même que celui-ci se laisse orienter par les données apportées par le patient, il assure la cure par son projet et la réalisation poursuivie de celui-ci, par ses moyens techniques et par la succession de formes diverses d'intervention. L'expérience professionnelle et humaine du thérapeute aboutit, au minimum, comme on l'a vu, à un certain style personnel auquel finalement le malade lie son propre vouloir. Également interviennent la connaissance pronostique et le maniement des moyens nécessaires ou disponibles. Le thérapeute répond par des actes divers à ces impératifs de l'organisation et de la conduite directive particulière à la responsabilité soignante.

En effet, il faut constamment se souvenir de cet espoir, règle de la thérapeutique, *le soignant est plus puissant que la maladie*. La dérision d'une recherche désintéressée ou d'une assistance purement palliative mérite d'être rappelée et située face aux réussites scientifiques de notre époque. L'action thérapeutique se fonde sur un bilan des forces en présence et sur les voies par où la médecine doit l'emporter. Certes, le caractère aléatoire des résultats thérapeutiques reste présent en psychiatrie. Il se double, dans le domaine psychothérapique, du caractère subjectif d'une part de la symptomatologie combattue. On observe ainsi des habitudes négatives de pensée, base d'un réflexe pessimiste et inhibant. Rien ne serait plus absurde que de les faire partager au patient. Il existe de sa part, une demande légitime de mieux-être dont le respect est le premier pas d'interventions thérapeutiques actives. Il existe toujours une part au moins des troubles que l'action thérapeutique réduira. Telle est d'ailleurs la leçon des progrès de la psychothérapie depuis le début du XXe siècle. La psychothérapie est une situation soignante et l'aide se veut curative.

Une des difficultés aujourd'hui connue réside dans les « bénéfices » que tire le patient de la maladie. FREUD a bien montré qu'une *alliance du malade avec sa maladie* peut constituer un obstacle véritable au traitement. Cette pulsion à tout utiliser pour ne pas changer a fait naître des techniques frustrantes de la part du thérapeute. Une mise à distance du malade lui imposerait les efforts nécessaires pour maintenir la relation thérapeutique et s'intéresser aux vrais conflits. Ce mode de soins, assez souvent proposé, est cependant difficile à prolonger ou même à appliquer. Le repli dans la maladie est alors remplacé par d'autres symptômes, angoisse, inhibition, perte des potentiels adaptatifs. Toutefois, l'entente du malade avec sa maladie est loin d'être bonne, en règle générale. Dans bien des cas, au contraire, elle se fonde sur des sensations somatiques pénibles, des troubles émotionnels gênants ou des difficultés relationnelles. La substitution à ces symptômes d'une perception bénéfique, d'un ordre ou d'un autre, conduit à ces minimes victoires représentant les premiers pas d'améliorations plus franches. Le terme « masochisme » trop aisément utilisé comporte une ambiguïté stigmatisable. Il recèle, sous sa façade clinique, le mécanisme allégué de la satisfaction morale morbide. Certes, il existe une forme de satisfaction dans la souffrance morale, mais son caractère morbide est fondamental. La condition humaine et ses contraintes font de tels sentiments des compromis souvent inéluctables mais, appliqué à des patients très différents, ce terme tend simplement à confondre des états aussi variés que l'angoisse, le désarroi, la perplexité, les sentiments dépressifs, etc... Il est difficile de lutter contre une figure mythique, le masochisme; il est par contre possible de substituer à l'alliance malade-maladie, l'alliance thérapeute-malade contre la maladie. Tel est le sens général des situations psychothérapiques fondées sur l'activation.

II. LE SCHÉMA DE L'ACTIVATION DANS LES SITUATIONS PSYCHOTHÉRAPIQUES

Le schéma essentiel de l'activation, consiste à distinguer les différents protagonistes de la situation thérapeutique considérée *stricto sensu* et limitée à elle-même. Deux personnes sont enfermées dans une pièce et un résultat thérapeutique est attendu de cette rencontre, de sa répétition, de son développement, etc. Telle est d'ailleurs la situation en médecine somatique, avec le médecin et le malade; ou plutôt, si l'on regarde d'un peu plus près, une maladie et une technique thérapeutique. Les exemples chirurgicaux ou de médecine d'urgence comportent ce duo diagnostic-thérapeutique. Le patient guérit ou non, de toute façon on sait pourquoi. Cette relation simple est des plus habituelles en médecine. Toutefois, on a montré également l'intervention du malade en tant que personnalité. La dimension « psychosomatique » des soins intervient simultanément au diagnostic et à la thérapeutique.

A partir du schéma (a) :

On aboutit souvent au schéma (b):

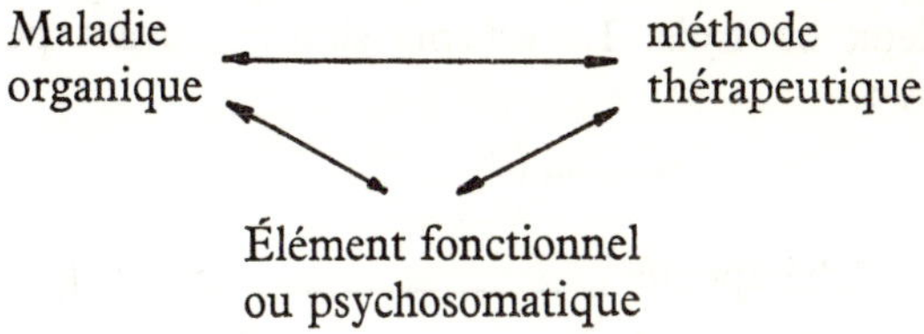

Ce schéma (b) s'adapte d'ailleurs assez bien aux soins psychiatriques habituels où l'on tient compte de multiples façons de l'intervention de la personnalité du malade (terrain prémorbide, structure de la personnalité, typologie, etc.), cf. schéma (c) :

schéma (c)

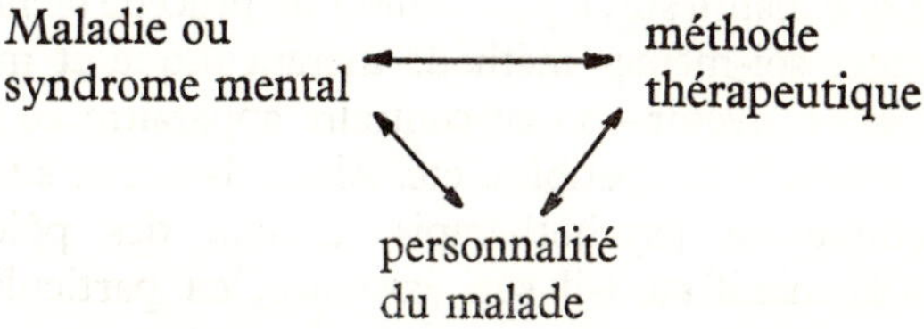

La relation entre la méthode thérapeutique et le malade se situe au niveau de la maladie comme à celui de la personnalité de base.

Toutefois, la spécificité des interventions psychothérapiques est laissée de côté dans ce schéma. La complexité de la relation thérapie-maladie et thérapeute-malade en psychothérapie est spécifiquement manifeste. Le rôle technique et le rôle personnel du thérapeute, sa méthode d'action sur la maladie et sa présence devant le malade en tant que personne diversifient les modalités relationnelles de cette situation thérapeutique particulière. *Il est ainsi possible d'identifier dans cette situation quatre « personnages »* et non plus deux ou trois. Le schéma simple suivant peut être proposé :

schéma (d)

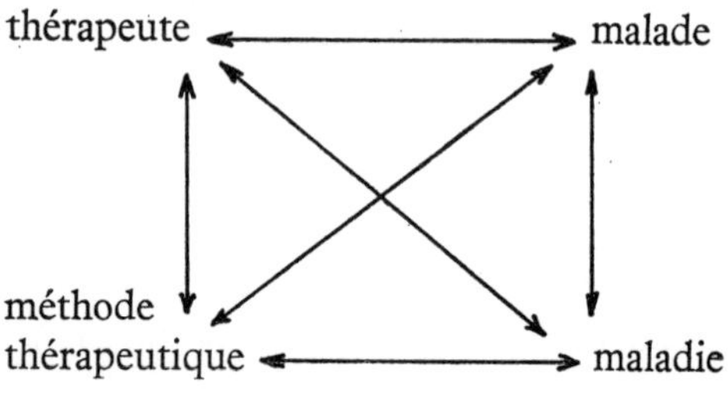

Devant un malade donné, le thérapeute peut se demander, par exemple, si telle intervention de sa part vise plutôt le malade, personnalité de base, ou la maladie, élément pathologique manifeste ; il peut utiliser un procédé technique, ou s'engager soi-même ; méthode thérapeutique et maladie peuvent se « convenir » ou au contraire apparaître au moins pour un temps incompatibles, etc. Ainsi, dans une situation thérapeutique en psychothérapie, chacun des pôles du schéma (d) manifeste-t-il son existence, en particulier au niveau de ses interrelations avec les autres. Une poussée évolutive de la maladie pose un problème auquel réagissent les trois autres personnages et il en va de même pour une réduction de ce même processus. La typologie du malade, son terrain, certains traits fondamentaux de sa personnalité, peuvent intéresser ou être parfaitement compris au niveau du thérapeute, ou encore poser un problème d'ordre technique, faciliter ou ralentir le développement de la maladie, etc... En médecine, on donne facilement une forme d'individualité à la maladie particulière, et par exemple, on parle de son « génie morbide ». Cette personnalisation des facteurs de la situation thérapeutique est courante, et, autre exemple, se manifeste lorsque l'on évoque les « défenses » soit de la maladie, soit de la personnalité. Il arrive souvent de se demander devant un malade si ses propos sont induits par une réaction à la méthode thérapeutique employée ou à tel trait du personnage du thérapeute, en dehors même de tout phénomène de projection affective. Lorsque cette dernière se manifeste — dans le contexte des névroses transférentielles, à titre d'exemple — on peut rattacher cette expression émotionnelle soit au processus morbide lui-même, soit à tel autre élément du schéma, induction technique, tendance de la personnalité du patient, réaction à un fait objectif de la personnalité du thérapeute.

Cette description de la situation psychothérapique facilite une certaine élucidation des composantes relationnelles concrètes. Pour rechercher et mettre en évidence les aspects activateurs de cette situation, il est nécessaire que le dynamisme du schéma soit souligné. Un mouvement intime anime donc ces relations, considérées comme vivantes, entre ces partenaires individualisés. Elles sont imprégnées de relativité et d'énergies orientées et mobiles, mise en question habituelle et réciproque de ces personnages à la recherche d'un sens dans ce qui les unit. *Relatif*, « ce qui n'est valable que par rapport à autre chose », chacun de ces éléments doit le devenir et le rester par rapport aux autres dans la perspective d'une recherche de l'activation. Ainsi s'allient le thérapeute responsable de l'organisation de la situation thérapeutique et du maintien de son authenticité, le malade et sa demande, les possibilités techniques appropriées au cas, les capacités de réorganisation des processus curatifs de la personnalité, enfin la recherche de sens en chacun d'eux.

La recherche du sens, synonyme de relativité et de relation, siège au centre de la situation thérapeutique. L'incitation première qui anime le thérapeute est la découverte possible, derrière le non-sens du symptôme, d'un mobile, d'une cause, d'un sens. Telle est la conviction née des apports et de toute la croissance de la psychopathologie. Ce sens trouve ses possibilités de révélation grâce à différentes modalités d'intervention technique et s'appuie sur les autres éléments positifs de la situation thérapeutique. Un sens, signification et valeur, constamment postulé, est l'objet de la recherche commune des quatre protagonistes de la situation thérapeutique et apparaît grâce aux relations mobiles qu'anime chaque séance particulière, rencontre unique en soi. *L'activation naît directement de cette prise en considération du relatif, du relationnel et du sens.* Le thérapeute possède, certes, l'initiative déterminante et ce qui particularise son rôle soignant est de maintenir le caractère relatif de celle-ci. L'intuition — souvent évoquée, critiquée ou jugée nécessaire — est développement de son jugement, de sa faculté de percevoir un sens, global ou partiel, pour l'ensemble de la situation ou plus précisément pour chacun ou tel des trois autres participants de la situation. Intuitif est bien différent d'affectif et, pour imaginaires qu'elles soient, ces perceptions à la limite de la conscience n'en possèdent pas moins des caractères de rationalité et un potentiel véritable d'objectivation.

Soulignons au passage que l'évolution des soins entraîne de nombreux thérapeutes à une situation de « face à face » avec leurs malades, au moins pour une bonne partie de ceux-ci ou pour une majorité des séances thérapeutiques. Dans de telles rencontres, tendent à diminuer les facteurs de ritualisation et à s'accroître les tentatives d'action tant du malade que du thérapeute. Les échanges prennent souvent une allure directe. Le thérapeute peut être placé devant des choix, accepter ou refuser telle expression du patient, orienter le dialogue ou le laisser se poursuivre, introduire une méthode nouvelle. Il en va de même du patient, qui sabote ou facilite les échanges. Pour faire profiter pleinement le processus de cure de cette animation, le thérapeute doit trouver l'appui d'une étude suffisante des interrelations actuelles. Le patient a conscience du sens de la rencontre, au moins de façon ambivalente. Pour une part, il accepte celle-ci — il est là ! Mais par ailleurs il refuse. Cette dynamique se joue en lui, et on peut la considérer, mieux encore, comme dialogue possible ou à rendre possible. *La différenciation de certains rôles à l'intérieur de la situation thérapeutique* montre que la voie de l'élucidation des relations dans la séance psychothérapique conduit à la recherche de significations réciproques, de précision dans les voies d'échange et d'identification des demandes latentes et des réponses possibles. Tel est le premier point, et disons autour d'un premier schéma, ce que l'hypothèse de l'activation apporte en tant que mécanisme central des séances thérapeutiques de la cure.

Mais une part de la difficulté tient au fait que de nombreux obstacles prennent naissance au-dehors de cette zone d'activation. Il semble exister là une série de forces contraires que l'on peut définir par les termes d'inhibition, de désactivation, ou encore d'inhibition de l'activation.

III. INHIBITION ET FACILITATION DE L'ACTIVATION

Le but de la rencontre thérapeutique est de faciliter l'expression du patient, de conduire à la liquidation de la maladie, grâce en partie à cette expression. Il est évident, en pratique, que la réalité déborde ces échanges et qu'autour de la situation thérapeutique proprement dite, existent des pressions notables. Nos quatre participants — thérapeute, méthode thérapeutique, malade et maladie — sont plongés dans un milieu contraignant qui tend à figer la liberté de leurs relations, de leurs relativités. *Une véritable inhibition de l'activation est un facteur permanent de la situation thérapeutique* considérée dans la réalité de son contexte.

Le schéma de cette inhibition est simplement un développement du schéma précédent (d).

Schéma (e)

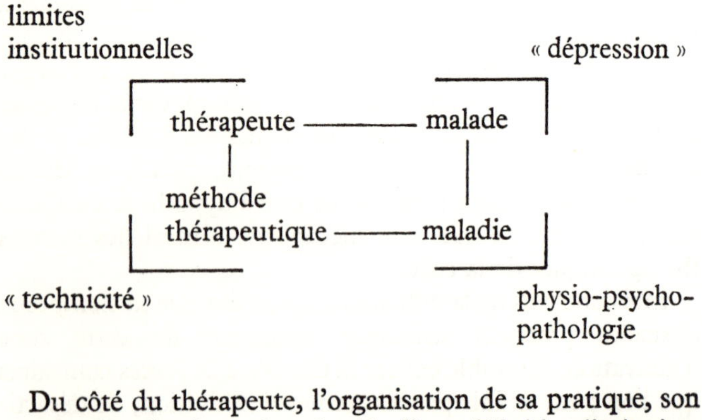

Du côté du thérapeute, l'organisation de sa pratique, son « institutionalisation », joue le rôle d'une définition limitative. Qualités personnelles, savoir, disponibilité, matérialisent les éléments positifs de cette réalité institutionnelle. Mais ceux-ci s'accompagnent d'un ensemble de limites négatives, matérielles ou humaines, qui compensent l'image idéalisée. Le psychothérapeute peut en effet, dans tels cas concrets, ne pouvoir ou ne savoir répondre à la demande thérapeutique, ne pas être disponible, etc. Nombreux sont les traitements psychologiques impossibles ou malaisés, tout simplement parce que le contexte socio-économique, hospitalier ou relationnel gêne leur application.

Des exemples similaires peuvent être trouvés auprès des autres éléments de la situation thérapeutique. Le patient présente un certain « espoir » et un désir éventuel de progression curative. Mais également, il est l'objet d'un handicap morbide propre aux affections psychiatriques, force « régressive » que Janet dénommait « dépression » — et qui trouve dans la notion de « masochisme » son équivalent auprès des praticiens psychanalystes. Du côté de la méthode thérapeutique l'inhibition pourra naître de la « technicité » même des moyens, entraînant avec eux des éléments complémentaires, mais excessifs ou inappropriés, s'adaptant mal au cas en cause, susceptibles de créer des « symptômes secondaires » — selon l'expression utilisée en psychopharmacologie — qui freineront le développement d'une part de l'efficacité technique. Toute technique entraîne avec elle le poids d'une « méthode » et attire la situation thérapeutique sur un territoire particulier, avec ses règles, son langage, ses mœurs pourrait-on dire. D'ailleurs, la rigidité technique ou méthodologique répond également à des nécessités d'institutionalisation — par exemple, le thérapeute connaît bien telle technique et l'utilise préférentiellement.

Au plan de la maladie les facteurs d'inhibition sont évidemment des plus nets. Des faits d'ordre biologique ou psycho-physiologique s'associent aux troubles proprement psychologiques et maintiennent solidement les structures pathologiques. Intérieure à l'organisme, cette inhibition au changement fait douter de la réversibilité de nombreux états psychiatriques et pèse sur la dynamique activatrice interne de la situation psychothérapique, en voilant les possibilités ou les réalités évolutives.

Qu'il s'agisse donc de pressions extérieures ou de faits internes à la situation thérapeutique, la réalité agit de façon contraignante, ne serait-ce que par *remplacement du relatif par le nécessaire*. La maladie s'impose comme à soigner, le thérapeute organise réellement la cure, le malade est l'objet des soins, et la maladie est décrite, étiquetée, formalisée. A la limite, la situation thérapeutique se trouve entraînée dans le domaine de l'objectivation rigide et du non-sens, en des termes opposés à ceux d'existence, de liberté, d'activation. Le non-sens de la folie est cette porte que l'on ferme à la fois sur le trouble du malade et devant ce malade lui-même.

Face à ces forces inhibitrices existent — on ne peut l'oublier — nombre de facteurs thérapeutiques très couramment utilisés. En quelque sorte, ce sont *tous les stimulants habituels de la relation thérapeutique*, l'empathie rogérienne, la directivité utilisée par l'école réflexologique, l'induction dans les techniques expressives, projectives ou productives, la frustration et l'interprétation dans les techniques analytiques. Sont employées également les forces d'identification ou de suggestion, la présence de l'émotion ou la recherche de la catharsis, les processus d'intériorisation, de prise de conscience, d'élucidation, etc., et ceci en dehors même d'une technique particulière. Les rouages relationnels utilisés sont multiples et leur diversité manifeste les progrès de la psychothérapie. Sans qu'il soit question véritablement d'une recherche de l'activation, de tels moyens viennent constamment s'opposer aux difficultés d'organisation et d'intervention que rencontre la situation psychothérapique.

Cependant, tenir bon face au malade ne suffit pas. Un certain mouvement est toujours recherché : la perspective activatrice en fait son principe essentiel. Il s'agit surtout de *maintenir le champ relationnel ouvert*. Pour que l'activation puisse se manifester, il faut que le champ thérapeutique « respire ». Le thérapeute conservera à la rencontre soignante sa complexité. Il en assure certes l'induction et la direction. Mais simultanément, il maintiendra la relation spontanée entre les différents pôles de cette situation dynamique et par exemple une attitude diagnostique permanente, une évaluation technique et tactique de l'évolution, une coopération active avec le patient, une prise en considération de la maladie comme potentiel évolutif. Quels que soient les facteurs d'inhibition — et avec l'appui des nombreux moyens de facilitation relationnelle — chaque situation thérapeutique peut ainsi acquérir ses caractéristiques positives et un processus de cure va se développer.

IV. INDUCTION, DIRECTION ET RÉCIPROCITÉ

Dans la perspective d'une activation psychothérapique, l'accent est donc mis sur le dynamisme existentiel du patient. Tout doit être fait pour faciliter le mouvement qui animera les communications intra-subjectives. Certes, le processus qui créera cette mobilisation diffère des formes curatives habituelles en médecine, mais s'appuie comme elles, nécessairement, sur les forces propres du patient. Ces forces créatrices et organisatrices, de niveau et d'origine variés, biologiques ou mentales, automatiques ou réfléchies, demandent pour leur mise en route des interventions extérieures et ici, en particulier, thérapeutiques. Leur nombre et la complexité de leurs interactions, leur siège au centre même de la vie individuelle, biologique et existentielle, méritent une constante réflexion du thérapeute.

Dans la cure, le rôle du thérapeute est multiple. Conscient de la présence des forces curatives chez le patient, il assume, dans la relation avec celui-ci, la tâche de les induire, de les respecter, de les laisser s'exprimer avec toute leur spontanéité. Ce *rôle inducteur* peut s'exercer de multiples façons grâce à des méthodes thérapeutiques aujourd'hui variées, mais sans doute dans un esprit constant de *réciprocité*, à la fois demande et offre vis-à-vis du malade. Un autre rôle lui revient, qui se manifeste au moins dans une conscience stable du caractère thérapeutique de son activité, rôle de *direction* de la cure. Ses interventions témoignent de cette attitude, organisatrice de la cure et créatrice de ses voies.

Les éléments positifs qui assurent la dynamique du processus de cure au fil de la succession des séances thérapeutiques, forces, énergies émotionnelles, tension adaptative ou aménagements existentiels, se situent au niveau de l'ambiguïté de la condition humaine. L'autonomie est le but mais toujours hors d'atteinte dans l'absolu. Une existence est donnée en propre à l'homme mais sans effort vers autrui, elle s'épuise. Un moi est donné à l'individu mais il lui revient de le construire. La situation psychothérapique recèle souvent le reflet de cette ambiguïté de l'existence vécue; elle est située à la limite de la relation thérapeutique et de la rencontre inter-personnelle approfondie.

Ainsi peut-on espérer mieux définir la notion d'activation, sa valeur et ses applications. Le thérapeute et le patient partagent la responsabilité d'une tâche souvent longue et difficile à faire aboutir. Coopération ou réciprocité sont créatrices de l'activation psychothérapique à travers la présence des deux facteurs de celle-ci, l'induction et la direction. Il s'agit d'une induction de forces nouvelles, réprimées, figées ou déviées qui se plient, à leur apparition, dans des formes que précise une direction thérapeutique. Cette activation — but, voie et résultat — s'anime chez le patient, favorisée par l'intervention soignante. Elle a pour but l'autonomie par rapport aux structures pathologiques et pour conclusion le succès du thérapeute. Il s'agit d'une force partagée et reconnue dans ses implications relationnelles, constitutive de la situation psychothérapique et se délivrant d'elle par son épanouissement.

V. CONCLUSION : VOIES MODERNES OUVERTES À L'ACTIVATION

L'idée d'activation se trouve en quelque sorte consolidée par les aspects concrets positifs et le rôle utile que la notion de cure lui donne. Ce désir d'efficacité et cette contribution à l'étude des situations psychothérapiques sont soumis à la vérification pratique d'hypothèses et d'applications en divers domaines. La notion de cure implique une préoccupation temporelle dont les caractéristiques concrètes ont été soulignées. Elle implique également l'existence et le choix de certains procédés. Dans une première instance, il semble bien nécessaire de lier ces procédés — tels qu'ils naissent empiriquement puis sont étudiés de plus près — à tel ou tel plan des fonctions mentales. Compte tenu de la part essentielle prise par les faits de communication dans ces fonctions, on tiendra compte de différents niveaux où s'établit cette communication. Ce sont autant de voies principales pour l'intervention thérapeutique. On peut ainsi imaginer la schématisation de ces niveaux de communication en 5 étages, niveau de sensation-perception, niveau imagogique, niveau ludique, niveau institutionnel, niveau verbal. Ce schéma permet de préciser et éventuellement de classer les actions thérapeutiques à partir de leurs modes fonciers d'intervention.

Le niveau sensoriel-perceptif mériterait bien de figurer aujourd'hui parmi les plans essentiels où se situe cette action thérapeutique. L'exemple le plus net est dans ce domaine l'ensemble des interventions chimiothérapiques ou biologiques. L'effacement de l'anxiété ou de la dépression ou encore la réduction des phénomènes hallucinatoires sont devenus tout à fait possibles grâce aux médications modernes. Ceci induit le rétablissement des communications entre le sujet et le monde, modification symptomatique essentielle et qui est évidemment la base de toute intervention psychothérapique proprement dite. On voit clairement aujourd'hui l'intérêt de telles interventions. L'on peut aller jusqu'à dire que ces actions biologiques elles-mêmes possèdent de ce fait une valeur psychothérapique. Ceci s'exprime par exemple par l'induction chez les thérapeutes de multiples attitudes thérapeutiques complémentaires de l'action chimiothérapique proprement dite, l'ensemble seul étant capable de déterminer pour les patients les résultats d'autonomisation et d'indépendance psychologique nécessaires à ce que l'on peut nommer la guérison.

L'autre pôle de ces niveaux de communication, les faits de langage, représentent évidemment le maximum de complexité. Pour les psychothérapies, on reconnaîtra ici encore l'action géniale de FREUD libérant la « parole » du sujet par le mécanisme même de la cure analytique, l'association libre des idées, l'analyse du rêve et du symptôme, etc. Les « mots », « deuxième système de signalisation » pavlovien, sont à ce point caractéristiques de la nature psychologique humaine qu'il est impossible d'en épurer vraiment toute communication intrasubjective ou interhumaine ou d'épuiser leur richesse significative. Le lien interhumain est malgré tout au premier chef un lien verbal et son organisation comme sa maturité se nourrissent des précisions et des apports du langage.

Considérant le caractère basal et très global des niveaux perceptif et verbal, nous avons préféré porter l'effort de notre réflexion sur les trois niveaux intermédiaires qui assurent par leur caractère plus concret, plus clinique certainement, les bases d'une étude des progrès récents des techniques et des méthodes psychothérapiques. Chacune de ces méthodes possède son halo de réflexion théorique et autour d'un moyen d'action privilégié dresse entre autres les limites de ses indications et de ses applications. Notre propos étant d'étudier le trait qui les unit — possibilité de leur emploi de façon activatrice — nous avons préféré celles qui ont pu nous apporter au cours d'une pratique personnelle un tel enseignement de façon assez évidente. Les grandes lignes des chapitres suivants respecteront donc les voies principales *de l'image*, *du jeu*, enfin *de l'institution.* Leur contenu sera le reflet d'une expérience personnelle. A ces choix nous faisons confiance, respectant dans leur réalisation le principe caractéristique de la réflexion psychothérapique selon lequel l'expérience personnelle du thérapeute prime tout autre mode de connaissance, qu'il s'agisse de traiter ou de réfléchir, de choisir un mode d'intervention ou d'en développer les aspects théoriques.

CHAPITRE XIII

LES CURES PSYCHOTHÉRAPIQUES AU PLAN DE L'IMAGE

(le niveau imagogique)

Comme il l'indique dans *Die Traumdeutung*, Freud à ce stade de sa pratique et de ses recherches faisait habituellement fermer les yeux à son sujet. Peut-être était-ce là une habitude remontant à la pratique encore récente pour lui de l'hypnose. Néanmoins ainsi naquit l'association libre des idées. L'occlusion des yeux — la cécité! — isole certainement du réel et de sa pression, de ses messages aussi. Le sommeil, les rêves — la méditation — se situent dans cet autre monde, de la nuit, de l'obscurité. Ainsi est-on tenté d'écrire que l'image est l'image visuelle. Chez l'homme debout au centre du monde, le regard est roi, la vision règne et la perception est jetée dans la lumière de la création, dans les jours du monde, située en son centre. Toute la phénoménologie du « voir » et des « visions » est engagée ici. Des recherches psychophysiologiques montrent l'importance de la dimension onirique du psychisme nocturne où certes l'image visuelle tend à l'emporter. Les recherches ou l'expérimentation psychopathologiques découvrent la valeur anthropologique de l'imaginaire. Mais le niveau psychologique du rêve est aussi celui des synesthésies. Là s'intègrent la cénesthésie, la kinesthésie, l'auditif et bien entendu le verbal ou le sexuel. Malgré cela, le monde de la représentation et tout particulièrement les arts plastiques dotent les termes d'image, d'imagerie, d'imagination d'une forte composante visuelle. « Le rêve, voie royale d'abord de l'inconscient », l'aphorisme de Freud s'est incrusté par toute sa vérité dans notre culture. Il s'agit d'une donnée-clé. Sa valeur est de servir de point de départ à d'autres réflexions. Ainsi ajouter que l'inconscient se nourrit d'images est une hypothèse logique.

L'inconscient est-il donc images? Avec Freud, nous retrouvons ici les pionniers de cette thèse, aussi bien Janet que Jung. Mais l'image n'est-elle pas une conscience, un tout doté de sens devant l'individu? La phénoménologie et tout particulièrement l'œuvre de Sartre reflètent cette recherche. Simultanément des perspectives anthropologiques élargissaient ces réflexions et allant plus loin ou ailleurs vers ces zones de civilisation ou de pensées plus « natives », elles peuvent aider à fonder une étude transculturelle des images, une forme de symbologie. Simultanément encore, la psychothérapie se passionne autour des faits de représentation, d'expression et tout particulièrement de concrétisation imagée du vécu.

I. L'INCONSCIENT EST IMAGES

La révolution de la psychologie de l'affectivité créée par la description des zones inconscientes et subconscientes du psychisme semble pouvoir être perçue comme réintroduction de l'imaginaire et de la créativité au rang de fonctions mentales essentielles. Cette thèse éclaire bien certaines similitudes et la simultanéité d'œuvres psychopathologiques étudiées habituellement sous l'angle de leurs divergences. Il nous semble, à ce point de vue, parfaitement légitime de maintenir à une place initiale les travaux de Pierre JANET. L'imaginaire pathologique subconscient ou inconscient a été remarquablement étudié par ce grand clinicien, au moyen de l'hypnose et grâce au matériel très riche des cauchemars des hystériques et des phénomènes de personnalités multiples. *L'automatisme psychologique*, parmi ses nombreuses manifestations recèle images motrices, viscérales, visuelles, auditives. La suggestion d'une scène fait naître chacun de ses personnages, et l'exploration d'une crise fait réapparaître les protagonistes du drame traumatisant. Pour JANET, l'image motrice ou sensorielle est un élément concret animateur de la conduite en cause. Elle joue également un rôle notable dans le phénomène de croyance et de présentification. L'articulation complexe des images diverses, des tendances qu'elles accompagnent, de la force et de la tension psychologiques qui les sous-tendent définit l'action et son niveau dans la hiérarchie des conduites. L'image devient force excessive lors du rétrécissement du champ de la conscience hystérique et elle perd sa force inductrice chez le psychasthénique dont la tension psychique est trop basse. Au niveau des images-souvenirs se cristallisent les personnalités dédoublées et tel peut revivre pendant sa crise tout le scénario du passé sous sa forme sensorielle la plus vive. L'hypnose permet d'entrer dans ce monde perturbateur et même d'en modifier progressivement la teneur sensorielle dans un but thérapeutique de liquidation. L'extraordinaire observation de la phobie du choléra dans « Névroses et idées fixes », avec chacun de ses éléments sensoriels imagés, est assez parlante sur ce point et montre le haut degré d'importance de ce substrat imagé en psychopathologie.

Freud pour sa part eut le génie très pénétrant de donner un sens au non-sens, de pénétrer plus loin que le souvenir vers l'imaginaire proprement dit, à savoir de nous imposer l'étude sérieuse du rêve, création la plus courante de la folle du logis. La clé qu'il utilisait était le sentiment également le plus basal, l'instinct sexuel. C'était là voir, en effet, un niveau du psychisme auquel la conscience n'a qu'indirectement accès et dont la nature est images. Le rêve joue un rôle actif, expression des désirs du rêveur, travestissement de ceux-ci, protection du sommeil, et chacun de ces mécanismes emprunte la voie des images, utilise les personnes connues, les détails de leurs êtres, les paysages de notre vie pour recréer des scénarios originaux aptes à satisfaire et le rêve et le rêveur. Le processus dit primaire travaille à ce niveau imagé, caractéristique de la régression vers la perception hallucinatoire lorsque les impératifs de l'action éveillée ont cédé le pas au besoin de détente. Le fond véritable du psychisme humain, ses désirs archaïques, permanents mais bien arrêtés par la censure de veille, ou refoulés ou déplacés et convertis en symptômes le jour, cherchent à s'ébattre en quelque sorte dans l'espace psychique à travers la traduction ambiguë des représentations oniriques. Le décodage du rêve est possible lorsque l'on tient compte de la nature de ces instincts et des différents mécanismes, déplacement, surdétermination, etc. propres au travail du rêve.

Avec JUNG, un même intérêt pour le rêve se manifeste. Ses dimensions peuvent apparaître comme élargies. Sans nier l'importante influence des instincts et en particulier de la sexualité dans le déterminisme onirique et ses symboles, JUNG apporte des dimensions originales. Ce sont par exemple celles des valeurs compensatrices et finalistes du rêve. Sur ce dernier point, il semble en effet qu'une part des images des rêves puisse jouer un rôle prospectif, c'est-à-dire faire percevoir au rêveur certaines solutions à ses conflits. A côté des aspects régressifs où l'imagerie paraît entraîner le dormeur vers des satisfactions ou des compensations de valeur limitée, existent des aspects susceptibles d'aider à comprendre et à dénouer des situations actuelles figées. Cette hypothèse s'est considérablement étendue avec la description jungienne des archétypes, intuition géniale de la phylogénie. La persistance et la diffusion collective de systèmes perceptifs archaïques, à la fois dans l'individu et dans les groupes humains, fondent un univers symbolique commun. C'est donc affirmer que subsiste en chacun ce potentiel créatif qui a conduit à l'élaboration des grands mythes et des images propres aux religions et aux cultures. Jung utilisait pour ses recherches de vastes connaissances anthropologiques et avait également l'appui de certains rêves de malades névrosés ou psychotiques ou telles de leurs créations esthétiques. Avant le langage verbal existe donc ce niveau de la représentation — et comment ne pas évoquer ici l'intelligence animale et la description par Pavlov d'un premier système de signalisation — qui est tissé d'échos directs de la perception et de la sensorialité, niveau « ontogénique » premier.

II. L'IMAGE EST CONSCIENCE

Sur un plan d'immédiate subjectivité, l'image est conscience. Telle est l'affirmation que nous devons à la réflexion phénoménologique. Les phénoménologues cliniciens tels JASPERS ou BINSWANGER ont souligné la valeur psychologique de l'image et sa densité de vie. L'œuvre de critique littéraire de G. BACHELARD a porté à un niveau élevé l'étude de l'affectivité imagée. Les écrits des poètes et les œuvres de grande qualité évocatrice recueillent les formes achevées de ce langage représentatif où affectivité humaine, images et nature se prêtent mutuellement leurs valeurs. Bachelard apporte les preuves de ce rôle médiateur des images, situées entre nature et culture, entre éprouvé et exprimé. La fonction imageante est importante parmi les fonctions mentales, dans le domaine de la communication intérieure ou sociale.

J. P. SARTRE a consacré une part de son œuvre à l'imaginaire et à l'imagination. Ces ouvrages font de l'image une conscience active et vivante, une « conscience imageante ». La grande loi de la conscience, « toute conscience est conscience de quelque chose », impose la présence de l'image dans la plupart des états affectifs. On ne peut vivre un sentiment fort, amour, haine, sans l'évocation de quelqu'un ou de quelque situation, sans la reviviscence ou la création d'une image, d'un monde imaginé. SARTRE affirme « la réalité irréductible de la conscience d'image ». Une image est une synthèse psychique et, à ce titre, une somme d'éléments intellectuels, affectifs, mnésiques, où « ce qui compte c'est le sens neuf qui pénètre l'ensemble ». D'où, la spontanéité et le charme de l'image. L'image, forme psychique, saisit un moment la conscience dans cette apparition que le flux de la vie psychique bientôt désagrège. C'est une structure essentielle de la conscience qui va de pair de plus avec une classe spéciale d'objets de la conscience, « les objets imaginaires ». L'image est une conscience qui vise à former son objet. Cette intervention active et intentionnelle de la conscience imageante est source du symbole. Signification symbolique et support imagé sont deux aspects de ce même être de conscience.

Ces données trouvent appui sur des expériences psychologiques telles celles de FLACH ou SILBERER. Il s'agit, par exemple, de percevoir, dans un état de détente mentale ou de demi-vigilance, certaines créations imagées, induites ou spontanées qui sont comme à la base de notre vécu. Il existe un ensemble de « représentations schématiques » ou de « diagrammes », plus ou moins acquis ou individuellement créés, représentation des mois de l'année, de l'espace familier, etc. Il existe des synesthésies ou des synopsies déclenchées par exemple par des voyelles, des mots, des noms propres. Tous ces phénomènes peuvent être dits subliminaires mais sont dotés, à la fois, de leurs formes et de leur conscience propre. Les phénomènes « auto-symboliques » décrits par SILBERER sont obtenus par une véritable mutation de conscience allant du verbe et de la pensée réfléchie vers l'image et ses valeurs affectives. Par exemple, l'auteur réfléchit dans un état de semi-vigilance à la nature des jugements transsubjectifs, c'est-à-dire valables pour tout individu; il perçoit alors un grand cercle ou une sphère en l'air où se joignent les têtes d'un grand nombre d'individus alors que les corps se trouvent au-dehors, écartés; l'image traduit bien l'union des pensées, substance de l'idée abstraite initiale. Ici, comme le dit SARTRE, « la pensée se constitue objet ».

SARTRE décrit plus précisément le type de conscience en cause, et ceci à travers l'exemple du rêve. Tant que le rêve durera, cette conscience ne pourra se déterminer elle-même à réfléchir. L'aspect de fascination presque « magique » de la création imagée entraîne la chute indéfinie de la conscience réflexive dans les images du rêve. Mais si cette conscience ne peut aboutir à saisir ses soucis ou ses désirs, « ce n'est point comme le veut FREUD à cause d'un refoulement qui l'obligerait à les déguiser, c'est parce qu'elle est dans l'incapacité de saisir quoi que ce soit de réel sous sa forme de réalité. Elle a entièrement perdu la fonction du réel et tout ce qu'elle sent, tout ce qu'elle pense, elle ne peut le saisir, ni le penser autrement que sous la forme imagée ». L'image conduit à un monde d'envoûtement, de magie, dénué de liberté, conscience enchaînée et acceptant d'être l'esclave de ces charmes.

Rendue à sa valeur d'intermédiaire entre monde et psychisme, l'imagination qui selon BACHELARD est action imageante, faculté de nous libérer des images de la perception, de « changer les images », entre simultanément parmi les voies psychothérapiques capitales.

III. ABORD CLINIQUE DE L'IMAGINAIRE PAR LA MÉTHODE DU RÊVE ÉVEILLÉ DIRIGÉ DE ROBERT DESOILLE

Robert DESOILLE (1890-1966) *a créé une méthode de dialogue avec l'imaginaire personnel*, à la fois preuve expérimentale et objective de la permanence dynamique de celui-ci chez l'adulte et base d'une technique psychothérapique d'un très remarquable intérêt. Dans ses premiers écrits (1931) et dans son premier livre, « Exploration de l'affectivité subconsciente par la méthode du Rêve Éveillé » (1938), R. DESOILLE montre la possibilité chez des sujets normaux d'aborder un niveau psychologique de créativité imagée où la fabulation intérieure, facilitée par les interventions du psychologue, aboutit à des états proches du rêve, acquiert des formes imagées et franchement symboliques, en des scénarios dont la mémoration est aisée. A travers l'expérience desoillienne, actuellement pratiquée par un nombre notable de psychothérapeutes, le sujet rencontre en lui-même et aborde des situations affectives symbolisées par des images personnelles et souvent par des représentations du fond culturel commun, fabuleux, du folklore, des mythes, des religions.

En principe, se succèdent au cours de la séance une part de dialogue thérapeutique et le rêve proprement dit. Ce dernier dure 3/4 d'heure à 1 heure en moyenne. Il implique de la part de deux protagonistes un effort d'attention et de participation à l'expérience imaginaire vécue. La lucidité du patient est conservée. La consigne d'une rédaction du rêve après la séance crée une habitude de bonne mémorisation et de travail d'auto-analyse entre les séances. Compte rendu et commentaires seront présentés en face à face à la rencontre suivante. La séance totale atteint donc une heure et demie à deux heures. Certains thérapeutes en séparent les deux parties. Le rythme général est d'une séance par quinzaine ou par semaine.

La base psycho-physiologique des expériences pseudo-oniriques du R.E.D. réside dans un état de relaxation suffisant. R. DESOILLE fut d'emblée attentif à cet aspect. Pour le rêve, le sujet s'étend dans une position confortable et de détente. La pièce est obscurcie; consigne est donnée de fermer les yeux. L'apparition d'un « état hypnoïde » avec conservation des possibilités d'attention et de mémorisation, bien différent des caractères d'obnubilation de la transe hypnotique, permet l'éprouvé subjectif des sentiments vécus simultanément aux images. Le thérapeute maintient le contact avec le vécu affectif complexe du sujet en suivant la relation simultanée des scènes oniriques, de leurs détails, de leur déroulement.

Dans les premiers R.E.D., phase plus ou moins longue d'apprentissage, le sujet décrit surtout des images de la veille, objets ou lieux familiers, situations comparables à celles de la réalité, réminiscences. L'assistance expérimentée du thérapeute et un abandon progressif à la spontanéité imaginative vont déterminer l'apparition d'un matériel plus proche des scènes de rêve.

Les interventions du thérapeute au cours des séances visent à faire s'exprimer au mieux le substrat affectif. Induction et direction utilisent des moyens imagés concrets où l'intervention du thérapeute est équilibrée par son respect des images du patient. R. DESOILLE a montré que l'emploi « *d'images de départ* » facilite cette induction du rêve et permet une démarche diagnostique plus systématique. A titre d'exemple, les images ou situations proposées en début de séance, telles que épée, ou vase, ascension d'une montagne, descente au fond de la mer, visite d'une grotte de sorcière ou de sorcier, entrée dans le château de la Belle au Bois Dormant, rencontre avec un sage ou le dragon de la fable, descente dans un volcan, promenade sur une plage, etc. libèrent une thématique riche. Les images personnelles apparaissent peu à peu plus nettement. Des situations et des personnages propres au sujet deviennent l'axe des séances et du développement de la cure. Il peut être pratiqué également des « régressions dans le temps », procédé emprunté à l'hypnose où le sujet réactualise des scènes anciennes. DESOILLE conseille également comme images de départ les rêves nocturnes récents et introduit certains personnages familiers au sujet.

Au cours de telles séances, l'utilisation *de la dimension verticale* modifie le climat général de la scène vécue et le « style des images ». L'angoisse se rencontre plutôt à la descente imaginaire, l'euphorie plutôt lors d'ascensions réussies. Ces dernières peuvent faire évoluer les images angoissantes ou importantes découvertes à la descente et permettent la sécurisation du patient accoutumé autant qu'il est possible à découvrir une certaine sérénité dans l'imaginaire ascensionnel.

Un type de suggestion capital consiste à conseiller au patient *l'affrontement des situations difficiles*. Une image significative, angoissante ou mystérieuse, détermine souvent un arrêt du rêve ou une chute. Cette difficulté peut être levée si le thérapeute fait preuve de sang-froid et de réflexion. Il fait décrire au patient le détail de la scène afin de percevoir mieux son climat et ses indications imagées, en parle avec lui, et l'aide à participer à l'action suggérée par les objets, les protagonistes ou les symboles de la scène onirique. Cette attitude d'affrontement induit une modification des images, des phénomènes abréactifs se manifestent, la scène évolue et le rêve se poursuit alors de façon féconde. Initialement modestes, ces situations deviennent au fil des séances plus significatives et plus cathartiques.

La fin de chaque rêve comporte une solution au moins temporaire que consolide une ascension imaginaire finale ou un moment de repos suggéré. L'analyse psychologique et l'intégration du matériel des séances, véritable maturation, dotent l'ensemble de la cure d'une progression relativement continue. Desoille insiste sur l'importance de *la participation du malade* à son traitement, non seulement lors du R.E.D. où, active, elle est indispensable, mais aussi dans le travail d'auto-analyse et par l'emploi de *l'auto-suggestion.* En effet, pour ce dernier point, le patient progresse d'autant mieux qu'il porte intérêt aux images personnelles, cathartiques, dynamisantes ou sédatives, puisées dans le vécu des R.E.D. Une remémoration active du contenu des séances, à distance de celles-ci, facilite ce que DESOILLE dénomme acquisition de nouveaux stéréotypes dynamiques ou socialisation des instincts.

Les créations imagées obtenues, étonnantes et neuves pour le malade, d'un intérêt remarquable pour le thérapeute, sont d'une grande diversité dans leurs éléments, leur composition, le rythme de leur déroulement. Chaque patient et chaque séance diffèrent. Tout objet ou personnage, réel ou fabuleux, porte un message symbolique identifiable lorsque le R. E. D. possède une suffisante cohérence.

Dans ce monde imaginaire, l'interprétation symbolique est toujours délicate : « il n'existe pas de dictionnaire universel des symboles » disait DESOILLE, tout en insistant sur l'importance des connaissances et de l'expérience du thérapeute dans le domaine de l'anthropologie symbolique. L'essentiel est *l'analogie vécue*, et cette capacité de réminiscence du passé affectif dans le rêve éveillé dirigé, proche ici des scènes imagées du rêve nocturne.

Une action actuelle imageante, prise sur le vif dans le R. E. D., acquiert la valeur cathartique de la redécouverte d'un passé insistant et pathogène chez le névrosé, et de son expression dans les formes nouvelles et dans un contexte psychologique de soins. L'encadrement psychothérapique donne à cette actualisation son pouvoir d'effacement, de désensibilisation ou de restructuration de forces affectives tronquées. La sécurité permise par la détente et l'euphorie d'une part du matériel subjectif obtenu dans les R.E.D., en particulier dans l'imaginaire ascensionnel, facilite cette désensibilisation.

R. DESOILLE a manifesté beaucoup d'intérêt pour l'œuvre pavlovienne. Les notions de stéréotype dynamique, de premier et de deuxième système de signalisation — l'image et le langage — le caractère réversible des relations conditionnelles, la nature hypnoïde de l'état propice du R. E. D., les exemples de déconditionnement de l'angoisse fréquents dans son expérience, tout ce faisceau de thèmes et de faits lui font situer l'image créée et vécue parmi les mécanismes fonctionnels de base du psychisme et les pratiques réflexologiques d'apprentissage et de déconditionnement lui apparaissent comme essentielles dans une telle thérapeutique.

Un style propre caractérise chaque thérapeute, qui, en fait, est présent sous deux aspects, celui qui agit grâce au rêve et celui qui agit hors du rêve. Il faudra une longue pratique pour fondre les deux personnages. Il y a là une difficulté et un trait essentiel de l'étude des indications thérapeutiques de R. E. D. Les qualités exigées du thérapeute sont à la limite contradictoires, participation et intuition immédiate face aux images, distance et réflexion froide dans l'analyse et la conduite générale du traitement.

Depuis assez longtemps déjà certains psychothérapeutes étrangers se sont intéressés à des techniques imagogiques. Citons, en Allemagne, les travaux précurseurs de C. Happich, F. Mauz, W. Frederking. J. H. Schultz, avec le « cycle supérieur » de l'autogène training, s'est engagé dans cette voie, que son collaborateur K. Thomas a particulièrement explorée. H. Leuner a créé, de son côté, une méthode d'exploration « catathymique » de la personnalité.

L'influence directe de R. Desoille s'est exercée tant à l'étranger qu'en France. Citons M. Guillerey, avec la « méthode des images » et surtout Azevedo Fernandes au

Portugal, M. Berta en Uruguay, R. Gérard aux U.S.A., E. de Vriese en Belgique, M. Fusini et L. Rigo en Italie. Ces derniers auteurs ont apporté des développements intéressants à la pratique desoillienne et transmis à l'étranger son influence par un effort remarquable de recherche et de formation.

En France le Groupe International du Rêve Éveillé dirigé, présidé par Y. Fayol, a poursuivi l'œuvre de R. Desoille. Il est animé en particulier par J. Guilhot, R. Dufour, J. Launay, J. Lévine, G. Maurey, J. Nadal. Récemment N. Fabre a présenté une œuvre posthume de Desoille [1].

Indépendamment, A. Virel, avec R. Frétigny, a présenté son expérience et sa pratique imagogiques sous le terme d'« imagerie mentale ». Il a étudié, de façon remarquable, les questions de niveau de conscience et utilise la notion de « moi corporel imaginaire ».

IV. IMAGES ET DÉLIRE

L'exploration des formes d'expression imagée reste possible grâce au maintien de structures de conscience. Plus ou moins libérée du poids de l'amnésie nocturne ou adroitement obtenue dans un état de vigilance réduite et en quelque sorte d'automatisme conscient, l'imagerie onirique psychologiquement induite est sans nocivité évidente pour l'harmonie de la vie psychologique et peut être utilisée dans un but psychothérapique.

L'analyse des rêves — ou la méthode du Rêve éveillé dirigé — détermina lors de son apparition bien des

[1] R. Desoille - Marie-Clotilde, Une psychothérapie par le rêve éveillé dirigé, Payot, Paris 1971.

inquiétudes et des réticences de la part des psychiatres. L'opinion spontanée fut que des techniques se fondant sur l'imaginaire étaient vaines ou dangereuses. Le rêveur et le lunatique inquiètent, le songe-creux fait sourire et, plus encore, le délirant s'aliène. Tout se passe comme si l'image hallucinatoire, sensorialisée dans son irréel, constituait une menace majeure. Pour notre contemporain, rationaliste, « le sommeil de la raison engendre les monstres ».

Certes images, hallucinations et délire possèdent des similitudes dans le domaine de la maladie mentale. Nul psychiatre n'ignore en effet que la pathologie mentale la plus grave réside au plan d'un imaginaire mal contrôlé, désorganisé, dissocié, angoissé, etc. Chaque chapitre de la pathologie mentale possède son registre d'images, sa base phantasmatique. Dans certains états psychiatriques on voit les éléments oniriques envahir directement la pensée de veille. Il en va ainsi dans les états confuso-oniriques, endogènes ou exogènes et dans ces états oniroïdes aigus qui caractérisent le début ou les poussées évolutives des psychoses chroniques.

Les liens entre l'imaginaire et la pathologie sont étroits. D'ailleurs H. Ey rappelle la phrase de Jakson selon laquelle la science psychopathologique ne progresse que dans la mesure où progresse la science du sommeil et des rêves. Pour H. Ey, dans une Étude intitulée « Le rêve « fait primordial » de la psychopathologie », la référence constante et systématique aux différents aspects du rêve apporte seule « un fil d'Ariane dans le labyrinthe psychiatrique » : « ce fait primordial, c'est tour à tour celui d'une structuration hiérarchisée de notre psychisme, celui d'un monde imaginaire immanent à notre pensée, celui d'un Inconscient contenu dans et par notre pleine conscience, celui d'un éventail de névroses et de psychoses qui déploie à des niveaux divers le monde des images, c'est-à-dire en fin de compte, *la possibilité de rêver* ».

Paradoxe ! L'exaltation hallucinatoire est conçue dans d'autres cultures comme une forme supérieure de la vie psychique. L'extase et la transe psychique constituent l'avant-goût d'un paradis et les premiers pas de son obtention. Le passé culturel est riche des récits concernant *ces autres mondes*, et cet ailleurs où chaque groupe humain créait un Dieu à son image. Mais les prodiges, les visions, les révélations ont quitté depuis longtemps l'homme raisonnable. Le domaine du surnaturel est déshabité et, même au plan du spirituel, de tels faits subjectifs sont aujourd'hui suspects. L'irrationnel balayé par la vérité des sciences quitte à la fois la nature et l'homme. Subsistent chez ce dernier névroses et psychoses. Mais la névrose même perd ses images. Quelle qu'en soit la raison, culturelle, biologique ou chimiothérapique, les hystéries hallucinatoires du début du siècle ont disparu pour laisser place à une angoisse plus viscérale. Dans le domaine des psychoses les manifestations hallucinatoires florides et les grandes constructions imagées et imaginaires se font rares sous l'influence des psychotropes qui jugulent l'imaginaire pathologique. Mais les drogues hallucinogènes se substituent aux étiologies anciennes des épisodes confuso-oniriques. Les « voyages » dysleptiques, mescaliniens, du haschich ou du L.S.D. ont été l'objet d'observations très attentives de la part de nombreux psychiatres.

C'est en 1845 que paraît à Paris un ouvrage demeuré d'une extraordinaire actualité, « Du haschich et de l'aliénation mentale ». L'œuvre de Moreau (de Tours) contient un ensemble remarquable de descriptions, dans la perspective des rapports entre rêve naturel et toxique, entre onirisme de la drogue et délire. Grâce au haschisch s'installe insensiblement, écrit Moreau (de Tours) « un véritable état de rêve, mais de rêve sans sommeil, car le sommeil et la veille sont alors tellement confondus, que la conscience la mieux éveillée ne peut faire entre ces deux états aucune distinction, non plus qu'entre les diverses opérations de l'esprit qui tiennent exclusivement à l'une ou à l'autre ». Moreau décrit avec soin les diverses manifestations psychosensorielles vécues, l'état affectif, les différents « phénomènes » essentiels : sentiment de bonheur, excitation et dissociation des idées, erreurs sur le temps et l'espace, développement de la sensibilité de l'ouïe, idées fixes et convictions délirantes, « lésion des affections », impulsions irrésistibles, illusions et hallucinations. Ces notations furent suivies de beaucoup d'autres, chapitre de la psychopathologie expérimentale auquel participèrent des auteurs tels Havelock Hellis, William James, Weir Mitchell, Mayer Gross, Beringer, Rouhier, Quercy, Morselli, H. Ey, J. Delay. Durant les années 50 un nombre relativement important de cliniciens entreprirent des tentatives d'utilisation psychothérapique de l'état créé par les divers psychodysleptiques. Malheureusement ce n'était là qu'un aspect de la situation déterminée par l'apparition de ces produits dans notre société. Rapidement se développait l'emploi toxicomaniaque des hallucinogènes, intriqué avec le phénomène « hyppie ». Il devint évident que l'emploi psychothérapique de ces substances, à peine conceptualisé, se heurtait à une difficulté sociale majeure. Il était vain d'espérer aller plus loin pour l'instant dans cette voie.

Toutefois, la question centrale est posée. Une part de l'attrait du « voyage dysleptique » naît des vérités affectives et de la catharsis qui s'y manifeste. Le sujet rencontre, pour une part, son propre onirisme et un état d'excitation sensorielle et affective où se mêlent des effets propres du toxique à des faits intimes. Toute une part de la « mystique » de ce type de toxicomanie reste incompréhensible si on ne tient pas compte de la fréquence des expériences « supra-individuelles » et des aspects extatiques de l'imaginaire ainsi vécu.

Images et délire, la psychopathologie naturelle ou expérimentale — ou encore psychothérapique — montre entre ces faits psychiques un ordre de liens complexe mais essentiel. Pour la personnalité soumise à ce type d'épreuve, dangers et informations cruciales se côtoient à un niveau où jamais un excès de prudence ne se peut regretter. A notre point de vue, ce que Moreau (de Tours) dénommait *excitation* peut constituer le « fil d'Ariane » évoqué par H. Ey, trait commun entre le délire et une possibilité éventuelle d'action psychothérapique.

V. IMAGE ET ACTIVATION : L'EXEMPLE DE LA RELAXATION DE SCHULTZ

Les exemples nécessaires à la démonstration de cette thèse du rôle primordial de l'image dans la vie affective et de son rôle activateur en psychothérapie seront étudiés dans des domaines moins complexes.

Un exemple peut être tiré de la méthode de l'autogène training, relaxation de SCHULTZ. Cette technique permet l'abord subjectif, imagogique, du corps au repos à travers des *images cénesthésiques* dont l'apprentissage est en général aisé. Les louanges que l'on peut adresser à la mémoire du créateur de l'autogène training ont pour base objective le grand nombre de cas psychiatriques qui en bénéficient, et le nombre croissant de praticiens qui l'utilisent avec un très notable intérêt. L'abord corporel prend place parmi un certain nombre de révolutions psychothérapiques, étapes de l'élargissement de nos connaissances thérapeutiques concrètes. SCHULTZ eut des élèves nombreux et accepta sans exclusivité véritable que soit diversifiée l'utilisation de sa méthode. Des voies particulières sont ainsi nées en France

(AJURIAGUERRA, GEISSMANN, LEMAIRE, SAPIR) et dans tels pays étrangers. Il est intéressant de noter les faits susceptibles de correspondre à l'idée de l'activation dans ces différents apports et surtout dans la technique classique de Schultz.

L'image de notre corps, le schéma corporel, la somatognosie, sont autant de termes qui montrent la multiplicité des façons d'aborder la représentation corporelle et les différents niveaux de son intégration neuro et psychophysiologique. Il y a là un domaine « savant », pourrait-on dire et réservé à la neuro-psychologie. La somatognosie implique des structures neuronales complexes et ce plan échappe totalement à l'empirisme du psychothérapeute. Tout à l'opposé, *le corps lourd et chaud* que vise à créer l'apprentissage de la méthode de SCHULTZ est ce corps qui nous intéresse et, en effet, c'est bien celui dont peut parler le psychothérapeute. A travers les mille formes que prend cette question du schéma corporel, c'est-à-dire la représentation du corps à des niveaux de conscience et à des étages corrélatifs neuro-psychologiques différents, SCHULTZ a découvert ce qui pouvait ouvrir une porte à la psychothérapie. Il s'agit de l'image d'un corps au repos, empreint des valeurs subjectives fondamentales de la détente, du bien-être, de la sécurité. L'image est ici conscience et cette conscience est d'un contenu que l'on peut dire positif.

L'apprentissage de l'autogène training rend possible l'acquisition et la disponibilité de cette conscience du « *corps-bien-être* » et cela dans des délais relativement brefs pour la moyenne des gens. Il s'agit d'accepter la recherche des sensations étranges, hallucinatoires mais bénignes, de la pesanteur des membres, puis du corps, ensuite de la chaleur cutanée et des autres perceptions de la détente, telles la respiration régulière, quasi automatique, les battements cardiaques lents et réguliers, la chaleur de l'épigastre, la fraîcheur du front. L'image du corps passe par ces quelques sensations, rudimentaires et fortes à la fois. Il s'agit de la découverte de l' « anti-angoisse », en quelque sorte, au niveau du lieu même de ce vécu. L'angoisse donne du corps des images nocives, pénibles, inhibantes et déprimantes ; la pesanteur et la chaleur apprises dans l'autogène training sont à l'opposé positives, agréables, stimulantes, énergisantes. Et les images sont bien vécues comme telles, c'est-à-dire représentations douées de leur réalité subjective patente et concrète.

Les valeurs évoquées de sécurité et de bien-être du repos sédatif possèdent des traits d'activation. Notons au passage également, pour mémoire, que les séances s'achèvent en général sur un sentiment de reprise facilitée de la vie active. Il faut toutefois aller plus loin et considérer avec attention ce sentiment de participation à soi particulier à la relaxation, que l'on pourrait véritablement dénommer narcissique, sorte de plaisir supplémentaire donné par la découverte d'une possibilité de jouissance et de sécurité à partir de soi. L'activation interne se trouve ici manifeste et facilement révélée par les dires du malade, sa volonté de poursuite et les progrès habituellement simultanés des exercices et de la culture de la détente. La reconnaissance devant le malade de cet ensemble d'éléments par le thérapeute semble importante.

A notre point de vue, l'élément essentiellement activateur réside dans une découverte particulière à ces états de détente. Une vérité, un sens est présent, à savoir la sécurité fondamentale offerte par le corps au psychisme. Dans les pratiques classiques de la relaxation de SCHULTZ, le sujet perçoit ce « corps-bien-être » déjà évoqué qui s'oppose aux peurs et aux angoisses corporelles induites par la névrose et aux tensions psychomotrices induites par les conflits ou les inhibitions, au niveau de la posture et du tonus. L'autogène training vient montrer au patient qu'en réalité les valeurs corporelles et la matérialité fidèle du corps résistent et subsistent et peuvent être retrouvées au-dessous des angoisses et de la disrégulation neuro-végétative. Il y a là, avec le corps chaud et lourd, le message d'une présence fruste et fondamentale. Une telle confrontation intérieure est signification du corps face au psychisme, elle possède valeur de symbole, elle s'accompagne de cette exaltation intime qui modérée et contrôlable rappelle toutefois l' « excitation » de Moreau (de Tours) et pour nous fait évoquer le processus d'activation.

L'exemple de l'autogène training paraît simple et clair. L'activation est un mouvement d'énergies psychologiques libérées et libératoires, nées d'un procédé technique bien élaboré et acquises par le patient grâce à l'identification de leur signification psychologique.

CHAPITRE XIV

LES CURES PSYCHOTHÉRAPIQUES AU PLAN DE L'ACTE

(le niveau ludique-créateur)

Le niveau ludique-créateur est le domaine de l'action symbolique. L'image a été étudiée comme un irréel participant à la pratique psychothérapique en tant qu' « analagon » des réalités affectives — pouvant par son affrontement liquider des difficultés subjectives, mobiliser des énergies et des activités nouvelles. De même l'action symbolique caractéristique du jeu et de l'art, du ludique, du plastique et du poétique, intéresse la psychothérapie par ses valeurs cathartiques, inventives et animatrices. Bien des patients névrotiques, on peut le noter, présentent de larges réserves affectives, inemployées ou déviées de leurs possibilités constructives. L'emploi thérapeutique du jeu et de la création atteint puis dépasse le bénéfice immédiat. Au-delà de l'utilitaire — ou de l'occupationnel, du distrayant — il permet la réouverture de voies adaptatives pour des énergies jusque-là cristallisées en symptômes ou en tension d'inhibition. Des possibilités latentes deviennent dynamisme nouveau, aperçu énergético-dynamique qui situe ainsi les bases d'interventions à visées créatrices et expressives auxquelles s'adaptent bien, également, certaines théories de l'apprentissage ou de simple pédagogie.

L'action apparaît ainsi, dans une description de différents niveaux comme une dimension importante. Dans ses origines, elle s'allie bien avec le symbole. Elle accompagne celui-ci à travers le lien de l'objet, de la représentation, de l'expression réalisatrice. Ce niveau est de plus en plus utilisé par les psychothérapeutes comme le manifeste bien la diversification des modalités d'expression thérapeutique, fondées en particulier sur la diversité de la créativité humaine.

I. PROXIMITÉ DES JEUX ET DES CRÉATIONS

Les expériences ludiques, placées dans une perspective de psychologie génétique, ont un rôle capital pour le développement et la maturation. Certains psychiatres ont observé qu'il fallait lier étroitement, selon les leçons de la psychologie de l'enfant, les activités ludiques et la croissance des pouvoirs de symbolisation, d'abstraction et de manipulation du réel, dont un ensemble vaste de faits mentaux. Les arts sont souvent laissés dans un autre champ, à l'exception toutefois des expériences surréalistes ou des formes diverses de l'« art brut ». Ceci manifeste la grande difficulté d'une synthèse concernant ces innombrables vecteurs structurants que sont les schèmes symboliques, les images qu'ils déterminent, les sentiments qu'ils accompagnent, les objets qu'ils animent, ou ceux qu'ils font créer, en bref toutes ces conduites actives aboutissant à la réussite d'un surcroît d'existence à travers l'objet créé et proposé à autrui.

Une des fascinations de l'existence réside dans *la réalité ambiguë du jeu*, plaisir et difficulté, effort et simulacre, vrai et faux, supplément de vie en surcroît des satisfactions immédiates, détournement et restitution d'énergies psychologiques. Cette notion d'un « autrement », d'un « ailleurs » est d'ailleurs retenue par Huizenga dans son ouvrage « Homo ludens » : « le jeu est une action ou une activité volontaire, accomplie dans certaines conditions fixées de temps et de lieu, suivant une règle librement consentie, mais complètement impérieuse, pourvue d'une fin en soi, accompagnée d'un sentiment de tension et de joie, et d'une conscience d'être autrement que dans la vie courante ». Face au caractère « heureux » de l'activité ludique, dans son exécution et quel que soit finalement son résultat, le psycho logue identifie une valeur positive fondamentale du jeu, que l'on observe d'ailleurs très couramment chez l'enfant et qui, sans doute, a quelque parenté avec cette notion de l'activation, reflet peut-être ici des réussites de la maturation.

Pour Roger Caillois, sont importantes la dépense, accompagnant le divertissement, et la liberté de celui-ci — les règles n'interviennent en effet que par la décision libre du jeu et de sa poursuite. La valeur « comme si », imitation de la vie par le jeu, présente également, s'accompagne d'une « conscience spécifique de réalité seconde ou de franche irréalité par rapport à la vie courante ».

Le lien entre jeu et action se manifeste fortement aux origines, et tout particulièrement sur le plan fécond du symbole, du valorisé, du relationnel. Le jeu apparaît en effet comme l'irréel reflet de la réalité, plus profonde et plus ambiguë lorsqu'il s'agit du sacré. R. Caillois montre combien les rituels des jeux ont d'analogie avec les pratiques religieuses. Très souvent, l'origine de telle activité ludique est née d'un mythe, d'une croyance : « tels les jeux de corde des Esquimaux qui décident de la prééminence mystique d'un principe saisonnier ou d'un élément de la nature, mer ou continent, hiver ou été; les cerfs-volants et les mâts de cocagne qui, dans le Pacifique, sont liés aux mythes de la conquête du ciel;

les jeux de ballon des Maoris, d'où vient le football et où la balle-enjeu représente le soleil ». On ne saurait oublier les jeux de type énigme — celle d'Œdipe lui assura le trône de Thèbes, malheur et gloire. M. Benveniste oppose toutefois fondamentalement le sacré, « tension et angoisse » et le jeu, « exaltation et délivrance » Il d'écrit dans le jeu, désacralisé et désocialisant, une séparation entre le mythe et le rite. Et ainsi, est identifiée cette présence foncière de l'action, de l'intervention dans le monde et sur la réalité qui fonde la condition humaine et ses pôles, supérieur-irréel ou terre à terre-réel.

Pour H. WALLON, le jeu chez l'enfant est pour une part, une étape dans la hiérarchie des actes, due à la perspective adulte de la réalité. Chez l'enfant, d'âge en âge, l'apparition de jeux différents signale l'avènement de fonctions nouvelles ou mieux différenciées. Le jeu libère les activités particulières de l'étreinte de synthèses qui peuvent être seulement temporaires lors du mouvement de la croissance.

Pour le psychothérapeute, d'autres caractéristiques du jeu peuvent être relevées : évolution entre les pôles opposés, liberté-règles, oubli des intérêts pressants de la vie, mais aussi possibilité de réussite, de succès dans le jeu. La fiction se substitue au poids de la réalité mais permet mieux que celle-ci peut-être l'observation, l'analyse et l'apprentissage. A la limite, existent les « jeux défendus », toute cette zone où interdits, opposition, affirmation, acquisitions se manifestent.

L'œuvre d'art, sous les formes multiples de ses manifestations, est création proche du jeu, proche des qualités du jeu. Une même dynamique contradictoire l'anime, liberté et règles, invention et imitation, réussite à la limite de soi et de l'autre. Le vaste domaine de l'art place au premier plan la communication affective, l'expression émouvante, l'émotion et la fascination, langage de la réalité humaine véhiculées par des objets symboliques — en quelque sorte autres objets réels que la réalité. Cette médiation définit finalement les différents arts et le lien qui s'établit entre l'exécutant, actuel ou passé, et l'amateur.

Bien des critiques — et lequel mieux qu'André Malraux — ont montré la naissance des « musées imaginaires », insistant de plus pour le développement d'une histoire de l'art fondée sur la psychologie de la création. Cette psychologie considère l'œuvre créée comme un langage. Nombreux furent les psychiatres et les psychanalystes tentés d'interpréter et de tirer des expressions artistiques un matériel latent proche de celui observé au niveau de leurs malades. Une psychanalyse de l'œuvre et de l'artiste a vu le jour où les clés pour l'inconscient découvrent des inspirations obscures au-delà des premiers plans. Il en va ainsi en particulier pour les arts plastiques ou les écrits. Une certaine réticence de la majorité tend aujourd'hui à considérer l'œuvre en tant que telle, son unité et le dialogue qu'elle propose à l'amateur. La pensée existentielle préfère ce respect de l'unité de l'œuvre faite. La globalité de ses effets fonde sa présence, dépassement d'un non-être d'objet. Ici, la force de l'objet créé se trouve valorisée, comme expérience vraie du monde et comme élargissement du vécu. A la limite, les détails de l'œuvre seront autant d'organes doués d'un pouvoir d'expression propre, c'est-à-dire d'existence, dans et pour l'œuvre. J.P. Sartre écrit, par exemple, à propos d'un tableau : « cette déchirure jaune du ciel au-dessus du Golgotha, ... c'est une angoisse faite chose, une angoisse qui a tourné en déchirure jaune du ciel ».

L'œuvre d'art est l'apparition et la réussite d'organes de communication. La voix, la main qui dessine, le sens du rythme créent des objets, éléments parcellaires mais vivants ou en tout cas, susceptibles de renaître. N'est-ce pas en tant que telle, voie d'actions nouvelles, novatrices ou rénovatrices, qu'elle intéresse le thérapeute ? Création et jeu ont partie liée avec la thérapeutique psychique. Plusieurs traits unissent le jeu et la création artistique. Le jeu peut être « beau », réussi, dépassant le seul but du divertissement. Il peut être fascinant au même titre que le rêve ou l'œuvre d'art, ceci par l'émotion d'origine peu consciente qu'il fait naître. Des similitudes plus centrales existent, ne serait-ce que ce fait axial d'une impulsion intérieure aboutissant à une extériorisation, à un acte. Le jeu ou l'objet créé sont proches l'un de l'autre par cette réalité vivante qu'est l'action extériorisée. A la différence du niveau de communication interne propre à l'image subjective, une médiation se montre ici.

Ceci instaure de la part du créateur ou du joueur, une psychologie de la réalité, matérielle et sociale, étroitement liée à des pulsions personnelles mais engageant l'être dans une relation au monde. Cette nouvelle réalité jouée ou créée se situe comme proposition matérialisée de soi, susceptible de réussite ou d'échec, mais moins sans doute que nombre de désirs humains du champ social proprement dit. Malgré cette note d'irréalité, quelque chose est survenu dans la réalité. Un second élément concerne l'intimité même de l'acte, expression issue d'un point vers un autre. La communication se fonde sur une série de choix et de moyens. Ici encore, l'objet médiatisant montre son importance. Il définit une voie particulière, peinture, danse, expression. Le troisième fait concerne la force « symbolique » du messager-message. Le terme symbole est toujours difficile d'emploi, tantôt attiré vers le signe formel et précis qui le moule, tantôt vers le message affectif qui le gonfle. Le symbole est un « signifié-signifiant », en équilibre par les forces combinées du message et du messager. Cet équilibre correspond à l'émotion traduite associée à la réussite de son évocation.

L'emploi psychothérapique des fonctions de jeu et de création, loin de rester dans des zones claires, rejoint la bohème et le désordre du concret. Notre malade n'est qu'exceptionnellement un artiste. L'angoisse n'aide guère au jeu, ou transforme bientôt celui-ci en symptôme. A ces données négatives font écho une certaine vanité apparente de la tâche thérapeutique, dans ses tentatives de restaurer la vie, technique voulant redonner existence. Les objets que l'on fabrique dans la situation psychothérapique soutiennent, certes, la relation de compréhension soignant-soigné, mais se situent en dehors des réussites de l'esthétique. De même, certaines animations ludiques des malades psychiatriques ont-elles pour autrui des accents tragiques. Pour les protagonistes de la situation thérapeutique, ces faiblesses apparentes pèsent peu lorsqu'un nouveau moyen de communication paraît se mobiliser. L'attention se trouve fixée sur les messages, valeurs de cette production, sur le mouvement de réalisation qui l'accompagne, sur cet apport de forces jusque-là mal connues ou incertaines.

II. LES PSYCHOTHÉRAPIES D'EXPRESSION ET DE CRÉATIVITÉ

Le terme d'art-thérapie, fort employé, est discuté. Son ambiguïté consiste dans les valeurs esthétiques qu'il implique, et qui sont, en règle générale, éloignées de la préoccupation thérapeutique. Participant à l'ensemble d'un programme soignant, les activités créatrices apparaissent dans leurs divers rôles, occupationnelles, facilitant l'expression affective et le diagnostic, reflet de l'évolution du malade, formes de psychothérapies non verbales, éléments de la recherche psychopathologique. Situées par P. Sivadon dans le groupe des méthodes actives, ces thérapeutiques comportent plusieurs niveaux d'intervention dans la rééducation fonctionnelle en psychiatrie, niveau du contact physique, le plus archaïque, activités d'expression et de création concrètes, enfin activités sociales impliquant plus le langage (P. Sivadon et P. Chanoit).

La richesse de ces domaines, tant culturelle que psychopathologique, incite à garder à la notion de créativité ses pôles contradictoires, libération de l'expression, contrainte de la tâche. Le psychiatre, dans ses visées diagnostique et thérapeutique, se résoudra à maintenir vivante dans sa pratique une contradiction voisine, empirisme des situations thérapeutiques et assistance de techniques éprouvées, ceci dans les divers champs possibles de la création.

Cette production est contemporaine de l'explosion de l'art moderne, surréaliste, naïf, brut. Les symboles et les thèmes plastiques méritent une étude thématique — par-delà les considérations de forme — et une classification. Celles-ci ont été présentées par R. Volmat, dans son ouvrage « l'Art psychopathologique » (1956), œuvre essentielle réalisée à la suite de l'exposition d'art psychopathologique présentée au premier Congrès mondial de Psychiatrie à Paris en 1950. La fréquence des sujets et scènes symboliques permet une application de la phénoménologie clinique. Volmat montre — en marge de l'art moderne — la naissance et le développement des ateliers à visée thérapeutique, tirant profit des possibilités cathartiques et réadaptatives de l'expression.

La complexité structurale de la pathologie mentale, la diversité des entreprises psychothérapiques, la multiplicité dimensionnelle des modalités expressives imposent le guide simple de l'abord technique des formes et situations thérapeutiques proposées.

En fonction d'analogies ontogénétiques et culturalistes, *le modelage* occupe un niveau basal parmi les possibilités créatrices. Contact direct avec le matériau, le travail de la terre et de l'argile fait naître les premières formes représentatives ou, dans la poterie, utilitaire. La création dans la troisième dimension dote ces activités d'une valeur psychologique supplémentaire.

Chez les schizophrènes à tendances catatoniques, où l'indifférenciation perceptive de l'angoisse psychotique est franche, M. Schweich et P. Sivadon montrent les possibilités d'emploi de ce matériau, « facile à assimiler ». L'emploi simultané de dessin favorise l'animation. Les échanges du groupe, le plus souvent infraverbaux, jouent un rôle important dans la participation à une progressivité de l'activation et de la communication. Le symbolisme individuel, souvent hermétique, cherche des voies d'échange dans le groupe. Chez des malades de diagnostics variés, affrontés individuellement au modelage, A. Meares a montré la possibilité d'expression des conflits et du matériel psychotraumatique. Le point de départ est un substitut à la communication verbale, dans une visée thérapeutique. Les associations libres, chez les névrotiques, sont facilitées par l'importance des faits cathartiques et les fréquentes représentations sexuelles (organes génitaux, seins). Les « symboles personnels » créés induisent une véritable fascination, élargie a posteriori par l'entreprise psychothérapique. Les thèmes et conflits fondamentaux s'expriment alors, amour et haine, sexualité, vie et mort.

L'argile peut aussi devenir poterie, création utilitaire rudimentaire ou plus élaborée lorsque la technique artisanale est appliquée. Cette activité devient alors plus ergothérapique mais conserve l'avantage d'un contact direct avec le matériau. A des fins incitatrices ou de recherche, des tâches standardisées sont proposées (Cl. Leroy et coll.).

Le dessin, représentation des mondes perceptifs, vécus, subjectifs et *la couleur*, valeur affective brute, apportent la présence sensorielle et la primauté affective de l'espace vu. Les déchirements pathologiques font apparaître les couches archaïques de la personnalité et en particulier la cœnesthésie, mêlée inconsciente du moi et du monde. Images de soi, de l'homme, du monde sont exprimées simultanément par le malade et l'artiste, de l'abstrait au fantastique. La régression pathologique de l'un comporte des analogies frappantes avec la régression contrôlée de l'autre.

La psychothérapie individuelle peut utiliser la richesse

de l'apport symbolique des dessins et des couleurs. La création magique et solitaire devenant création transférentielle trouve des exemples significatifs dans l'activité picturale de l'enfant. Le développement de l'emploi psychothérapique de l'art pour adultes névrosés fut décrit par R. Volmat. Dès les premières décennies du siècle, des psychanalystes ont joint l'expression picturale au matériel verbal des séances. Ch. Baudoin a montré que certains symboles ont valeur transpersonnelle, tels les mandalas décrits par Jung, et leur signification est perçue intuitivement par le thérapeute. Les couleurs possèdent aussi cette qualité. Nombreuses sont les monographies consacrées à de telles cures individuelles où une succession d'œuvres significatives vient représenter l'évocation et l'éventuelle liquidation des conflits. Chaque peinture ou série peut même porter un titre qui en définit la donnée centrale. Les documents ne peuvent se passer des commentaires du sujet qui traduisent les valeurs projectives, médiatrices, relationnelles des créations. L'exposé détaillé du cas fait apparaître la succession des thèmes évoqués (R. Dellaert). La production des malades, apparaît spontanément et cesse peu à peu avec les progrès de la psychothérapie. Les séries imagées, avec souvent plusieurs dessins pour un même thème, se rapprocheraient des scènes nocturnes en série. On évoque un « travail de l'art » voisin du « travail de rêve ». Pour I. Jakab, le malade doit donc être incité à interpréter ses propres dessins, par association libre. Mais, même sans interprétation, l'art-thérapie joue un rôle de catharsis. Cet auteur avait insisté sur l'intérêt de l'auto-représentation tant chez les névrosés que chez les psychotiques, sous les formes diverses de l'auto-portrait, de la présence dans une scène imagée, de la représentation des troubles vécus, de l'atlas anatomique.

L'atelier pictural dit souvent « de peinture libre » ou « d'art-thérapie » vient répondre à de multiples besoins chez les malades, hospitalisés ou non. Son intérêt occupationnel, distrayant et projectif, a induit de très nombreuses expériences. L'art-thérapie, à côté de l'ergothérapie et tout comme elle, prend la place offerte par l'amélioration du climat psychologique et des qualités sociothérapiques des services de soins modernes de l'ère chimiothérapique ou même chez le praticien et dans ses locaux privés. La qualité de la relation soignant-soigné organisée à propos de l'activité créatrice apparaît capitale. Les commentaires des malades et les relations nouées donnent à l'œuvre sa valeur mobilisatrice. Ces tentatives de communication vont rencontrer une volonté réciproque de compréhension. La réciprocité affective est le moteur de la relation ébauchée avec l'œuvre. Il faut éviter que les productions réalisées restent inemployées et que le message du malade, parfois d'une particulière importance pour lui, ne soit ni transmis, ni reçu (A. Denner).

La diversité des malades peut avoir force inductrice, ainsi que la multiplicité des techniques proposées. Une communication infra-verbale s'établit même au niveau des groupes peu structurés, « ouverts ». L'action centripète de l'œuvre, sur chacun des malades, diffuse vers autrui.

A. Denner souligne l'importance de l'aspect psychomoteur des activités picturales. L'intervention au niveau du corps est l'élément déterminant de progrès durables, en particulier chez les schizophrènes. Les déblocages gestuel et respiratoire permettent l'intégration de l'acte pictural dans le vécu du patient et dans sa communication avec le thérapeute. La diversité des outils de travail répond à ces buts. L'attention du moniteur se porte sur le débit d'activité, son rythme, le contrôle visuo-kinétique. Des contacts physiques permettent une liaison avec le patient et sa psychomotricité. Des « exercices pictographiques de détente » sont systématiquement conduits, allongement de traits, variations de tonalité et de pression, cercles au pinceau, arabesques, etc. Les méthodes d'observation du réel permettent ensuite un retour aux objets. H. Faure a souligné la fréquence des distorsions perceptives chez les malades mentaux et l'intérêt thérapeutique de la redécouverte des « appuis objectaux ».

L'emploi psychothérapique de la musique se développe, sons et rythmes, écoute ou participation active. J. et M. A. Guilhot et J. Jost ont décrit différentes techniques utilisant des séries d'accords inducteurs, l'interprétation en groupe d'œuvres musicales en tenant compte du niveau technique possible, les auditions et commentaires en groupe et avec l'assistance d'un moniteur d'art qui fait préciser et mieux percevoir les évocations spontanées de chacun. Ph. Garnier et J. Jost choisissent, pour ces auditions, des œuvres musicales qui suscitent le maximum d'images, liste bien entendu illimitée mais que la pratique aide à préciser. L'association de morceaux stimulants, neutres ou sédatifs caractérise ces séances. Des compositions libres, improvisées à propos d'états affectifs précis, peuvent transmettre leurs messages à des groupes, associant librement à leur propos. F. Tison décrit le fonctionnement d'un centre de musicothérapie recevant des sujets pour des séances individuelles ou en petits groupes sous le contrôle d'un psychiatre. Des activités créatrices sont simultanément proposées dans un contexte peu directif où l'action de guidance apporte aux patients un soutien positif et des possibilités abréactives. Dans les institutions psychiatriques à visées sociothérapiques, on utilise les formes naturelles, ou transformées pour la psychothérapie, de l'expression musicale et rythmique en groupe, technique de spontanéité musicale de Orff, chants choraux, danses folkloriques ou modernes, animation psychomotrice, expression corporelle mimée sur induction musicale. La danse, selon B.H.P. Ter Braak, aide les patients dans leurs interrelations et dans la reconquête normalisante de l'espace vécu. Des niveaux divers d'incitation, où le temps par le rythme joue un grand rôle, sont utilisés dans un esprit semi-directif. Les techniques d'expression corporelle donnent libre cours à la spontanéité psycho-motrice et infra-verbale, traits déterminants de la musique. Ces activités sont aménagées en fonction des niveaux morbides variés, allant des malades les plus handicapés aux névrotiques.

En créant le *psychodrame*, Moreno donnait à la spontanéité et à l'improvisation de scènes personnelles leur place en thérapeutique, voie d'expression et de catharsis des conflits affectifs et des difficultés relationnelles. Le patient va pouvoir revivre et présenter son drame propre. La présence d'auxiliaires et d'un public, les interversions de rôles, l'appui d'un double l'aideront à recréer et à faire partager, à comprendre également ses émotions négatives. Des orientations multiples ont été données à la découverte morénienne et des écoles différentes ont utilisé les capacités projectives du psychodrame, dans un débat qui reste très ouvert.

La notion de jeu est ici directement utilisée. La spontanéité demandée aux protagonistes, qui est l'élément central et permanent du psychodrame est favorisée par des techniques variées. Le développement de celles-ci va de pair avec une indéniable multiplicité des expériences et des modes d'utilisation. Chaque thérapeute — ou chaque organisateur, car l'effet proprement thérapeutique est laissé de côté par certains — paraît suivre l'orientation de ses dons et de son inspiration. L'emploi en groupe est certainement une des voies intéressantes par l'animation de la dynamique collective et la facilitation de l'expression des situations personnelles. Ainsi le psychodrame peut-il s'associer à d'autres méthodes ou faire suite à une première phase de soins. Il permet alors un élargissement des prises de conscience chez un sujet conduit à jouer et donc à vivre de plus près des faits affectifs nouveaux pour lui. Parmi les différentes écoles qui se développent, certaines ont bénéficié de l'apport rogérien, d'autres se rattachent plutôt à des perspectives psycho-sociologiques ou psychanalytiques. Sur le plan psychiatrique, les indications semblent surtout concerner les sujets présentant des handicaps relationnels liés aux névroses de caractère d'intensité moyenne. Ces sujets, qui hésitent souvent à entrer dans un contexte thérapeutique et médical, bénéficient cependant beaucoup des possibilités expressives globales du jeu psychodramatique.

La présence du groupe, autour du patient traité et avec lui, met au premier plan la relation entre l'acteur et son public. Elle vient rappeler que le théâtre permet une projection des passions dans le jeu de la scène et pour le spectateur. La théâtrothérapie — dont on reconnaît la paternité au marquis de Sade lors de son internement à Charenton — utilise cette fonction cathartique de la pièce jouée. M. Quidu, J. L. Armand-Laroche, F. Raux-Filio et E. Leport ont décrit le fonctionnement d'un groupe d'art dramatique à l'hôpital, dirigé par deux sociothérapeutes, se réunissant trois fois par semaine pendant un mois et demi, avec cinq à quinze malades. Une œuvre de théâtre est choisie en commun, étudiée, répétée et généralement interprétée devant un public groupant malades, personnel de l'hôpital et invités.

Utilisation des techniques de l'art dramatique en psychothérapie, *l'expression scénique* doit à E. Dars son hypothèse de départ à propos de l'observation de l'influence des rôles joués sur la personnalité des comédiens. L. Stevenin, E. Dars et J. C. Benoit, dans diverses publications dont l'ouvrage « l'Expression scénique », (E. Dars et J. C. Benoit), présentent les modalités d'emploi en psychothérapie du travail de textes de théâtre ou littéraires en présence d'un moniteur à la fois compétent en art dramatique et formé à la relation psychothérapique. Les textes, lus et parlés, ont été peu à peu sélectionnés en fonction de leur densité émotionnelle ou de la netteté du sentiment évoqué, tendance affective, situation, archétype. Il peut s'agir aussi de dialogues ou, pour les besoins du travail en groupe, de chœurs parlés. Derrière le masque ou le bouclier du texte, dont la beauté joue un rôle certain, le patient est incité à vivre les images et la densité émotionnelle du morceau. Le moniteur indique le ton, corrige la voix, l'expression, la posture, déconseille la théâtralisation, aide à une participation pleine. Des textes divers sont proposés ou choisis pour chaque séance, d'une durée de trois quarts d'heure environ, en tête à tête le plus souvent, deux fois par semaine, pendant une durée de deux à trois mois. Les dernières séances s'espacent. Les textes sont confiés aux patients entre les séances. L'apprentissage individuel favorise la constitution éventuelle de groupes. L'intuition du moniteur et son expérience, les indications du médecin qui a proposé la thérapie créent une situation sécurisante qui, par l'appui des textes, lève les inhibitions anxieuses ou les défenses rigides. Le sujet découvre ou retrouve des émotions passées, le secours de forces neuves face à celles-ci, l'acquisition de modes d'être jusque-là inconnus de lui dans leur expression concrète, en particulier lors de troubles caractériels ou du comportement des sujets jeunes. Une rencontre se réalise entre un patient, somme toute en attente, et des représentations catalysantes très fortement vécues grâce au texte. Cet effet cathartique franc peut se réaliser chez des patients névrotiques ou anxieux, à l'occasion de la découverte, dans les textes parlés, de la capacité de participation et de l'expression déguisée d'une expérience personnelle passée non liquidée. Un plan d'échanges intuitifs, aussi conscient que possible naturellement du côté du moniteur thérapeute, constitue le lieu où s'effectuent les mobilisations affectives grâce auxquelles le processus de cure s'installe. Cette relation latente demeure maniable et le moniteur peut utiliser les autres possibilités de la méthode, tranquillisation ou apprentissages plus neutres. La souplesse de la technique permet son aménagement pour une grande diversité d'indications. Son emploi en thérapie et dynamique de groupe s'est beaucoup développé (E. Dars et J.-C. Benoit).

Des techniques d'expression corporelle font appel à la psychomotricité et aux rythmes expressifs, telles la méthode d'éducation gestuelle de M. L. Orlic, la pantomime et des techniques issues du Yoga.

III. PORTÉE ACTIVATRICE DES PRODUCTIONS EXPRESSIVES

Dans son emploi psychothérapique, le niveau ludique-créateur s'appuie sur les vastes possibilités expressives de *l'objet* au sens le plus large de ce terme. La réalisation d'*une tâche*, proposée au patient ou au groupe, aide à titre de support la communication. Ainsi la tâche et l'objet comportent surtout des apports libérateurs ou novateurs. Ils trouvent auprès de certains praticiens, moniteurs ou animateurs, leurs thérapeutes spécialisés. La production d'objet ou les différents *modes d'expression de soi* introduisent l'importante intervention de celui qui guide leur réalisation et qui stimule le sujet pour des réussites créatrices. Ce peut être donc le thérapeute lui-même ou tel allié. Les soins psychothérapiques conduits en équipe comportent souvent de telles expériences de collaboration entre des soignants dont l'un axe directement son effort au niveau de l'expression productrice. La conduite de telles polythérapies nécessite simplement une relation stable entre les thérapeutes qui vont échanger les informations diagnostiques, évolutives, et faire progresser simultanément la cure. Les bénéfices des thérapies d'expression et de production, de jeu et de création, méritent d'être soulignés. En effet, une confiance excessive dans le seul niveau verbal tend constamment à caractériser les perspectives psychologiques en thérapie. Contre cette prévalence du verbe et de l'interprétation, une mutation s'observe depuis le développement des apports expressionnels qui aboutissent à l'objet, au rythme, à l'action, aux valeurs perceptives, représentatives et de présentification. La richesse émotionnelle de la vie affective, que ce soit au niveau de ses difficultés ou au plan de ses déterminations rénovatrices, trouve là un champ de révélation, de projection, de modification dont l'intérêt repose sur plusieurs traits caractéristiques.

On trouve ici, tout d'abord, *le geste qui crée*. La dimension de l'action concrète est ainsi maintenue parmi les éléments de définition de la psychothérapie. L'action, même symbolique, est à la fois représentation d'un passé vécu et découverte de modèles pour le futur. Le plan de la réalité, si nécessaire mais en fait si souvent écarté de la définition de la psychothérapie, peut être utilisé ici, lors de créations et d'activités concrètes. L'objet, émanation du sujet souffrant, comporte à quelque titre une tentative de formalisation, de révélation, de dépassement de cette souffrance. Le passage s'effectue d'un état immatériel, souvent ineffable, l'angoisse, à une chose écrite, plastique ou rendue par la voix ou le geste, mieux définie, objectivée, présentifiée. Dans l'action qui crée, l'angoisse trouve le moule d'une réalité dédramatisante ou, au moins, précise, « palpable », qui après la levée d'une inhibition, peut aboutir à une liquidation de ce que Pierre Janet dénommait des « accrochages ».

Le premier fait qui découle de l'activité créatrice au plan de la communication avec le thérapeute est l'engagement possible d'*un dialogue nouveau.* En place des mots, langage commun et souvent trop neutre, l'objet et sa réalisation proposent une expérience affective personnelle, rencontre représentée par l'objet, matérialisée au niveau du corps agissant, éventuellement symbolique par ses contenus. La forme créée, même obscure ou peu esthétique, est avant tout un acte fait par le sujet devant le thérapeute et probablement pour tous deux. La réciprocité propre à l'échange affectif est une des caractéristiques de cette création, dont le résultat est proposé au thérapeute. Intuitivement le plus souvent, celui-ci perçoit un certain « sens », signification peut-être de l'objet lui-même et surtout voie d'un mouvement, et donc ouverture pour les apprentissages nouveaux. La clinique vérifie l'équation mobilisation = activation. Le plus difficile est pour le thérapeute de maintenir sa disponibilité tout en maintenant son rôle d'éclaircissement diagnostique. Perception et analyse, empathie et clairvoyance demeurant équilibrées, libèrent le malade des contraintes inhibitrices qui marquent les échanges sociaux des névrosés. L'attention du thérapeute se consacre à suivre *le mouvement émotionnel* du patient, à accepter sa production, souvent en assumant les traits fortement subjectifs de leur irréalité. Cette forme de « courage » devant le matériel objectivé par le patient est à la base de la définition de l'empathie psychothérapique, acceptation et évaluation du matériel psychologique du patient. Une aide technique apportée au point voulu peut évidemment favoriser l'action de ces thérapies fondées sur l'expression.

L'on a toujours beaucoup insisté sur un troisième élément, celui de la *symbolisation des pulsions personnelles.* Les significations secrètes, sources ou voies des symptômes, trouvent dans les objets « projectifs » des lieux de transcription. Ce fait s'observe tout particulièrement avec les figurations plastiques du dessin ou des peintures, chez les névrosés notamment. Ce moyen est d'un emploi très courant dans les traitements psychologiques de l'enfant dont la spontanéité demeure active vis-à-vis de l'écriture plastique. Chez l'adulte, il faut souvent au patient certains dons pour que de telles exécutions deviennent un moyen de communication thérapeutique. Les messages ainsi obtenus, selon les procédés d'un automatisme plus ou moins réélaboré, sont souvent l'aboutissement de *catharsis* internes. Ils créent des étapes positives dans les cures lorsque le patient a pu se laisser entraîner par le mouvement émotionnel de la création, qui d'ailleurs peut s'éteindre lorsque son sens s'est élaboré et concrétisé. Cette recherche de la communication symbolique correspond à un niveau majeur des interventions psychothérapiques — et tout spécialement par ses valeurs d'activation — certaines données essentielles, archétypiques en l'individu, ou très personnelles, souvent de nature traumatique, tendant à se mobiliser.

Ce qui importe ici — et correspond le mieux à cette perspective activatrice — est sans doute *l'engagement du corps du patient*, soit direct, objet lui-même par exemple dans l'expression corporelle, scénique, vocale, etc., soit indirect et « médiatisé » par l'objet créé, modelé, peint. Les conduites d'expression sont en même temps des conduites de réalisation et il appartient aux thérapies psychologiques d'organiser des situations — aussi peu artificielles que possible, peut-être — qui soient le champ social ouvert à leur manifestation. Le corps est l'objet premier pour l'individu et toute réalisation où il intervient entraîne des valeurs psychologiques de base.

CHAPITRE XV

LA PRATIQUE INSTITUTIONNELLE DE LA PSYCHOTHÉRAPIE

Ce chapitre va donner une place privilégiée à l'évolution moderne des soins psychiatriques sous la forme de l'institution soignante, manifestation de la fin d'une période où l'aliénation se matérialisait systématiquement par l'internement. La pratique publique est donc en pleine évolution. La pratique privée elle-même se modifie et aborde une institutionalisation de plus en plus évidente, intervention d'organismes de remboursement ou gratuité des soins, association de thérapeutes, soins donnés à plusieurs malades simultanément. L'image du colloque singulier, dont l'intimité s'accroît par la relation « transférentielle » duelle, gardera sa valeur, mais aujourd'hui ont également la parole des praticiens œuvrant dans des conditions tout à fait différentes. Il y a là une dimension incontestable de la psychothérapie (H. Chaigneau, P. Chanoit et J. Garrabé).

Délimiter le rôle de la psychothérapie dans les institutions psychiatriques est délicat. La raison de cette difficulté se trouve au premier chef dans le sens imprécis de ces deux termes. L'expression « psychothérapie institutionnelle », qui montre l'importance des liens unissant ces deux parts du domaine psychiatrique, a elle-même été critiquée.

Les collectivités soignantes psychiatriques sont marquées de la plus grande diversité. Il s'agit d'établissements aux prises avec une véritable mutation technique. Des différences extrêmes existent entre certaines institutions anciennes et des tentatives d'avant-garde. Ainsi, tout essai de synthèse ou de théorisation à visée durable est manifestement gêné. Un obstacle supplémentaire tient au besoin de la psychiatrie moderne de diversifier ses formes matérielles de prise en charge en fonction des besoins multiples des patients, de leurs groupes nosographiques, pronostiques, sociaux, etc... Les institutions récentes sont souvent d'une grande complexité ou constituent une partie seulement d'ensembles comportant des unités différenciées (service d'urgence, hospitalisation à temps complet ou à temps partiel, dispensaires, foyers et ateliers protégés, etc...). On assiste simultanément à une diversification des rôles soignants aboutissant à des équipes multi-professionnelles où l'on voit travailler ensemble le psychiatre, en formation ou expérimenté, le psychologue, le personnel infirmier, l'assistante sociale, les moniteurs de kinésithérapie, d'ergothérapie ou d'art-thérapie, etc.

Cette nouvelle conformation de la distribution des soins correspond, bien évidemment, aux progrès considérables de ceux-ci. Les chimiothérapies dotent le médecin de moyens puissants et sans cesse affinés. Les participants des équipes psychiatriques soignantes, et leurs connaissances techniques diversifiées, constituent également des moyens essentiels de progrès et d'efficacité des soins proposés aux malades psychiatriques. La puissance de ces moyens modifie les structures morbides habituellement rencontrées. Il existe, sous la pression de thérapeutiques multiples, une évolution nosographique qui a frappé de nombreux chercheurs. Les destins morbides s'assouplissent et s'individualisent, chaque patient conserve une personnalité et des qualités propres d'adaptation. Celles-ci font l'objet de l'intérêt institutionnel qui s'imprègne de valeurs psychologiques et oriente vers l'effort psychothérapique.

Un des traits fondamentaux de la psychothérapie dans les institutions psychiatriques modernes réside donc dans l'impérieuse nécessité de son emploi. Les prises en charge se situent dans le contexte original de *la psychiatrie communautaire* ou *psychiatrie dans la communauté* ou encore *psychiatrie sociale.* Ces visées thérapeutiques s'insèrent dans l'assistance psychiatrique portée au sein même de la cité, là où le malade mental s'exprime et se condamne souvent devant autrui, là où il doit être réintégré le mieux et le plus rapidement possible.

I. ORGANISATION DÉMOCRATIQUE ET COMMUNAUTAIRE DES INSTITUTIONS PSYCHIATRIQUES

Le développement moderne des institutions psychiatriques correspond *à la création de liens démocratiques entre les soignants et les soignés*. L'institution psychiatrique acquiert ainsi des traits spécifiques. Il existe évidemment des limites de bon sens à cette relation démocratique ou libérale. Il appartient toujours au médecin et aux autres soignants de prescrire les soins et d'organiser le temps passé par le malade dans l'institution. Mais au-delà de faits de discipline courante et des détails dus à la spécification éventuelle de l'institution (hôpital à plein temps, hôpital de jour, dispensaire, etc.), le patient se trouve disposer d'un pouvoir de décision, de demande ou d'intervention dans des structures communautaires diverses où le soignant est un interlocuteur situé sur un plan de réciprocité.

Jusqu'à ces dernières décennies, la donnée déterminante en psychothérapie institutionnelle était la description du maintien de certaines parties intactes de la personnalité sur lesquelles l'effort thérapeutique pouvait prendre appui. Cette relation avec la partie saine du malade permettait éventuellement l'évolution vers un mieux des parties lésées. Aujourd'hui, la perspective psychothérapique semble partir d'un point diamétralement opposé. Il s'agit de reconnaître qu'en soi la personne du malade reste intacte et de prendre appui sur l'organisme dans son ensemble pour tenter de réduire les parties malades et de résoudre les difficultés morbides.

Cette entreprise libérale des soins et cette perspective optimiste nécessitent donc que l'attention thérapeutique se focalise au niveau du patient. La participation de celui-ci à ses soins, guidée, facilitée ou spontanée, est possible lorsque l'intérêt empathique du soignant se fixe sur le soigné et lui demeure attaché malgré les difficultés et les aléas de traitements souvent longs et difficiles. Le but de la psychothérapie institutionnelle est de dépasser et de contourner les symptômes de premier plan et de tenter d'atteindre — avec la participation du malade — les structurations morbides sous-jacentes aussi bien que de compenser les déficits immédiatement perceptibles.

Le monde thérapeutique institutionnel est artificiel mais la communauté hospitalière devient plus réelle lorsqu'elle se fonde sur ces échanges organisés. La prise de conscience de soi et de la position dans le groupe naît lorsqu'existe l'« aseptie » propre aux caractéristiques démocratiques du milieu institutionnel. Le patient saura alors trouver ses voies d'expression originales. Une fois protégé des réponses agressives habituellement déclenchées par ses difficultés de communication, il pourra libérer des forces d'adaptation, de réparation. Ainsi, a-t-on pu observer l'intérêt thérapeutique des techniques d'hospitalisation à « portes ouvertes » ou « dans la cité » où à la fois s'atténue la contrainte et peuvent naître des institutions sociothérapiques faisant appel à l'intervention active des malades. Dans ces conditions, des tendances sociales primitives et solides trouvent à s'exercer et réapparaissent en tant que base relationnelle. Les malades entre eux sont capables de bénéfices mutuels.

Un des traits de la psychiatrie communautaire est *cette diffusion du rôle soignant et sociothérapique au niveau même des malades*, susceptibles souvent de prises en charge réciproques très précieuses.

L'organisation de groupes de patients, autour de soignants responsables et d'activités variées, joue ce rôle de mise en place de relations thérapeutiques qui donne à ces tâches leur valeur soignante. Dans les ateliers d'ergothérapie, ou dans les commissions dont les membres sont choisis par les patients eux-mêmes, soignés et soignants se retrouvant à un même niveau et par exemple, devant des décisions à prendre en commun après un débat collectif. Ces formes d'organisation sociothérapique permettent la venue au jour de forces « sociotropes » latentes, dont l'expression se trouve encouragée par un processus d'identification aux soignants. Les institutions psychiatriques modernes développent nécessairement ces aspects psychologiques et relationnels aidant le patient à prendre place dans un réseau de communications qui l'engagent. *Il existe là un modèle analogique de la vie sociale* permettant le réapprentissage de réflexes anciens mais effacés par l'angoisse ou la tension affective (Sivadon).

L'institution ainsi conçue organise la rencontre des deux ensembles, soignants et soignés, qui restent perméables l'un à l'autre et non plus séparés par une frontière formelle a priori définie. Dans la dynamique ainsi créée, les échanges évolutifs se mettent en train grâce à la conjonction des buts soignants, de l'intérêt pris à la personnalité des malades, des demandes latentes ou exprimées par ceux-ci. C'est dans cette voie que se crée la communauté institutionnelle, forme relationnelle définie par une prévalence des relations horizontales sur la classique verticalité de la structure hiérarchisée habituelle en médecine, caricaturales dans la psychiatrie du passé. Les rôles soignants peuvent très bien et doivent être maintenus. Il existe là une partie importante du travail des soignants, réflexion et formation face aux aspects psychologiques des soins, conscience permanente du rôle soignant. *Les soignants gardent la spécification de leur profession et de leurs attributions.* Il s'agit surtout pour eux de *mettre entre parenthèses*, en quelque sorte, *les bénéfices affectifs qu'ils pourraient tirer directement de cette communauté et de ces échanges.* Ne peut-on penser évidemment aux satisfactions tirées de l'infériorité du malade, de sa dépendance, voire même de son dénuement psychique. Il existe là de nombreuses possibilités de « patientisme » dont on a signalé plus haut la nocivité en psychothérapie.

Les soignants restent disponibles et adhèrent à la mobilité d'échanges interpersonnels et de relations souples, nécessaires aux malades psychiatriques, sans perdre l'appui de leur rôle technique. Chaque soignant possède en effet une certaine position technique dans l'équipe et fonde celle-ci sur des connaissances et une expérience obtenues dans un champ délimité des soins psychiatriques. Ces distinctions doivent rester assez évidentes pour les patients. Toutefois, le soignant éprouve une tendance naturelle à vivre avec tels patients précis des relations personnelles. Induire un équilibre progressif entre ces deux aspects, technique et individualisé, est le fruit de l'expérience comme de l'appui et de la compréhension que s'offrent réciproquement les soignants.

II. DIFFICULTÉS DE LA PSYCHOTHÉRAPIE INSTITUTIONNELLE

Fondée sur des progrès à la fois matériels et psychologiques ou sociologiques, la psychothérapie dans les institutions psychiatriques apparaît comme un élément déterminant de la vie et de l'efficacité de celles-ci. Elle est en même temps un élément de leur fragilité. La matérialité des moyens architecturaux, des faits administratifs, des impératifs de gestion s'intrique — tout en s'y opposant — avec cette relation étrange, difficile à cerner et à objectiver qui se noue entre le malade mental et son ou ses thérapeutes, entre les soignés et les soignants. Il s'agit pourtant, dans cette rencontre, des deux pôles fondamentaux, administratif et soignant qui donneront à chaque institution, par leur qualité, sa valeur.

La recherche à tout prix d'un résultat positif face au problème dramatique de l'aliénation éveille une solide méfiance dans le jugement collectif et se heurte à une réticence sociale notable. Ceci existe également, on le notera ensuite, à l'intérieur même de l'institution où s'expriment de même des forces opposées et des inhibitions fondées sur une réalité thérapeutique fort difficile à organiser.

Dans notre monde occidental, ouvert de plus en plus au dynamisme individuel de la compétition et fondé sur la loi du profit, les caractères communautaires des institutions psychiatriques modernes se situent à la limite du supportable. Ces tentatives communautaires peuvent être vécues comme une option idéologique, un corps étranger dans la dynamique libérale de cet univers, ou à l'inverse peuvent être banalisées et considérées comme ne devant guère attendre du corps social l'aide considérable qu'elles demandent.

Le « droit aux soins » est défini dans la perspective d'une médecine somaticienne, recherchant et atteignant une modification objective des symptômes et des maladies grâce à des interventions bien codifiées. Il n'y a que peu de difficultés à faire admettre par la Société l'intérêt de moyens matériels dont les emplois techniques sont très facilement compris. Il en va de même pour la lutte contre les grands fléaux somatiques dont l'étiologie est objectivable. Par contre, les aspects psychologiques — dans une première phase — sont ignorés ou considérés comme éléments dont l'abord est superflu et la correction aléatoire, en fonction d'une étiopathogénie habituellement obscure. Mais on peut ajouter que la réalité n'est pas univoque. Le développement des recherches de la médecine psychosomatique, il y a quelques décennies, s'est appuyé sur les constatations statistiques des compagnies d'assurance américaines, identifiant l'importance des facteurs psychopathogènes dans nombre de maladies dites essentielles.

Manifestant un trouble au niveau le plus élevé du système organo-biologique, la maladie mentale, avant de se manifester clairement, peut déjà préparer ses bases; avant de se cristalliser définitivement, elle peut inscrire de profondes modifications dans la personnalité; avant de jeter l'individu dans une invalidité totale, elle peut atteindre certaines de ses capacités d'autonomie. Chacune des étapes est précédée et peut être suivie par d'autres; une part essentielle des soins psychiatriques est constituée par une prévention de troubles plus intenses ou plus durables et par l'arrêt d'une évolution morbide. La société a quelque peine à percevoir un domaine que seuls les moyens modernes de la psychiatrie révèlent peu à peu. Elle n'ignore pas toutefois l'importance pathogène de son rôle, dans ces collectivités modernes écrasantes, évolutives, mal connues en raison de leur puissance et de leur gigantisme mêmes.

Un des éléments délicats du renouveau de la psychiatrie communautaire consiste dans la complexité des structures professionnelles et humaines de ses institutions. En effet, le but essentiel de leur organisation est, comme l'a dit P. Sivadon, de *substituer des relations interpersonnelles aux structures matérielles*. Les services libres ou hôpitaux à portes ouvertes se multiplient. A leur niveau, il apparaît avec évidence que l'étape déterminante consiste à faire acquérir à l'ensemble du personnel soignant des connaissances et des attitudes techniques et psychologiques dépassant les formes superficielles d'encadrement collectif. La naissance de la psychiatrie communautaire va de pair avec un bond en avant des structures professionnelles psychiatriques, tant sur un plan quantitatif que qualitatif d'ailleurs. Les administrateurs, eux-mêmes, sont directement impliqués dans ces progrès. Ils doivent s'informer de façon nouvelle et penser sur un mode original ce qui concerne les multiples éléments de la prise en charge et de l'organisation des soins aux malades psychiatriques.

Ils doivent savoir l'intérêt thérapeutique de l'emploi d'une multiplicité de lieux et de structures thérapeutiques. Un même patient peut avoir besoin dans ses soins d'une consultation ambulatoire, d'une hospitalisation à temps complet, du passage par un hôpital de jour, de l'admission dans un milieu protégé, hôpital de nuit ou atelier thérapeutique, d'une psychothérapie.

Les psychiatres sont situés au niveau charnière où ces besoins techniques se manifestent et où les administratifs tentent de trouver les formes gestionnaires et même parfois juridiques qui y répondent. La difficulté consiste bien souvent à rendre le nombre maximum de services thérapeutiques et d'organiser ce qui ne peut jamais parfaitement ressembler à une « machine à soins », espoir que l'on perçoit chez chaque gestionnaire. La longue durée des prises en charge est d'ailleurs également un élément de leur complexité. La menace permanente de chronicité, si caractéristique de l'exercice psychiatrique, impose une attention particulière à chacune des étapes d'une évolution positive bien lente souvent dans le domaine des psychoses. *La psychiatrie sociale doit en effet très souvent prendre à charge* — et ceci de façon très prolongée — *nombre de cas d'évolution chronique* ou au moins intermittente et un pourcentage élevé des affections psychotiques qui atteignent si fréquemment aujourd'hui les sujets jeunes.

Tel est l'un de ses problèmes les plus difficiles.

III. RECHERCHE D'UNE SOLUTION PAR LA CRÉATION D'ÉQUIPES SOIGNANTES

Le dynamisme activateur propre à la psychothérapie dans l'institution se concrétise au niveau des moyens offerts aux soignants, porteurs en quelque sorte des besoins des soignés vers une moindre souffrance et une meilleure adaptation. La vie des organismes institutionnels dépend de la qualité des communications instaurées à ce niveau. Ceci renvoie — au-delà de l'organisation matérielle proprement dite — aux possibilités de l'ensemble humain soignant, c'est-à-dire à *l'équipe thérapeutique*.

La difficulté relationnelle est constante — spécifique pourrait-on dire — dans le domaine psychiatrique. Elle a pour base évidente l'atteinte ou la déviation chez les malades des capacités de structuration de leur monde interne et de leur adaptation, handicap qui participe à la symptomatologie proprement dite, qui l'entretient et l'aggrave. Certes, une part importante des soins s'adresse au substrat biologique des symptômes et des maladies mentales. Mais il est reconnu que, même dans les formes chroniques les plus graves, un effort de compensation et autant qu'il est possible de liquidation d'une part des symptômes est à la portée de soins psychologiques complémentaires. Ceux-ci ne sont possibles et, de toutes façons, ne se déroulent que grâce au développement de la psychothérapie dans l'institution, — par ses formes individuelles et collectives. Ces dernières — et en particulier le climat de fond de l'institution — sont étroitement liées aux capacités des équipes thérapeutiques de s'organiser, recherchant de manière objective et technique un haut niveau de travail en commun. Cette qualité relationnelle à l'intérieur de l'équipe apparaît comme la base de l'animation de l'institution et de l'activation psychothérapique induite chez les patients. Chacun des membres du personnel soignant, pour sa part, est un élément synapse de ces communications, jouant par son expérience et sa qualification un rôle capital de facilitation d'échanges normalisants dans la communauté thérapeutique. On demande donc à ces personnes des qualités de maturité et de compréhension leur permettant d'harmoniser leurs conduites dans ce milieu professionnel où n'existe guère de refuge pour les plus fragiles d'entre eux.

La tâche donnée aux équipes soignantes est protéiforme, constamment changeante et neuve autant que peuvent l'être les personnalités des malades, leurs symptômes prévalents et leurs réactions en fonction de stades de gravité et d'évolutivité très variés. Affrontés directement en face à face et pendant des heures à des malades psychiques toujours à la limite de la dépendance ou de l'agressivité, ces soignants font l'expérience quotidienne de la double polarité de leur exercice professionnel. A un pôle se réalise le contact étroit avec un patient qui cherche à manifester ou à faire partager les faits les plus intimes de ses difficultés personnelles. D'autre part, se trouve nécessaire la distance objectivante et clinique qui permet de maintenir la vision du diagnostic et de l'évolution souhaitable. *Cette ambiguïté permanente de la situation du soignant psychiatrique trouve sa solution en institution dans les échanges et la réflexion au sein du groupe soignant*. Ces relations entre les soignants, au sein d'une équipe saine, visent plusieurs buts simultanément, à savoir par exemple des échanges d'informations concernant l'état clinique des patients, l'harmonisation des conduites soignantes en fonction d'un plan thérapeutique souvent remodelé, la liquidation de la part trop personnelle prise aux problèmes psychologiques de tel patient précis. La structure des institutions communautaires modernes place en effet le soignant directement au contact du patient sans que des barrières techniques ou matérielles évidentes puissent être utilisées. Il s'agit de substituer aux structures matérielles une relation interpersonnelle et psychologique qui doit trouver son aboutissement dans la conduite en commun des soins.

La notion d'équipe est d'ailleurs moins précise qu'il semblerait à première vue. Dans la réalité quotidienne de la pratique institutionnelle, il est habituel que chaque patient soit suivi par différents soignants, avec une intensité, un rythme et un mode variables de l'un à l'autre. Le patient recevra des soins corporels auprès d'un kinésithérapeute, participera à des réunions de groupe avec médecins, psychologues, personnel infirmier, aura des entretiens individuels dans des contextes différents, etc... Les divers soignants impliqués par ce malade peuvent évoquer son cas à l'occasion d'une réunion hebdomadaire d'équipe qui les groupe avec d'autres soignants et où l'on parlera aussi d'autres malades. Parfois le malade pose des problèmes qui imposent autour de son cas une réunion particulière de tous les soignants en relation avec lui. Après de telles rencontres, chacun voit plus clair, les rôles sont repartagés ou mieux définis et l'efficacité thérapeutique se trouve accrue. Ceci démontre que la communication des soignants entre eux ne va pas « de soi », il est nécessaire qu'elle soit organisée et ce sont souvent les symptômes mêmes du malade qui l'imposent ou même semblent le demander. On peut rappeler à ce propos les données issues des théories de la communication visant à décrire les interrelations sous leurs aspects tactiques. La tactique névrotique ou psychotique vise en effet souvent à désunir les soignants par la recherche de relations exclusives ou nouvelles. Il y a en tout cas là un risque permanent et un des traits particuliers du travail thérapeutique en institution psychiatrique de caractère libéral.

La définition de l'équipe est donc fonctionnelle, telle est

une de ses difficultés de description et d'organisation. A l'issue d'une réunion de soignants, on en vint à la conclusion qu'*une équipe soignante est créée lorsque plusieurs soignants croient possible de travailler en commun à la guérison d'un patient*. Ceci s'entend habituellement en tenant compte des rôles et des responsabilités de chacun. Dans le fond, présentée sans nuances supplémentaires, « l'équipe, ce sont ceux qui croient et œuvrent à la guérison d'un malade donné », la formule gagne en vérité psychologique et sera acceptée par ceux qui pratiquent en institution psychiatrique. Une souplesse permanente et une attention aux autres soignants est donc demandée à chacun. Il va de soi que de telles qualités et de tels efforts ne sont pas toujours assumés facilement. En particulier le « moral » du groupe, sa bonne entente et son fonctionnement harmonieux peuvent être temporairement compromis par des difficultés personnelles ou relationnelles banales. Il existe là un obstacle certain ou en tout cas des limites. Si toutes les forces engagées dans la dynamique des équipes thérapeutiques et dans leur fonctionnement efficace ont un rôle activateur capital pour les patients, l'engagement ainsi demandé reste temporaire et peut être marqué d'aléas ou d'oscillations. Parfois se manifeste une certaine « usure » des soignants à la demande relationnelle permanente de patients qui se succèdent avec leur diversité et leur potentialité pathogène. Ces aspects humains du travail thérapeutique psychiatrique apparaissent donc au premier plan en pratique. Ils sont encore trop méconnus par des administrations ou vétustes, ou réticentes devant leur tâche d'organisation des soins aux malades mentaux, ou qui plus simplement sous-estiment l'effort moral demandé aux équipes psychiatriques engagées dans l'aventure des soins libéraux.

IV. L'ACTIVATION PSYCHOTHÉRAPIQUE DANS LES INSTITUTIONS

L'activation psychothérapique dans les institutions psychiatriques a pour base une mission soignante réalisée à la fois individuellement et en commun, par une équipe thérapeutique. La tentative psychothérapique peut, soit paraître comme une tâche « supplémentaire », domaine limité des soins où un effort particulier vise à impliquer le dynamisme propre à la personnalité des malades présents, soit au contraire être considérée comme un élément naturel et le but même de l'institution. Quoi qu'il en soit la dimension psychologique des soins psychiatriques dans le contexte de la psychiatrie sociale implique fondamentalement deux données : l'équipe thérapeutique et l'activation psychothérapique.

Au cours de la réunion d'équipe évoquée plus haut, lorsqu'il apparût que la volonté de tels soignants donnés de guérir tel malade précis était la définition même de l'équipe, il fut également clair que la *notion de guérison* méritait une étude soigneuse. L'absolu du terme de guérison — hors de tout critère concret — est difficilement pensable en psychiatrie. Cette notion de guérison, il semblerait que nul n'ait pu encore l'objectiver, ni n'ait eu véritablement le courage de l'affirmer comme possible, en particulier dans le domaine des psychoses ou des névroses très structurées que recueille habituellement la psychiatrie sociale. Les opinions semblent ici beaucoup diverger. Pourtant ne s'agit-il de thérapeutique, donc d'un terrain relativement objectif? En réalité, dans la perspective de la notion d'activation, on est conduit à se fonder sur des concepts plus empiriques, étroitement liés à la recherche d'un résultat défini, à savoir des conduites nouvelles, des apprentissages créateurs d'adaptations et de situations personnelles neuves ayant dépassé le statu quo morbide. Dans l'estimation des résultats, *la perception d'un mouvement existentiel chez le malade l'emporte sur l'analyse parcellaire des symptômes.* Cette évolution globale de la personnalité, exprimée par exemple dans le retour du sentiment du temps vécu chez le patient ou par les manifestations d'une certaine liberté créatrice de sa part, sert d'appui pour le soignant dans son effort thérapeutique et lui montre la réalité du résultat thérapeutique. Les attitudes positives du malade se trouvent donc perçues — et somme toute partagées — par le soignant ou l'équipe. Il s'agit là d'un des traits fondamentaux de la notion de guérison dans le cadre des soins institutionnels. Les progrès du patient sont en fait l'objet d'un *consensus* où, en plus de lui, sont impliqués tous les soignants qui le traitent. A la limite, les progrès thérapeutiques et les faits de guérison nécessiteraient leur reconnaissance formelle par tous — patient et soignants — pour atteindre un stade de réalité. Telle est une règle souvent vérifiée.

Du côté du malade, se trouve donc ressenti le caractère libéral de l'institution comme compréhension et acceptation de ses demandes et de ses déficits, premier élément d'un « traitement » qui à ses yeux est a priori — en psychiatrie — peu explicable, peu désiré, à la limite incompréhensible. Ces relations nouvelles dans un monde artificiel — l'institution thérapeutique — le malade peut les vivre même si l'ambivalence de sa peur et de sa confiance domine son vécu. Il sent en effet dans l'institution le maintien d'un monde social, avec des règles et une certaine justice, une sécurité. Il est assuré de la permanence de son statut d'être social. Les éléments du climat de l'institution, ses structures matérielles, architecturales, humaines, sociothérapiques ont pour mission de capter ce besoin et de présenter les cadres de sa satisfaction. La disposition de l'espace institutionnel et la liberté de circulation des patients sont des exemples de facteurs structuraux d'une importance quotidienne. Il y a là une perception globale de la part du patient comme de l'ensemble de la communauté thérapeutique.

Conduits vers des interventions soignantes au niveau de différents modes de rencontre dans la vie collective, réunions les groupant au niveau d'une discussion, d'une tâche ou dans un atelier thérapeutique, activités communes, prises de responsabilités dans la vie collective, les patients feront connaissance avec divers soignants. La souplesse de ces dialogues leur évitera de trop souffrir des conséquences immédiates de leurs déviations relationnelles. Un pas encore et le malade saura identifier les rôles spécifiques des différents membres des équipes. A ce niveau, c'est une communication et des connaissances interpersonnelles plus vraies qui s'organisent. Le patient est amené simultanément à concevoir certaines caractéristiques de sa demande de soins. Le débat dans l'institution s'organise souvent sur ce point. Les soignants revêtent peu à peu le double aspect qui est le leur, individu et rôle soignant. Un médecin, une psychologue ou une infirmière se trouvent être en même temps M. ou Mme Untel. Des liens plus directs incitent le patient à vivre la relation affective offerte. D'autre part, la reconnaissance du rôle social du thérapeute comporte une prise de conscience de la maladie et du sens thérapeutique de cette relation.

La sécurité offerte par l'institution et la disponibilité des soignants constituent des éléments temporaires d'appui. La relation affective avec tel soignant et telle équipe thérapeutique doit elle-même évoluer, une fois perçues certaines vérités existentielles et après réduction des angoisses les plus invalidantes. *Les structures diversifiées des institutions modernes ont pour rôle de faciliter ces étapes et de rendre possibles ces passages à des niveaux relationnels plus proches de la vie sociale courante.* Dans un hôpital de jour, par exemple, le malade trouve plus d'autonomie, est en quelque sorte « moins malade » que lors d'une hospitalisation plein temps. Il est fait appel à ses capacités d'apprentissage d'un rôle social plus personnel.

Une part importante de l'action psychothérapique des institutions modernes réside donc dans une certaine *ambiguïté* de leurs structures (P. Sivadon). Il y a par là, une fois encore, activation. *Le patient doit se trouver légèrement en porte-à-faux entre la sécurité qui lui est donnée et l'effort d'adaptation qui lui est demandé.* Sa participation à une collectivité thérapeutique, ouverte et souple, l'oblige à conserver la conscience des autres impératifs de son existence concrète : vie matérielle, logement, relations avec les proches, insertion professionnelle. Ces liens demeurent nécessaires — malgré la prise en charge thérapeutique — et peuvent prendre de nouvelles significations grâce à elle. Ceci vaut en particulier pour les malades psychotiques. Un aspect essentiel de leur drame se joue sur ce plan extérieur et social. Leurs relations avec leur entourage immédiat demeurent viciées profondément. Certaines parmi les techniques de la psychothérapie dans l'institution visent à une modification de ce contexte relationnel, par des interventions qui prennent parfois la forme de thérapies familiales ou d'aménagement professionnels.

Les programmes thérapeutiques, dans de telles institutions peuvent s'individualiser en fonction des besoins psychologiques propres à chacun. Les aspects sociothérapiques tendent certes à dominer la pratique de la psychiatrie sociale. Dans ce contexte, les aspects psychothérapiques visent une adaptation des soins, de leur déroulement prévisible, de leur choix, en fonction de chaque individu malade. Cet impératif d'individualisation des soins impose l'introduction de techniques psychothérapiques adaptées à la relation interpersonnelle étroite et aux petits groupes.

On aboutit à *l'étude de besoins psychothérapiques spécifiques.* Qu'il s'agisse d'un schizophrène emprisonné dans ses difficultés délirantes, profondément angoissé, inhibé et opposant, d'un patient maniaco-dépressif incertain de l'avenir de ses troubles, d'un névrosé en poussée anxieuse, pour chacun doit se prévoir une forme particulière d'entreprise psychothérapique. L'action curative et préventive de soins psychologiques individualisés s'ajoutera autant qu'il est possible aux autres formes de soins d'emblée appliqués. Ceci nécessite l'adaptation de techniques appropriées au fonctionnement des centres de soins de la psychiatrie sociale. A l'hôpital, comme au centre de traitement ambulatoire, sont prévus de tels soins individuels ou de groupe. Lorsque le but psychothérapique sera spécifiquement recherché, plus de temps sera consacré à chaque rencontre et une plus grande intensité relationnelle. Les étapes que parcourt le malade sont autant qu'il est possible aménagées en fonction du maintien de la relation avec une équipe ou un même thérapeute. L'ensemble des soignants s'occupant simultanément ou même successivement du même malade demeure lié par des échanges d'informations et des relations « à la demande » centrées sur l'évolution du malade. La tendance prévalente est donc l'*association de personnages soignants et de techniques diverses.* Ici se retrouve, dans la réalité clinique concrète, la manifestation des éléments essentiels de l'activation psychothérapique, c'est-à-dire la diversité des soins et la recherche d'un processus de cure.

Dans ce contexte de la psychiatrie sociale, la recherche systématique de la relation duelle stricte, premier modèle de la psychothérapie, serait peu réaliste. *Il existe toujours un ensemble soignant dont la présence enveloppe chaque thérapeute et chaque patient.* Une pression constante s'exerce en faveur d'une *action pluri-thérapeutique* et ceci même dans des domaines spécifiquement psychothérapiques. Certes, nombre de relations soignantes sont des dialogues restreints, au moins pendant une partie de la cure. Cette relation est ici moins étroite qu'en pratique duelle stricte. Chez un malade hospitalisé, cette association des thérapies et des relations est évidente. L'équipe, par tel ou tel de ses membres, donne des soins divers et chacune de ces interventions possède ses propres aspects psychologiques. Il est impossible véritablement dans une grande majorité des cas de désigner très clairement quelle est l'intervention qui détermine l'action psychothérapique. Le maniement pluri-thérapeutique de la situation de cure est en fait *centré sur le malade* bien plus que sur chaque technique ou que sur chaque technicien considérés isolément.

Les forces sur lesquelles s'appuie la psychothérapie dans l'institution se trouvent résider en chaque malade. Toutes les techniques thérapeutiques doivent se combiner adroitement à son niveau.

V. VOIES D'AVENIR : PSYCHOTHÉRAPIES DE GROUPE ET CO-THÉRAPIES

L'isolement du soignant en psychiatrie est un fait courant. L'appétit du patient pour les relations duelles, comme l'efficacité fondamentale de celles-ci, imposent souvent au psychothérapeute un modèle relationnel pénible à supporter lorsqu'il se fait unique. Parmi les embarras qu'apporte la relation duelle se placent aussi des faits tels que la dramatisation de cette intimité ou au contraire la sous-estimation de son poids, et ceci tant au niveau des protagonistes que pour tous ceux qui les observent. Parallèlement à la prise de conscience de ces difficultés, paraissent se manifester les prémices d'une *croissance prodigieuse des psychothérapies de groupe.* Dans la société actuelle tout y pousse. On souligne même l'action thérapeutique que peuvent avoir, les uns vis-à-vis des autres, les patients pris en soins sur un mode collectif. On voit se manifester le pouvoir rassurant et animateur des relations interhumaines, face à d'autres relations sociales par contre très pathogènes. L'aspect collectif de nombreux éléments de la vie personnelle nécessite un lieu d'accueil thérapeutique particulier. Nombre de difficultés pathologiques créées ou accrues par la vie sociale trouveront mieux leur liquidation à ce niveau de l'échange interpersonnel multiple. Les buts de la psychothérapie sont les réponses que les thérapeutes peuvent découvrir et organiser. A la demande d'individualisation et d'autonomie que comporte chaque destin humain, s'adjoint la demande d'une socialisation aussi souple et bénéfique que possible.

Les thérapies de groupe vont donc beaucoup se développer. La diversité des théories — psychanalytiques, sociométriques, behavioristes, etc. — va de pair avec la multiplicité des expériences cliniques et techniques, groupes d'expression, psychodramatiques, de création, d'analyse, non directifs, de dynamique inter-personnelle, etc... De plus s'observe une évolution générale des soins psychiatriques et psychothérapiques vers des expériences communautaires. La recherche d'une sécurité affective se manifeste en particulier à travers des faits de sympathie collective qui tendent peut-être à se substituer, ou en tout cas à s'ajouter, à la révélation ou à la sollicitation des conflits. La dynamisation des situations thérapeutiques de groupe naît des échanges eux-mêmes. L'activation est recherchée à travers l'acceptation et la compréhension des difficultés des différents membres du groupe. Celui-ci apporte ses pouvoirs de régularisation des émotions individuelles. Le groupe thérapeutique représente un niveau élémentaire de l'effort social, donc une zone possible de réapprentissage, dans une perspective janétienne. Ou, comme le dit Sivadon, il constitue un analogon sécurisant de la vie sociale et le milieu protégé où se réalisent les expériences maturantes et curatives. Ainsi, apparaissent nettement ses limites et sa nécessité. Il réalise, sous différentes formes pratiques, une voie de passage intéressante après des thérapies individuelles et duelles, vers une autonomie mieux assumée, et de toutes façons une dimension permanente de la condition humaine. La tâche sociale de l'individu symbolise bien la synthèse de ces deux pôles, individuel et collectif, dualité et groupe.

L'examen de la situation thérapeutique dans la multitude de ses modalités et de ses réalités concrètes, permet de poser la « question du diagnostic ». Le fait est que différents thérapeutes auraient donné pour le même malade des diagnostics différents. Le fait est, encore, que le malade en psychothérapie, peut guérir par des voies thérapeutiques différentes. Voilà qui pose la « question de la thérapeutique ». Ces questions mettent en cause l'isolement du thérapeute. Une réponse possible à cette mise en cause de l'action psychothérapique consiste dans la préoccupation soulignée dès le début de notre ouvrage, souci du meilleur résultat possible dans le minimum de temps. N'est-il pas en effet possible d'associer des points de vue différents sur un même malade ? Accélérer et mieux faire, le thérapeute sait dans le fond que telle est la question que lui apporte constamment la situation thérapeutique. Les particularités de sa personnalité ne sont-elles pas un obstacle éventuel au développement du processus thérapeutique ? L'exemple le plus simple est celui du sexe du thérapeute et tout ce qui va de pair avec la mise en présence de la masculinité ou de la féminité du patient avec la masculinité ou la féminité de l'analyste. Les faits de ce type jouent un rôle essentiel dans le déroulement de nombreuses cures. Une certaine cécité psychologique sera la conséquence des coïncidences ou au contraire des différences dans les personnalités affrontées. Il n'est donc ni indifférent ni inutile que *le patient puisse éventuellement être traité par différents thérapeutes*, que plusieurs rencontres lui soient possibles ou que des traitements coordonnés visent à compenser certains déficits des relations duelles strictes. Du côté de l'action thérapeutique, les liens qui se créent au cours des *cothérapies* sont d'une valeur et d'une efficacité qui méritent d'être relevées dans les expériences de ce type déjà fort nombreuses — en particulier grâce aux développements de la pratique institutionnelle. Les nécessaires échanges, qui accompagnent la progression du travail thérapeutique conduit en commun, sont une des voies de l'enseignement réciproque, et comportent ce facteur émotionnel, ici l'échange, qui véhicule les formations psychothérapiques. Le dépassement de la relation duelle stricte, grâce notamment à *l'élaboration et à la conduite de programmes thérapeutiques communs*, est une des expériences les plus démonstratives de la possibilité de dépasser le menaçant narcissisme du psychothérapeute et de normaliser le contexte du soin psychothérapique.

Nous retrouvons ici diverses caractéristiques de l'esprit d'activation et de ses valeurs. Soulignons tout spécialement, parmi ces apports, le dépassement des rôles figés du thérapeute ou du malade, l'attention permanente portée aux facteurs externes des difficultés et des progrès des malades, l'affinement de l'organisation des soins.

La situation actuelle est marquée des signes de la naissance lente et des progrès difficiles de la psychothérapie dans les institutions psychiatriques. Dans les années qui viennent et en divers pays, des modifications profondes, déjà apparentes, vont se développer après les mutations en cours. Lorsque l'on considère très objectivement la situation de la psychiatrie dans le monde contemporain et l'attitude de la société face aux questions posées par le traitement des malades mentaux, un certain pessimisme peut naître. Il pourrait s'exprimer dans la formule selon laquelle toute structure psychiatrique tend plutôt vers l'inactivation que vers l'activation, vers la paralysie que vers l'animation. Des forces internes et externes poussent dans le sens d'une aliénation de ces structures et recherchent la constitution d'un « monde à part ». Mais des aspects positifs peuvent également être rappelés.

Un premier point positif serait que la progression constatée de la psychothérapie dans les institutions psychiatriques possède elle-même un dynamisme très notable. Il se manifeste dans chacune des nouvelles expériences réalisées. Une telle pression et une telle contagiosité correspondent à la perception d'une vérité par les soignants, humanité et valeur technique des prises en charge psychiatriques dans un climat communautaire, psychologiquement orienté.

Un second point est que la création de chacune des nouvelles unités institutionnelles ou que chaque rénovation d'une unité ancienne font se révéler des besoins profonds de la collectivité, besoins jusque-là mal perçus et sans moyen propre d'expression. Au sein même de la société se manifeste alors plus clairement l'importance des besoins psychiatriques parmi l'ensemble des besoins médicaux et, ce qui est peut-être plus important encore, se précise leur particularité psychothérapique sur le plan des soins.

Le développement de la psychothérapie dans l'institution s'intègre aussi à un mouvement d'animation générale de la psychiatrie se définissant de mieux en mieux par ses aspects thérapeutiques et ses possibilités de réussite technique.

CONCLUSION

Le *dialogue phénoménologie-behaviorisme* tend sous des formes diverses à envahir le domaine des sciences humaines et la psychothérapie moderne se trouve affrontée au débat de deux modes d'intervention, interne et externe. Chacun sait qu'il faut, pour soigner, identifier des processus psychologiques subjectifs, animateurs des conduites, et simultanément agir sur eux de l'extérieur par des moyens de toute façon artificiels, sinon parfois artificieux. Chaque psychothérapeute est la proie de ces deux génies qui plus ou moins l'inspirent, l'entraînant ou vers l'abstention ou vers la directivité, vers l'analyse ou l'induction, etc... D'ailleurs, il se pourrait que l'on se trompe sur soi, et tel induit qui croit s'abstenir et rationalise qui croit percevoir l'ineffable. En ceci, également, un livre qui se veut écrit pour autrui sera en premier un dialogue avec soi et, sous cet angle, situation de test, miroir de celui que l'on est dans la situation psychothérapique, là où le thérapeute affronte les maux de l'affectivité humaine, ou les siens propres.

Un public large, bien sûr, voici ce que recherche cet ouvrage et certainement un dialogue. Mais les échanges entre les livres et les lecteurs sont devenus difficiles. Entre vulgarisation et sophistication, les mots de notre spécialité ne laissent qu'une place étroite à un langage juste. Au-delà des mots, se constate mieux encore une forme de paralysie des pensées, fixées à des schèmes incitateurs de monologues. La formalisation et l'outrance théoricienne se sont fondées sur cette idée — rassurante devant la montée des sciences humaines — qu'un seul vocabulaire et qu'un seul lexique contiendraient toutes les significations. Une seule théorie assimilée à son vocabulaire pourrait ainsi suffire, malgré ces bras nouveaux qui constamment lui poussent. Un nombre notable de praticiens connaît ou reconnaît les difficultés de la pensée freudienne, captivante en soi et à qui revient le mérite d'avoir violé le Tabou, formaliste lorsqu'elle se fait le seul modèle.

Il faut revenir un temps à la pratique, constater qu'il existe un nombre infini d'exemples d'interventions concrètes en psychothérapie, venues d'autres voies et sans doute méritant d'autres abords théoriques, ne serait-ce que pour respecter leur efficacité empirique. La technique unique et le praticien isolé n'existent plus, et par là montrent la fin d'une théorie fixée. En psychothérapie, quoi qu'on en pense, le résultat compte plus que le cheminement, et la pratique l'emporte sur toute théorie aussi intéressante ou révélatrice soit-elle.

Ce livre a été la tentative concrète de dépasser chacune des contributions de ses deux auteurs, ce que chacun croyait savoir. Ce qu'un seul sait ou ce qu'un seul fait, dans l'activité psychothérapique, est limité. Si l'on excepte l'impulsion donnée par tel génial esprit qui illuminera quelques temps ce champ, la psychothérapie n'évolue que lentement dans sa globalité. Par contre, les expériences personnelles sont nombreuses, les innovations et les différenciations dans la pratique paraissent incessantes. Les confrontations s'avèrent nécessaires, intéressantes. Bien souvent, elles ont le résultat heureux de favoriser la diffusion des procédés les plus adroits ou des attitudes thérapeutiques les plus efficaces. De ce point de départ — l'échange des connaissances pratiques — les ouvertures vers des réflexions théoriques interpersonnelles, pluridisciplinaires si l'on veut, se trouvent assez facilement envisageables. Une réponse d'un grand intérêt peut être ainsi apportée à l'un des plus constants besoins du psychothérapeute. Le psychothérapeute éprouve une permanente incertitude, due sans doute au caractère subjectif et individuel des faits qu'il aborde chez ses patients. Il se trouve en situation permanente de « recherche ». Il n'existe dans « la réalité » nul repère pour comparer objectivement un individu — même malade — à un autre. A tout instant doit être envisagé un système de compréhension et de formalisation adapté. Cette gymnastique développe incontestablement l'esprit d'observation mais accoutume le thérapeute à des références « privées », propres à lui seul peut-être. L'activité psychothérapique en cothérapie l'aide à dépasser dans la pratique ce risque de solipsisme. De même, a-t-il intérêt à sortir de sa solitude de pensée.

Écrire, c'est s'engager, c'est vouloir enseigner. N'existe-t-il pas des professionnels en ce domaine ? Quand les amateurs prennent la parole, en psychothérapie, ne risque-t-on le prosélytisme suspect ou d'aberrantes démonstrations ? Certes, il appartient au lecteur de juger en dernière instance ce qui a pu lui être personnellement apporté, de faire ce geste et de prendre cette liberté de rencontre qui va de soi dans un domaine où la glace des théories tend à cacher le mouvement réel des courants. L'animation et les progrès du mouvement psychothérapique contemporain sont plus difficiles à suivre qu'il ne paraît. Des réactions de mode l'assistent à certains moments mais à d'autres le freinent ou le dérobent. La mode s'attache au détail et développe des déviances. Cet amateur, par contre, reste proche de la pratique quotidienne. Se formant constamment lui-même auprès des malades — tels qu'ils sont au présent — il peut jouer un rôle dans l'action enseignante en psychothérapie, au point qu'il est dit couramment que celle-ci doit joindre la formation à l'information, transformant celui qu'elle forme et probablement celui qui la donne dans un climat de dialogue. Ce fait est apparu évident à chacun des deux auteurs de ce livre, pourtant au travers d'une pratique bien distincte, privée pour l'un, publique pour l'autre et dans des cadres nationaux bien éloignés. « Il faut sortir son malade de là », telle est l'évidence de nombreuses rencontres thérapeutiques. On ne le peut sans la personnalité entière du patient, sans la disponibilité de différents modes d'abord, sans un diagnostic juste et renouvelé et sans une implication personnelle du thérapeute. Dans cette multiplicité des facteurs d'action se jouent les chances de dépasser les résistances de la morbidité mentale. Le thérapeute pour cela ne peut qu'utiliser ses propres ressources, c'est-à-dire sa lucidité et sa disponibilité. Il était dans les projets des auteurs de regrouper les preuves cliniques de leurs affirmations et peut-être aussi d'indiquer les voies d'une formation à l'activation pour les psychothérapeutes. Ils espèrent présenter ceci dans un avenir proche. Ils souhaitent que les thérapeutes lucides l'emportent sur les sceptiques et que s'accroisse leur efficacité grâce à l'emploi de moyens sans cesse accrus placés à leur portée. Telle est finalement la perspective proposée avec la notion d'activation en psychothérapie.

BIBLIOGRAPHIE

Grâce à des ouvrages largement disponibles, les écrits de Freud, Jung, Janet nous ont évidemment aidés à situer notre apport. Sur cette base d'information nous citerons particulièrement les textes évoqués dans notre livre.

Pour JUNG, il s'agit de : *Le Moi et l'Inconscient*, Gallimard, Paris, 1938; *L'homme à la découverte de son âme*, Genève, Mont-Blanc, 1950; *La guérison psychologique*, Genève, Georg, 1953; *L'énergétique psychique*, Genève, Georg, 1956; *L'âme et la vie*, Paris, Buchet/Chastel, 1963.

Pour JANET, il s'agit de : *L'automatisme psychologique ; Névroses et idées fixes ; Les névroses ; Les médications psychologiques ; La médecine psychologique.*

G. ABRAHAM, *Valeur et signification des psychothérapies de brève durée*, Ann. Méd.-Psychol., 1967, *125*-1, 69-72.

G. M. ABROMS, *Persuasion in psychotherapy*, Amer. J. Psychiat., 1968, *124*, 1212-1219.

F. ALEXANDER et T. M. FRENCH, *Psychothérapie analytique. Principes et applications*, Paris, P.U.F., 1959.

G. BACHELARD, *La philosophie du non*, Paris, P.U.F., 1949.
G. BACHELARD, *L'air et les songes*, Paris, J. Corti, 1950.
J.-C. BENOIT, *Contribution clinique à l'étude des états hypnagogiques induits et dirigés*, Thèse méd. Paris, 1959.
J.-C. BENOIT, *Psychothérapies individuelles et consultations en dispensaire psychiatrique*, L'Information Psychiat. 1967, 711-719.
J.-C. BENOIT, *La situation psychothérapique*, Ann. Psychothérapie 1970, *1*, 7-28.
J.-C. BENOIT, *Rêve éveillé dirigé et psychothérapies de créativité*, Encyclopédie Med.-Chir. Psychiat. 37 815-C10, Paris, 1970.
A. BERGE, *Les psychothérapies*, Paris, P.U.F., 1968.
M. BERGERON, *Psychologie du premier âge*, Paris, P.U.F., 1966.
M. BERTA, H. SILVERA, H. TRENCHI y O. BOJORGE, *Confrontación imagógica activada. En Segundas jornadas uruguayas de psiquiatría e higiene mental*, Montevideo, Abr. 1969. Sociedad de psiquiatría del Uruguay, 1971, v. 12, 212-216.
M. BERTA, H. SILVERA, H. TRENCHI y O. BOJORGE, *Confrontación imagógica en la sub-narcosis anfetaminada*, (Idem, p. 217-223).
M. BERTA y A. MONTENEGRO, *El psicodrama individual en la consulta psiquiatrica*, (Idem, p. 258-262).
M. BERTA, A. DUARTE, P. SEVERINO, H. SILVERA y E. GASPAR, *Psicolisis dirigida*, Montevideo, Facultad de humanidades y ciencias, 1965.
M. BERTA y H. SILVERA, *Psicoterapia de fobias por inhibición recíproca y técnicas imagógicas. En Segundas jornadas uruguayas de psiquiatría e higiene mental*, Montevideo, Abr. 1969. Sociedad de psiquiatría del Uruguay, Montevideo, 1971, v.2, 268.
M. BERTA, A. DUARTE, P. SEVERINO, H. SILVERA y E. GASPAR, *Psicoterapia por « rêve éveillé dirigé »*. En congresso medico del Uruguay, 5e, Montevideo, Dic. 1962, v. 3, 1449-1493.
M. BERTA, *La psicoterapia y las exigencias del mundo actual*. En Segundas jornadas uruguayas de psiquiatría e higiene mental, Montevideo, Abr. 1969. Sociedad de psiquiatría del Uruguay, Montevideo, 1971, v. 2, 25-62.
M. BERTA, A. DUARTE, H. SILVERA, P. SEVERINO y E. GASPAR, *Rêve éveillé lisérgico dirigido*. En rev. Psiq. Uruguay, Montevideo, 1962, 158, 3-50.
M. BERTA, A. DUARTE, H. SILVERA, P. SEVERINO y E. GASPAR, *El rêve éveillé lisérgico dirigido como un activador en psicoterapia*. En Rev. Psiq. Uruguay, Montevideo, 1964, 9-52.

D. BINDRA and J. STEWARD, eds., *Motivation*, Middlesex, Penguin, 1966.

L. BINSWANGER, *Le rêve et l'existence*, Bruges, Desclée de Brouwer, 1954.

W. BITTER, ed., *Meditation in Religion und Psychotherapie* : Tagungsbericht, Stuttgart, Klett, 1958.

K. BOULDING, *The image*, Michigan, University press, 1961.

G. BYCHOWSKI et J. L. DESPERT, *Techniques spécialisées de la psychothérapie*, Paris, P.U.F., 1958.

R. CAILLOIS, *Les jeux et les hommes*, Gallimard, Paris, 1958.

D. T. CAMPBELL in B. M. FOSS, *New horizons in psychology*, Pengin Books, 1967.

H. CHAIGNEAU, P. CHANOIT et J. GARRABE, *Les thérapies institutionnelles*, Paris, Masson, 1971.

E. DARS et J.-C. BENOIT, *L'Expression scénique*, Paris Edit. E.S.F., 1964.

R. DELLAERT, *L'expression libre en psychothérapie*, Act. neurol. psychiat. belg., 1964, *64*, 9-21.

A. DENNER, *L'expression plastique*, Paris, Edit. E.S.F., 1967.

R. DESOILLE, *Exploration de l'affectivité subconsciente par la méthode du rêve éveillé*, Paris, Artrey, 1938.

R. DESOILLE, *Introduction à une psychothérapie rationnelle*, Paris, L'Arche, 1955.

R. DESOILLE, *Psychanalyse et rêve éveillé dirigé*, avec la collaboration de Y. FAYOL, S. LEURET et M. VIOLET-CONIL, Paris, 1950.

R. DESOILLE, *Le rêve éveillé en psychothérapie*, Paris, P.U.F., 1945.

R. DESOILLE, *Théorie et pratique du rêve éveillé dirigé*, Genève, Mont-Blanc, 1961.

J. DOLLARD and N. MILLER, *Personality and psychotherapy*, New York, McGraw-Hill, 1950.

E. DUFFY, *Action and behavior*, New York, Wiley, 1962.

H. EY, *Etudes psychiatriques*, T. I, Paris, Desclée de Brouwer, 1948.

H. J. EYSENCK, *Abnormal psychology*, London, Pitman, 1960.

H. J. EYSENCK, Ed., *Behaviour therapy and the neuroses*, London, Pergamon, 1960.

H. J. EYSENCK, *The biological basis of personality*, Illinois, Thomas, 1967.

H. J. EYSENCK and S. RACHMANN, *The causes and cures of neurosis*, London, Routledge & Kegan Paul, 1967.

H. J. EYSENCK, ed., *Handbook of abnormal psychology*, London, Pitman, 1960.

H. FAURE, *Les objets dans la folie*, Paris, P.U.F., 1966.
M. FERNANDES, *Psicoterapia técnica e clínica*, Porto, Lopes da Silva, 1961.
B. M. FOSS, ed., *New horizons in psychology*, Middlesex, Penguin, 1969.
H. FOWLER, *Curiosity and exploratory behavior*, New York, Macmillan, 1966.
C. M. FRANKS, ed., *Conditioning techniques in clinical practice and research*, New York, Springer, 1964.
R. FRETIGNY et A. VIREL, *L'imagerie mentale*, Mont-Blanc, Genève, 1968.
H. FREEMAN, ed., *Progress in behaviour therapy : symposium held at the University of Salford, Oct. 1967*, Bristol, John Wright, 1968.
B. S. FROHMAN, *Brief psychotherapy*, Philadelphia, Lea & Febiger, 1948.
M. FUSINI, *Le rêve éveillé dirigé*, Paris, E.S.F., 1970.
A. P. GOLDSTEIN, *Maximizing the initial psychotherapeutic relationship*, Amer. J. Psychother, 1969, *23*, 430-451.
J. GUILHOT, M. A. GUILHOT et J. JOST, *Musique, psychologie et psychothérapie*, Paris, Edit. E.S.F., 1964.
J. GUILHOT et M. A. GUILHOT, *Psychothérapies et psychanalyses existentielles*, Ann. Psychothérapie, 1970, *1*, 29-98.
S. I. HAYAKAWA, *Language in thought and action*, New York, Harcourt, Brace & World, 1964.
R. R. HELD, *Psychothérapie et psychanalyse*, Payot, Paris, 1968.
G. R. HEYER, *Der Organismus der Seele*, München, Lehmann, 1959.
E. R. HILGARD, and Marquis-*Conditioning and learning*, New York, Appleton, 1961.
E. R. HILGARD, *Theories of learning*, New York, Appleton, 1956.
C. L. HULL, *A behavior system*, New York, Wiley, 1964.
C. L. HULL, *Essentials of behavior*, New Hawen, Yale university press, 1951.
J. JAKAB, *Psychiatry and art*, New York, 1968.
M. C. JONES, *A laboratory study of fear : the case of Peter ; Elimination of children 's fear*, In Eysenck H. J. Behavior therapy and the neuroses.
L. KLAGES, *Les principes de la caractérologie*, Paris, Felix Alcan, 1930.
A. KORZYBSKI, *Manhood of humanity*, Lakeville (Connecticut) Inst. of general semantics, 1950.

A. KORZYBSKI, *The role of language in the perceptual processes.* In Blake and Ramsey, Perception, 170-205.

A. KORZYBSKI, *Science and sanity : an introduction to non-Aristotelian systems and general semantics,* Lakeville (Connecticut) Inst. of general semantics, 1950.

A. KUBIN, *L'autre côté,* Montreuil, Pauvert, 1964.

A. A. LAZARUS and S. RACHMAN, *The use of systematic desensitization in psychotherapy,* In Eysenck H. J., ed. *Behaviour therapy and the neuroses,* 181-187.

R. S. LAZARUS, *Emotion as coping process,* In Arnold, M. ed. *The nature of emotion,* 249-260.

LEBEDINSKI, Platonov y otros, *Problemas de psicoterapia,* Buenos Aires, Quetzal, 1962.

J. F. LE NY, *Apprentissage et activités psychologiques,* Paris, P.U.F., 1967.

CL. LEROY, A. DENNER, F. BEDOS, D. DREAU et P. SIVADON, *Confrontation de cinq comportements et expressions plastiques de schizophrènes et de sujets normaux,* Ann. Méd.-Psychol. 1968, 126-I, 293-300.

P. LONDON, *The modes and morals of psychotherapy,* New York, Holt, 1964.

R. W. LUNDIN, *Personality : an experimental approach,* New York, Macmillan, 1971.

N. R. F. MAIER, *Frustration : a study of behavior without a goal,* Michigan, University press, 1961.

A. MALRAUX, *Les voix du silence,* Paris, N.R.F., 1951.

I. M. MARKS, *Fears and phobias,* London, Heinemann, 1969.

R. MAY, E. ANGEL and F. ELLENBERGER, ed., *Existencia : nueva dimensión en psiquiatría y psicología,* trad. Sanchez Gil. Madrid, Gredos, 1967.

M. T. MCGUIRE, *The instruction nature of short-term insight psychotherapy,* Amer. J. Psychother, 1968, 22, 218-232.

A. MEARES, *Shapes of sanity,* Thomas, Sprinfield, 1960.

J. MELTZOFF and M. KORNREICH, *Research in psychotherapy,* New York, Atherton, 1960.

M. MERLEAU-PONTY, *Phénoménologie de la perception,* N.R.F., Paris, 1945.

TH. MILLON, *Theories of psychopathology. Essays and critics,* W. B. Saunders, Philadelphia-London, 1967.

O. H. MOWRER, *Learning theory and behavior,* New York, Wiley, 1960.

O. H. MOWRER, *Learning theory and the symbolic process*, New York, Wiley, 1960.

T. M. ORNET a. P. H. WENDER, *Anticipatory socialization for psychotherapy : method and rationale*, Amer. J. Psychiat. 1968, 124, 1202-1212.

R. OTTO, *Le sacré*, Paris, Payot, 1949.

I. P. PAVLOV, *Œuvres choisies*, Moscou, Ed. de langues étrangères, 1954.

I. P. PAVLOV, *La psychopathologie et la psychiatrie*, trad. Bronina, Moscou, Ed. de langues étrangères, 1961.

E. L. PHILLIPS, and D. N. WIENER, *Short-term psychotherapy and structured behavior change*, New York, McGrow-Hill, 1966.

R. PORTER, ed. *The role of learning in psychotherapy : a Ciba foundation symposium*, London, Churchill, 1968.

M. QUIDU, J. L. ARMAND-LAROCHE, F. RAUX-FILIO et J. LEPORT, *Art dramatique et sociothérapie*, in Cong. psychiat. neurol. Masson, Paris, 1965.

F. RAMIREZ, *Integración de un procedimiento de psicoterapia de tipo dinámico-conductual*, *en* Acta psiquiát. y psicol., Amér. lat., 1970, XVI, 125-134.

D. RAPAPORT, *Organization and pathology of thought*, Columbia Univ. Press, New York, 1956.

C. ROGERS et G. M. KINGET, *Psychothérapie et relations humaines*, Pub. Univ. Louvain, 1969.

C. ROGERS, *La relation d'aide et la psychothérapie*, Edit. E.S.F., Paris, 1970.

J. ROGNANT, *Les thérapeutiques de déconditionnement dans les névroses*, Paris, Masson, 1970.

J. P. SARTRE, *L'imaginaire*, Paris, Gallimard, 1948.

M. SCHWEICH et P. SIVADON, *Activités thérapeutiques chez les schizophrènes catatoniques*, IIe Cong. mond. psychiat. Zurich, 1957.

J. H. SCHULTZ, *Le training autogène*, Paris, P.U.F., 1958.

B. SIDIS, *in Morton Prince : Psychoterapeutics*, Gorham Press, Boston, 1910.

P. E. SIFNEOS, *Two differents kinds of psychotherapy of short duration* Amer., J. Psychiat. 1967, 123, 1069-1074.

E. SINGER, *Conceptos fundamentales de la psicoterapia*, México, Fondo de cultura economica, 1969.

H. SILVERA, *El estimulo musical en el Rêve éveillé dirigé y sus aplica-*

ciones segun los principos del condicionamiento, Rev. Psiq. Urug, Montevideo, 1968, 193.

P. SIVADON, *La notion de modèle analogique en psychiatrie sociale*, IVe Cong. mond. psychiat. Excerpta Med. Found. New York, 1966.

P. SIVADON et P. CHANOIT, *L'ergothérapie au C.T.R.S. de Ville-Evrard*, Ann. Méd. Psychol. 1961, 119-II, 936-944.

P. SIVADON, *La rééducation corporelle des fonctions mentales*, E.S.F., Paris, 1969.

P. SIVADON, *La notion de modèle analogique en psychiatrie sociale.* In *Proceedings of the IV World congress of psychiatry*, Madrid, Sept. 1966. Excerpta Medica international congress series, n. 150, 374-376.

P. SIVADON, *Sur une théorie immunologique des maladies mentales*, Annales Médico-Psychologiques, Paris, 1964, t. I, 122, 369-382.

B. F. SKINNER, L'analyse expérimentale du comportement, Bruxelles, Dessart, 1972.

A. W. STAATS, *Human learning : studies extending conditioning principles to complex behavior*, New York, Holt, 1964.

M. I. STEIN, *Contemporary psychotherapies.* Free press Glencoe, New York, 1961.

S. S. STEVENS, ed., *Handbook of experimental psychology*, New York, Wiley, 1951.

K. THOMAS, *Praxis der Selbsthypnose des Autogenen Training nach J. H. Schultz*, Stuttgart, Thieme, 1967.

F. TISON, *Music therapy in the community*, Psychiat. Quart. 1966, 40, 45-64.

L. ULLMAN and L. KRASNER, *A psychological approach to abnormal behavior*, Englewood Cliffs (New Jersey) Prentice-Hall, 1969.

R. VOLMAT, *L'art psychopathologique*, Paris, P.U.F., 1956.

H. WALLON, *L'évolution psychologique de l'enfant*, Paris, A. Colin, 1941.

J. B. WATSON and R. RAYNER, *Conditioned emotional reactions*, In H. J. Eysenck. ed. Behavior therapy and the neuroses, 29-37.

L. W. WOLBERG, *Hypnoanalysis*, New York, Grune a. Stratton, 1945.

L. R. WOLBERG, *Psichotherapia breve*, Madrid, Gredos, 1968.

J. WOLPE, A. SALTER and L. J. REYNA, eds., *The conditioning therapies*, New York, Holt, 1964.

J. WOLPE, *The practice of behavior therapy*, New York, Pergamon, 1969.

J. WOLPE, *Psychotherapy by reciprocal inhibition*, Stanford. California University press, 1958.

J. WOLPE, *Reciprocal inhibition as the main basis of psychotherapeutic effects*, In H. J. Eysenck ed. Behavior therapy and the neuroses, 88-113.

A. J. YATES, *Frustration and conflict*, London, Methuen, 1962.

A. J. YATES, *Symptoms and symptom substitution*, In H. J. Eysenck, ed. Behaviour therapy and the neuroses, 22-27.

P. T. YOUNG, *Affective processes*, In M. Arnold, ed. The nature of emotion, 222-237.

G. ZAVITZIANOS, *Introductory remarks on the therapeutic relationship in dynamic psychotherapy*, Psychother. Psychosom. 1967, *15*. 286-292.

TABLE DES MATIÈRES

DEUXIÈME PARTIE (M. Berta)

Imprimé en Belgique par G E D I T, S. A. Tournai